M. H. WEIL

LE

Prince Eugène et Murat

1813-1814

OPÉRATIONS MILITAIRES
NÉGOCIATIONS DIPLOMATIQUES

TOME CINQUIÈME

Ouvrage honoré des souscriptions des Ministères de la Guerre et de l'Instruction Publique

PARIS

ANCIENNE LIBRAIRIE THORIN ET FILS

ALBERT FONTEMOING, ÉDITEUR

Libraire des Écoles françaises d'Athènes et de Rome
du Collège de France et de l'École Normale Supérieure

4, Rue Le Goff

1902

LE PRINCE EUGÈNE

ET MURAT

1813-1814

OPÉRATIONS MILITAIRES

NÉGOCIATIONS DIPLOMATIQUES

M. H. WEIL

LE

Prince Eugène et Murat

1813-1814

OPÉRATIONS MILITAIRES
NÉGOCIATIONS DIPLOMATIQUES

TOME CINQUIÈME

Ouvrage honoré des souscriptions des Ministères de la Guerre et de l'Instruction Publique

PARIS

ANCIENNE LIBRAIRIE THORIN ET FILS

ALBERT FONTEMOING, ÉDITEUR

Libraire des Écoles françaises d'Athènes et de Rome

du Collège de France et de l'École Normale Supérieure

4, Rue Le Goff

1902

APPENDICE

ANNEXES — NOTICES — DOCUMENTS OFFICIELS
PIÈCES JUSTIFICATIVES

APPENDICE

ANNEXES — NOTICES — DOCUMENTS OFFICIELS
PIÈCES JUSTIFICATIVES

ANNEXE I

(p. 10)

Proclamation du général comte Joseph Lechi
aux habitants de la Toscane

« Toscans! Appelé par sa Majesté le roi, notre Maître, à l'honneur de prendre le commandement en chef des Etats Toscans, nous nous hâtons de vous faire connaître cette nomination et de vous annoncer en même temps que l'entrée des troupes du roi sur votre territoire ne doit pas vous inquiéter sous aucun rapport. Nous n'avons d'autre but que celui de rétablir votre indépendance et votre bonheur. Vous voulez un *gouvernemen italien*, dont le système soit adapté à votre sol, à votre climat, à vos mœurs et à vos usages; vos vœux seront exaucés. Vous vous plaignez de taxes arbitraires dont le produit est employé à des intérêts qui vous sont étrangers. Vous déplorez de devoir sacrifier vos enfants pour les guerres lointaines et interminables et pour ne plus les revoir; bientôt vous les reverrez et vous jouirez d'une paix durable, garantie par toutes les puissances de l'Europe. *Toute autorité supérieure, excepté celle que nous venons de prendre au nom de notre roi, cesse dès ce moment.* Dès ce moment doivent aussi cesser les passions et les partis.

« Peuples de la Toscane! Bénissez les intentions bienfaisantes de notre souverain, qui vont garantir votre pays de tous les maux de l'anarchie et assurer votre bonheur. Que chacun de vous concoure à atteindre ce but et s'unisse à nous pour maintenir l'ordre et le respect des personnes, des propriétés et du culte et pour punir les coupables qui oseraient troubler la tranquillité.

Florence, 5 février 1844.

LECHI. »

ANNEXE II

(p. 14)

ORDRE DE BATAILLE DE L'ARMÉE AUTRICHIENNE, LE 6 FÉVRIER

AILE DROITE : F.-M.-L. Mis SOMMARIVA

Division du F.-M.-L. FENNER

Brigade Stanissavlevich.	5 b^{ons}	2 esc^{ons}	1 batt^{ie}	Val Trompia, Tonale, vers Brescia.
— Paumgarten....	1 —	8 —	1 —	De Castelnuovo à Valeggio.
— Suden..........	4 —		1 —	
— Abele..........	3 —		1 —	
Total.......	13 —	10 —	4 —	

CENTRE : *Sous les ordres directs du Général en chef*

Division du F.-M.-L. RADIVOJEVICH

Brigade Steffanini	4 b^{ons}	6 esc^{ons}		Valeggio.
— Bogdan	8 —	8 —	1 batt^{ie} (à cheval).	Valeggio.
— Vecsey........	4 —	6 —	1 —	Pozzolo.

Division du F.-M.-L. PFLACHER

Brigade De Best.	8 b^{ons}	1 batt^{ie}	Villafranca.
— Quosdanovich..	6 —	1 —	

Division du F.-M.-L. MERVILLE

Brigade Stutterheim.	5 b^{ons}	1 batt^{ie}	Vérone.
— Wrede.........		12 —	
Total.......	35 b^{ons}	32 esc^{ons}	5 batt^{ies}

AILE GAUCHE : *Division du* comte NUGENT

Brigade Starhemberg....	6 b^{ons}	8 esc^{ons}	1 batt^{ie} (à cheval)
— Gober..........	5 —		3/4 —
	11 —	8 —	1 3/4
Total.......	59 b^{ons}	50 esc^{ons}	10 3/4 b^{ies}.

Vers Plaisance.

CORPS DE BLOCUS

Brigade Vlasitz.......	7 b^{ons}	2 esc^{ons}	1 batt^{ie}	Sous Peschiera.

F.-M.-L. MAYER VON HELDENFELD et GRAMONT

Brigade Eckhardt.......	8 b^{ons}		1/2 batt^{ie}	Sous Mantoue.
— Spiegel.........		8 esc^{ons}		Rejoindra la brigade Eckhardt.

Division du F.-M.-L. MARZIANY

Brigade Watlet........	5 b^{ons}		1 batt^{ie}	Sous Mantoue.
— Winzian.......	4 —		1 —	Legnago.
— Fölseis........	4 —	2 esc^{ons}	2 —	

Division du F.-M.-L. MARSCHALL, *ad latus* Général-major REBROVICH

Brigade Pulsky	3 b^{ons}	2 esc^{ons}	1 batt^{ie}	Venise.
— Mayer	5 —	2 —	1 —	
— Csivich	6 —	3 1/2	1 —	Palmanova, Osoppo.
	42 —	19 1/2	8 1/2	
Brigade Tomasich	3 b^{ons}	1 esc^{on}		Dalmatie.
F.-M.-L. Knesevich	2 —	1/2		Trieste.
	5 b^{ons}	1 1/2 esc^{on}.		

L'artillerie de l'armée de Bellegarde se composait de 190 bouches à feu, dont 28 à l'aile droite (Sommariva), 26 à la division Radivojevich, 24 avec les divisions Pflacher et Merville, 12 sur la rive droite du Pô avec Nugent, 6 devant Peschiera, 26 pour le blocus de Mantoue et Legnago, 14 pour le siège de Venise et 6 devant Palmanova et Osoppo, plus une réserve générale de 8 batteries (48 pièces). D'après d'autres documents, le nombre total des bouches à feu de l'armée autrichienne aurait été à cette époque, de 194, dont 108 seulement à l'armée qui opérait entre l'Adige et le Mincio.

ANNEXE III

(p. 16)

Lettre de Murat à l'empereur d'Autriche

Dès la veille du jour où, d'après certains auteurs, aurait eu lieu l'entrevue supposée du roi de Naples et de Bellegarde, Murat avait adressé de Bologne à l'empereur d'Autriche (*Naples. Archives de la Societa Napoletana di Storia Patria. Dossier Pignatelli-Strongoli*), la lettre par laquelle il donnait son adhésion au traité d'alliance modifié par les plénipotentiaires alliés.

Bologne, 5 février 1814.

« MONSIEUR MON FRÈRE,

« M. le comte de Mier m'a communiqué les modifications que Votre Majesté Impériale et Royale a cru devoir apporter au traité d'alliance qui avait été signé à Naples par nos ministres plénipotentiaires.

« Je m'empresse de faire connaître à Votre Majesté que, comptant sur la constante amitié dont Elle n'a cessé de me donner des preuves, j'ai adhéré entièrement et sans aucune restriction à la nouvelle rédaction de ce traité et des articles additionnels et qu'Elle peut déjà regarder cette lettre comme une ratification préliminaire en attendant cette rédaction qui doit être changée suivant l'article du traité.

« Je me flatte qu'Elle trouvera dans cette franche et loyale détermination une preuve de ma confiance et du désir que j'ai de seconder sans aucun retard Ses efforts pour le succès de la cause commune.

« Je me suis rendu à la tête de mon armée et n'attends que de connaître le plan de M. le comte de Bellegarde pour y concourir de tous mes moyens.

« Je prie Votre Majesté Impériale et Royale de croire à la sincérité de mon amitié et du vœu que je forme pour Son bonheur et celui de Son auguste famille. »

C'est cette lettre, à laquelle nous avons fait allusion au chapitre précédent, que le colonel de Bauffremont fut chargé de remettre à l'empereur d'Autriche. Enfin on trouve encore au *Haus, Hof und Staats-Archiv* deux autres dépêches qui prouvent une fois de plus que l'entrevue supposée entre Murat et Bellegarde n'a pu avoir lieu. Dans l'une que Mier adresse à Bellegarde de Bologne, le 5 février, après avoir accusé réception au feld-maréchal de la dépêche du 29 janvier qui lui a été remise par Menz et après lui avoir donné communication de quelques modifications de rédaction qu'il a fait subir aux articles 7 et 8 du traité du 11 janvier, il lui fait part des désirs de Murat de se rencontrer avec lui.

« Je désire, a dit le roi de Naples, faire la connaissance du maréchal
« le plus tôt possible, m'aboucher avec lui sur notre plan d'opérations et
« conclure tous les arrangements qui y ont rapport. Je vous prie d'être
« persuadé et de faire comprendre aux autres que, *dès ce moment*, tous
« les retards dans les opérations de mes armées ne peuvent plus être mis
« sur mon compte. Je suis prêt à agir : mais il faut que je sache ce que je
« dois faire. »

Et Mier termine en priant le feld-maréchal de « venir chez Murat qui sera très sensible à cette attention et se prêtera plus facilement à tous les arrangements militaires proposés par le feld-maréchal. »

Il croit, du reste, la présence de Bellegarde indispensable pour « la rédaction de la convention militaire qui sera assez délicate à établir ».

Un peu plus tard, le 11 février, en envoyant copie à Metternich de la dépêche qu'il a adressée au feld-maréchal pour lui annoncer l'accession du roi au traité, il lui répète que « Bellegarde, n'ayant pu s'aboucher avec le roi, a donné à Nugent l'ordre de signer la convention militaire ».

ANNEXE IV

(P. 18)

Dépêches de lord Castlereagh à lord Bentinck (4 février)

Au moment où, avant de partir pour Naples, lord Bentinck informait en ces termes son gouvernement de la ligne de conduite qu'il entendait suivre, lord Castlereagh lui avait, quarante-huit heures plus tôt, adressé deux dépêches qu'il est, croyons-nous, indispensable de reproduire, si ce n'est entièrement, au moins dans leurs parties essentielles.

Châtillon, 4 février 1814.

« *Lord Castlereagh à lord William Bentinck*

« La répugnance qu'on avait toujours éprouvée à conclure un arrangement avec Murat s'est accrue à mesure que son concours devenait moins indispensable. Quoique je partage cette répugnance, je persiste néanmoins à penser qu'au moment où le traité a été fait il était à la fois sage et nécessaire de le conclure. Mais pour le rendre à nos yeux plus acceptable, il faudra obtenir un arrangement avantageux pour la maison de Sicile. J'y travaillerai de tout mon pouvoir : mais je vois se produire des demandes d'indemnités tellement nombreuses qu'il sera impossible d'y faire droit... Peut-être trouverez-vous le moyen de décider Murat lui-même à trouver une solution à cette question, en lui montrant qu'en agissant dans ce sens, il travaille dans son intérêt et en vue de s'assurer son propre titre (*his own title*). Quant à nous, nous ne nous occuperons du traité qu'il nous demande qu'à condition de combiner ces négociations avec le règlement de la question d'indemnité... ».

Castlereagh termine cette dépêche en déclarant à Bentinck qu'il ne peut croire à l'issue favorable du congrès de Châtillon qui s'est ouvert le jour même et en le mettant sommairement au courant du combat de Brienne et de la bataille de Rothière.

A cette première dépêche d'un caractère confidentiel et privé, lord Castlereagh avait joint une espèce de note, destinée, celle-là, à être mise sous les yeux de Ferdinand et du prince héréditaire de Sicile :

« Mylord, afin que Votre Seigneurie puisse se rendre un compte exact de la part prise par le gouvernement de Sa Majesté dans les négociations entre le gouvernement autrichien et Murat, je joins à cette dépêche copie de la correspondance échangée à ce sujet à partir du jour du rétablissement des relations diplomatiques avec la cour de Vienne.

« L'objet de ces négociations et les principes d'après lesquels le gouvernement britannique a agi, sont si complètement exposés dans cette correspondance que Votre Seigneurie sera en état de soumettre le tout à la cour de Palerme de la manière la plus propre à lui faire comprendre l'absolue correction de la conduite suivie par notre gouvernement au cours de ses transactions.

« Le prince régent aurait éprouvé une véritable satisfaction de voir Sa Majesté Sicilienne replacée par les efforts des alliés sur le trône de Naples ; mais on a été arrêté par la crainte d'exposer Sa Majesté Sicilienne à tout perdre en demandant trop pour elle, par la considération qu'en défendant avec trop de ténacité les intérêts de la maison de Sicile, les alliés s'exposaient à compromettre et à sacrifier la cause commune. Cette considération a guidé toutes leurs mesures et le prince héréditaire, dans une conférence qui a eu lieu antérieurement avec Votre Seigneurie, a reconnu lui-même la justesse de ces vues.

« Votre Seigneurie pourra donc faire sentir à Sa Majesté Royale que, si les alliés ont enlevé à cet arrangement le caractère d'urgence qu'il avait eu, cette combinaison n'a pour cela rien perdu de son importance et de son poids dans la grande balance de la guerre. Réunie aux forces du vice-roi, l'armée de Murat aurait neutralisé les efforts des Autrichiens en Italie. La délivrance de cette importante partie de l'Europe aurait été retardée, peut-être même compromise et l'armée de Bellegarde aurait été mise dans l'impossibilité de participer aux événements militaires de la campagne de France.

« Dans ces circonstances, il ne restait plus qu'une seule ligne honorable et prudente à suivre : il fallait essayer de combiner les intérêts de Sa Majesté Sicilienne avec ceux de la cause commune, et de lui assurer une indemnité convenable plutôt que de compromettre tous les intérêts en jeu.

« Ma note du 27 janvier au prince de Metternich fera connaître à Votre Seigneurie toutes les démarches que j'ai déjà faites au nom de ma cour pour soutenir les prétentions de Sa Majesté Sicilienne. Il ne m'est pas permis d'espérer qu'on pourra trouver pour Sa Majesté Sicilienne un établissement tel que Naples ; mais le gouvernement britanique soutiendra franchement les intérêts de sa Majesté et profitera de ses relations actuelles avec Murat pour donner plus de poids à son intervention.

« Je serais heureux de voir Votre Seigneurie me fournir quelques indications à ce sujet et me faire connaître les moyens qui lui paraissent les plus propres à aider Sa Majesté Sicilienne à obtenir une indemnité convenable.

ANNEXE V

(p. 19)

Le général comte Joseph Lechi, frère aîné du général comte Théodore Lechi qui commandait pendant cette même campagne la garde royale italienne, était né à Brescia, le 17 décembre 1767. Elevé à Vienne, il avait commencé sa carrière militaire dans les rangs de l'armée autrichienne. Rentré dans son pays, on lui avait confié en 1793 le commandement de la Légion cisalpine. Après avoir pris une part brillante à la bataille de Marengo, il fut promu général de division, appelé en 1806 au commandement de l'aile gauche de l'armée qui allait conquérir le royaume de Naples. Envoyé en Espagne en 1808, gouverneur de Barcelone jusque vers la fin de 1809, accusé de malversations, arrêté et conduit à Paris, enfermé à Vincennes, Lechi ne passa pas en conseil de guerre et il fut, sur la demande de Murat qui le connaissait de longue date, renvoyé à Naples où il reprit du service dans l'armée napolitaine. Après avoir pris part en 1815 à la malheureuse campagne de Murat contre les Autrichiens et s'être vaillamment battu à Tolentino, il se confina dans la retraite la plus absolue et mourut en 1836.

ANNEXE VI

(p. 28)

Paumgarten (Max, baron de), né à Grieshof (Styrie), le 26 octobre 1767, nommé à sa sortie de l'Académie militaire de Wiener-Neusdadt, cadet au régiment d'infanterie Thurn-Valle Sessina, enseigne, la même année et sous-lieutenant en 1789, passa peu après comme lieutenant au corps des francs-tyreurs tyroliens. Attaché en 1792 à l'état major du quartier-maître général, il fut nommé capitaine en 1794. Promu major en 1800, il passa au régiment de uhlans Archiduc Charles (aujourd'hui 3° uhlans). Nommé en 1806 lieutenant-colonel aux dragons de Wurtemberg (aujourd'hui 11° régiment de dragons) et colonel en 1808, attaché de nouveau en 1809 à l'état major du quartier-maître général, il passa en décembre 1809 au régiment de hussards de Stipsich (aujourd'hui 10ᵉ régiment de hussards) dont il prit et conserva le commandement à partir de 1811 jusqu'à sa promotion au grade de général-major en mars 1813 ; feld-maréchal-lieutenant en octobre 1824, il mourut à Vienne, le 1ᵉʳ janvier 1827. Fait baron en 1822, le feld-maréchal-lieutenant Paumgarten avait été autorisé à accepter et à porter les médailles qui lui avaient été conférées par les Etats Tyroliens.

Würzbach, *Biographisches Lexikon des Kaiserthums Oesterreich*, t. 21, pᶜᵉ 377.

ANNEXE VII

(P. 29)

ABELE VON LILIENBERG (François, baron) né en 1768 à Szakos dans le Banat, entré au service comme cadet en 1784, enseigne en 1788 au 6ᵉ régiment d'infanterie des confins militaires Warasdiner Sanct-Georger, sous-lieutenant en 1760 au régiment Splenyi (actuellement 15ᵉ régiment d'infanterie), passé comme lieutenant en 1794 à l'état-major du quartier-maître général, il y fut promu successivement capitaine en 1797, major en 1801, lieutenant-colonel en 1807 et colonel en mars 1809. Passé en décembre de cette année au régiment d'infanterie Froon (aujourd'hui 54ᵉ régiment d'infanterie), puis en avril 1813 au régiment d'Erbach (aujourd'hui 42ᵉ régiment d'infanterie), il fut promu général-major en septembre 1813, feld-maréchal-lieutenant en novembre 1827. Deuxième propriétaire du 58ᵉ régiment d'infanterie le 6 mai 1830, il prit sa retraite le 6 décembre 1834 et mourut à Graz, le 17 décembre 1861,

Würzbach, *Biographisches Lexikon*, t. 11, pᶜᶜ 349.)

ANNEXE VIII

(P. 29)

MARZIANI VON SACILE (François, Chevalier), né à Vienne en 1765. On ignore comment et quand il entra dans l'armée. Le premier document, qui ait trait à lui est sa nomination en date du 3 septembre 1793 au grade de capitaine au régiment d'infanterie Manfredini (aujourd'hui 12ᵉ régiment d'infanterie). Nommé major le 4 février 1798, il passa le 26 février 1799 au régiment d'infanterie Preisss (aujourd'hui 24ᵉ régiment d'infanterie), y devint lieutenant-colonel le 5 novembre de la même année. Envoyé le 6 novembre 1800 au régiment d'infanterie Klebek, il y fut promu colonel le 26 novembre 1800. Général-major le 1ᵉʳ novembre 1807, il prit sa retraite le 1ᵉʳ décembre 1809. Rentré au service le 9 mars 1812 il fut promu feld-maréchal-lieutenant le 18 juillet de cette année et lorsqu'il prit définitivement sa retraite le 1ᵉʳ juillet 1835, on lui conféra le grade de feldzeugmeister. Marziani mourut à Linz, le 8 octobre 1840. (*K. und K. Kriegs-Archiv*. Grundbuch, *Abtheilung*, I, 74.)

ANNEXE IX

(p. 29)

WATLET (Wenzel, baron von) né en 1769 à Pribram (Bohême) cadet en 1782 au régiment d'infanterie Brunswick-Wolfenbüttel (aujourd'hui 10ᵉ régiment d'infanterie), enseigne en 1785, et sous-lieutenant au même régiment en 1787. Nommé capitaine-lieutenant en 1790 et placé au corps franc Grün-Loudon qu'on venait de former, il fut promu capitaine en 1795. Passé en 1798, lors de la dissolution de ce corps, au 3ᵉ bataillon d'infanterie légère italienne, Watlet, nommé major en 1800, fut affecté en 1801 au régiment d'infanterie Frölich (aujourd'hui 28ᵉ régiment d'infanterie. Transféré en 1802 au régiment d'infanterie Archiduc Joseph-François (actuellement 55ᵉ régiment d'infanterie), il fut promu lieutenant-colonel en 1805. Colonel en 1808, il fut appelé au commandement du régiment d'infanterie Czartoryski (aujourd'hui 9ᵉ régiment d'infanterie). Promu général-major en 1809 sur le champ de bataille d'Aspern, il quittta momentanément le service dans les premiers jours de 1810. Appelé en 1811 au commandement d'une brigade, il fut promu feld-maréchal-lieutenant en 1820. Nommé sous-lieutenant à la garde des Archers en 1838, lieutenant en 1839 et capitaine-lieutenant en 1840, il mourut à Vienne, le 6 janvier 1841.

Chevalier de la Couronne de Fer de 3ᵉ classe depuis 1816, le feld-maréchal-lieutenant Watlet était devenu en 1823 deuxième propriétaire du 41ᵉ régiment d'infanterie.

Geschichte des 41ᵗᵉⁿ Infanterie Regiments, II, 227.

ANNEXE X

(p. 30)

SPIEGEL (Raban, baron von), né vers 1773 à Paderborn d'après un état du 4ᵒ régiment de hussards daté de 1804, où à Baurath (Bayreuth, en Franconie) avait commencé par être de 1791 à 1793 au service de l'électeur de Mayence et entra en 1793 dans l'armée autrichienne en qualité de sous-lieutenant aux carabiniers d'Albert (aujourd'hui 3ᵒ régiment de dragons). Lieutenant en 1794 et capitaine à ce même régiment en 1799, il passa en 1801 aux hussards de Liechtenstein (actuellement 7ᵉ régiment de hussards). Major et aide de camp en 1805, lieutenant-colonel et aide de camp général de l'archiduc Charles en 1803, il devint en 1809, colonel du régiment de chevau-légers de Klenau (aujourd'hui 10ᵒ régiment de dragons) et prit en 1813 le commandement des hussards de Hesse-Hombourg, (aujourd'hui 14ᵒ régiment de hussards). Général-major en 1813, feld-maréchal-lieutenant en 1829, il prit sa retraite le 15 avril 1831 et mourut à Vienne le 9 janvier 1836. Décoré de l'ordre sicilien de Saint-Ferdinand en 1817, le feld-maréchal-lieutenant Spiegel avait été nommé en 1831 2ᵉ propriétaire et en 1835, 1ᵉʳ propriétaire du régiment de cuirassiers Kronprinz (aujourd'hui 4ᵒ régiment de dragons).

(D'après les états du 5ᵉ régiment de chevau-légers et du 4ᵉ régiment de hussards.)

ANNEXE XI

(P. 32)

Pflacher (François baron), né en 1745 à Passau, sorti le 1er janvier 1769, en qualité de cadet de l'Académie militaire de Wiener-Neustadt comme cadet au régiment d'infanterie Fabris n° 15. Enseigne le 1er avril 1771. Sous-lieutenant le 3 avril 1774, lieutenant le 1er mai 1782, capitaine-lieutenant le 19 août 1788.

Passé le 1er septembre 1789 au régiment d'infanterie Morzin, n° 54, capitaine le 1er janvier 1790, major le 18 novembre 1797, versé le 4 août 1800 au régiment d'infanterie Benjowski n° 31, lieutenant-colonel à ce régiment le 5 août 1800, reversé le 1er septembre 1800 au régiment Morzin n° 54, colonel de ce régiment le 16 septembre 1800. Passé au grand état-major-général le 22 juin 1808 et nommé en même temps général-major, il fut promu feld-maréchal-lieutenant en 1814 et mourut à Prague le 5 novembre 1815.

(K. und K. Kriegs-Archiv. Etats du 54e régiment d'infanterie.)

ANNEXE XII

(P. 39)

Bologne, 7 février et 2 avril 1814.

*Lettres du général Millet au général Guillaume Pepe
Murat et l'indépendance italienne*

Un fait peu connu prouve bien que Murat songeait sérieusement, à ce moment aux moyens de proclamer l'indépendance italienne.

Le jour même ou l'on signait la convention de démarcation, le général Millet adressait au général Guillaume Pepe, commandant la 1re brigade de la division Carascosa, la lettre suivante que le général Pepe cite dans ses *Memorie*, t. I, p. 227.

Bologne, le 7 février 1814.

« Monsieur le général,

« J'ai l'honneur de vous prévenir que l'intention de Sa Majesté est de vous charger de l'organisation d'une légion italienne (à Rome ou à Florence, à votre choix) par le moyen d'enrôlements volontaires. Sa Majesté vous laissera la présentation des officiers. Cette organisation, au reste, sera plus particulièrement fixée dans tous ses détails lorsque vous aurez fait connaître si vous croyez pouvoir former promptement et facilement cette légion. »

Le choix seul du général Pepe, dont les opinions et les sympathies n'étaient un secret pour personne, suffit pour permettre de se faire une idée exacte de ce qu'aurait été une légion italienne organisée dans ces conditions par un tribun tel que Pepe.

Mais, après avoir fait part de ce projet à Pepe, et à la suite des réflexions que durent lui inspirer plus encore que la proclamation de Nugent relative à la reconstitution du duché de Modène, les conférences qu'il eut à ce moment avec Mier et Neipperg, le roi renonça à son idée et, le 2 avril, le même général Millet annonçait à Pepe qu'il aurait à reprendre, sans plus tarder, le commandement de sa brigade.

> « Au quartier-général de Bologne, 2 avril 1814.
> *Etat-major général.*

« GÉNÉRAL,

« Des rapports reçus des avant-postes annoncent que l'ennemi a de nouveau attaqué. Votre présence devient indispensable à la 1re brigade de la 1re division. L'intention du roi est que vous partiez *sur-le-champ* pour vous y rendre. »

Murat n'avait, pas fait mystère de ses projets, et voici d'ailleurs ce que l'on lit dans une lettre adressée de Turin, le 7 février, par le prince Camille à l'empereur.

« ... Les Napolitains font mettre en avant par leurs généraux *des idées d'indépendance de l'Italie réunie en un seul corps de nation.* Je ne me suis pas aperçu jusqu'à présent que ce moyen leur ait fait un parti, mais je ne serais pas étonné que, dans les départements du Taro, de Gênes et des Apennins, il suffit pour détourner de l'obéissance la plus grande partie des conscrits de 1815... » (*Archives de la Guerre.*)

ANNEXE XIII

(p. 39)

Note relative à la reconstitution future de l'état politique de l'Europe en général et de l'Italie en particulier

Cf. *Haus, Hof und Staats-Archiv.* Neipperg et Mier au duc de Gallo, Bologne, 10 février 1814.

« Il est clair que le roi de Naples veut garder la Toscane sous son administration jusqu'à la paix », écrivait, le 11 février, à Metternich le comte de Mier après avoir communiqué à Murat les remarques du chancelier sur l'article additionnel et ses indications relatives à la reconstitution future de l'Italie, au rétablissement du Saint-Père, du grand-duc de Würzburg, du roi de Sardaigne et des princes de la Maison d'Este dans leurs possessions héréditaires. Après plusieurs jours de discussion et de débats, Murat avait nettement et formellement déclaré à Mier qu'il entendait garder jusqu'à la paix l'administration des pays occupés par ses troupes et Mier avait dû se contenter de le prévenir qu'il remettrait à Gallo, lors de son arrivée à Bologne, une note signée par Neipperg et par lui, dans laquelle on lui notifierait ces résolutions, en l'engageant de plus à ne pas retarder davantage la conclusion définitive du Traité d'alliance. Sans revenir sur la première question, Murat avait déclaré à Mier qu'il était prêt à signer le traité, mais qu'il se refusait à répondre officiellement à la note. Une indisposition de Murat avait interrompu les conférences pendant vingt-quatre heures et, lorsque Mier et Neipperg revirent le roi, celui-ci de

plus en plus inquiet du retard que mettait à lui parvenir la lettre autographe de l'empereur d'Autriche, opposa de nouveaux arguments dila-
toires à la ratification définitive vainement réclamée par les plénipotentiaires autrichiens.

Il est bon de noter que, dans l'intervalle, avant de quitter Naples,
Gallo avait écrit à nouveau à Metternich de la part du roi pour le
presser d'obtenir l'accession des autres puissances au traité conclu
entre l'Autriche et Naples.

(*Haus, Hof und Staats-Archiv*. Duc de Gallo au prince de Metternich,
Naples, 8 février 1814).

ANNEXE XIV

(P. 47)

FRESSINET (Philibert, baron), né à Marigny (Saône-et-Loire) en 1769,
entré de bonne heure au service, était déjà adjudant-général en 1797 et
fit dans ce grade les campagnes d'Allemagne, de Suisse et d'Italie ;
général de brigade après la bataille de Taufers (1799), envoyé en 1802 à
Saint-Domingue, renvoyé en France par le général Leclerc et exilé à
son retour, il ne reprit du service que cinq ans plus tard. Pourvu en 1812
d'un commandement dans le VIe corps, il se signala le 15 avril 1813 près
de Magdeburg, puis à la bataille de Lützen, ce qui lui valut le grade de
général de division. Envoyé à l'armée d'Italie, employé pendant les Cent-
Jours à l'intérieur de la France, banni par l'ordonnance du 24 juillet 1816,
rentré en France lors de l'ordonnance de rappel, arrêté comme suspect
le 3 juin 1820, et enfermé pendant 6 semaines à la Conciergerie, le général Fressinet mourut en 1821.

ANNEXE XV

(P. 65)

MENGEN (Guillaume, baron von), descendant d'une vieille famille allemande et né à Bitze en Hanovre. A l'âge de dix-huit ans le feld-maréchal
prince Coburg le nomme lieutenant dans son régiment de dragons.
Après s'être distingué pendant la campagne de 1799, Mengen passa en
février 1800 comme capitaine au 55e régiment d'infanterie ; mais il ne
tarda pas à rentrer de nouveau dans la cavalerie. Nommé chevalier de
l'Ordre de Marie-Thérèse en 1805 pour avoir réussi non seulement à
sauver ses propres troupes à Neuhaus, mais à faire mettre bas les armes
aux 300 Français qui avaient failli le faire prisonnier, promu major en
1809 au régiment de uhlans Archiduc Charles, on le retrouve en qualité
de lieutenant-colonel à l'armée de l'Intérieur de l'Autriche en 1813 et
1814. Nommé colonel à la suite de la bataille du Mincio (8 février 1814),
promu successivement général-major et feld-maréchal-lieutenant, il
mourut en 1837 à Prague, où il commandait une division.

(Hirtenfeld, *Der Militär Maria Theresien Orden und Seine Mitglieder*.)

ANNEXE XVI

(p. 76)

QUOSDANOVICH (Charles-Paul, von), né en 1763 à Brestovac en Esclavonie, entré au service au 1783 comme cadet au régiment des confins, militaires de Gradisca, n° 8 ; passé en 1788 au bataillon des Tschaïkistes nommé sous-lieutenant la même année, promu lieutenant en 1795 et affecté à l'état-major du quartier-maître général, promu capitaine en 1798. Nommé major en 1800 il passe au même moment au corps des pionniers italiens. Replacé en 1801 à l'état-major du quartier-maître-général, il y devint lieutenant-colonel en 1805 et colonel en 1809. Promu général en 1813, Quosdanovich mourut le 5 février 1827 à Pancsova. Sa brillante conduite à la bataille du Mincio valut à Quosdanovich la creix de commandeur de l'Ordre de Marie-Thérèse.

Hirtenfe ld, *Der Militär Maria Theresien Orden und Seine Mitglieder*, 1171 ; Würzbach, *Bibliographisches Lexikon*, t. 24, p. 151. *K. und K. Kriegs-Archiv* ; Standestabellen, *Stabs bücher und Promotions Protokolle*.

ANNEXE XVII

(p. 92)

La bataille du Mincio,
d'après le « Mémoire » du feld-maréchal-lieutenant Mayer von Heldenfeld

Il sera peut-être curieux d'opposer au maréchal Vaillant l'opinion émise peu de temps après la bataille du Mincio par le feld-maréchal-lieutenant Mayer von Heldenfeld dans le *Mémoire* qu'il rédigea pour plaider la cause du corps de blocus, dont on lui semblait avoir par trop diminué le rôle pour exalter en revanche les services rendus par la division Merville.

« Le vice-roi, dit-il (*K. und K. Kriegs-Archiv*, XIII, 6) se proposait d'agir par surprise lors du passage du Mincio. L'exécution de son plan avait été bien préparée par de nombreuses ruses de guerre. Il a réussi à tromper le feld-maréchal comte Bellegarde, d'abord par sa retraite subite de l'Adige et de Vérone, puis par sa proclamation et enfin par l'annonce de son mouvement sur Crémone.

« Bellegarde était convaincu que le vice-roi se retirait à marches forcées sur Plaisance et sur Alexandrie dans la crainte d'être précédé et coupé par l'armée de Murat. Ce fut pour cette raison que Bellegarde se hâta tellement de passer le Mincio. L'heureuse exécution du plan du vice-roi a échoué en partie, parce que, bien que ne disposant que de peu de monde, le feld-maréchal-lieutenant Mayer von Heldenfeld parvînt à se maintenir sur la route de Roverbella par Mozzecane à Villafranca di Verona et sur celle de Castiglione Mantovano par Pellaloco à Villafranca. Il est hors de doute que, si les Français avaient réussi à enlever Villafranca, ils se seraient emparés de l'artillerie de réserve, des bagages et des convois, dont les débris se seraient enfuis en désordre sur Vérone et qu'ils se seraient installés sur la ligne même de communication des Autrichiens. Si le corps de réserve du feld-maréchal-lieutenant Merville, renforcé par la brigade du général-major Quosdanovich, venue de Valeggio, n'avait pu se maintenir en avant de Li Foroni et arrêter l'ennemi en avant de Valeggio, l'armée autrichienne aurait dû exécuter un changement de front et aurait été pressée entre le lac de Garde et l'Adige. »

Entrant ensuite dans le vif de la question qui le touche de plus près et formulant avec la vivacité et la rudesse qui faisaient le fond de son caractère sa réclamation contre les injustices dont le corps de blocus aurait été victime, le feld-maréchal-lieutenant Mayer von Heldenfeld ajoute :

« Il est indispensable d'insister sur la surprise qui a eu lieu et sur les dispositions défectueuses prises pour le passage du Mincio... Il fallait, en effet, s'établir d'abord solidement à Vérone de façon à être en mesure d'interdire le passage en tout état de cause. La *Relation officielle* (*Wiener Zeitung* n° 46 du 13 février 1814) dit seulement à propos de la surprise qui a eu lieu que l'ennemi parvint à se jeter entre les feld-maréchaux-lieutenants Merville et Mayer von Heldenfeld et que ce dernier a été attaqué en même temps à Roverbella par les Français qui, venant de Mantoue, le repoussèrent sur Villafranca. Or l'ennemi a pris précisément la route de Goïto par Isola, Massimbona et Pozzolo, s'est emparé des bagages du régiment Chasteler et du pont, a poussé plus loin par la route vers Valeggio sans tirer un coup de fusil et est tombé ainsi sur le corps de réserve qu'il a surpris. Le feld-maréchal-lieutenant Mayer von Heldenfeld a été attaqué du côté de Mantoue par des forces supérieures en nombre. Il a dû évacuer Roverbella parce que les Français avaient tourné ses postes du côté de Pozzolo (Cf. *K. und K. Kriegs-Archiv.* Feld-maréchal-lieutenant Mayer von Heldenfeld au feld-maréchal Bellegarde, Mozzecane, 10 et 11 février, II, 88 et II, 106). Il occupait encore Roverbella, lorsque les officiers du régiment Chasteler qui étaient avec le convoi furent faits prisonniers, bien loin en arrière des positions du feld-maréchal-lieutenant Mayer von Heldenfeld, tout près de Quaderni. Le feld-maréchal-lieutenant s'est replié sur Mozzecane, et non sur Villafranca, et c'est grâce à l'attaque qu'il dirigea, non sans succès, sur Pellaloco, que les Français se trouvèrent dans l'impossibilité d'arriver à Villafranca. Dans la *Relation officielle*, on ne parle avec éloges que du corps de réserve et on insiste sur l'échec infligé à une sortie insignifiante de la garnison de Peschiera. On ne dit rien du corps de blocus. Est-ce là une relation exacte ? Seul le corps de réserve s'est bien comporté parce qu'il était sous les ordres directs et à la disposition du feld-maréchal commandant en chef qui s'est décerné ainsi à lui-même une couronne de lauriers et a jugé inutile de parler des autres troupes, de rendre au reste de l'armée la justice qui lui est due. »

K. u. K. Kriegs-Archiv, XIII, 6. F.-M.-L. Mayer von Heldenfeld, *Geschichte der Vorrückung der K. K. Armee über die Etsch, dann des Gefechtes bei dem Uebergang über den Mincio unter dem Oberbefehle des F.-M. Grafen Bellegarde am 8ten Februar*.

ANNEXE XVIII

(P. 110)

*Rapport du général Schreiber sur les événements survenus
à Parme dans la journée du 9 février 1814 (Archives de la Guerre).*

« J'avais lieu d'espérer que les douaniers, placés au pont de l'Enza, auraient eu le temps de courir aux armes et de faire quelque résistance, mais la vedette placée sur ce pont n'ayant aperçu l'ennemi qu'au moment où il débouchait sur la rive droite de l'Enza, les gardes des Finances n'eurent pas le temps de s'armer, ni les gendarmes de monter à cheval ; ils furent donc surpris et obligés de se rendre après avoir reçu quelques coups de sabre. Enfin les hussards hongrois se précipitèrent sur la ville et y pénétrèrent par la porte Saint-Michel. Les mouvements de la troupe furent paralysés par l'immense quantité d'habitants qui obstruaient tous les passages.

« La gendarmerie qui se trouvait en ville en petit nombre monta à cheval, un peu tard à la vérité ; j'étais déjà prisonnier de guerre et les gendarmes me rattrapèrent à un mille de Parme sur la route de Reggio où l'on me conduisait. Je fus délivré des mains de l'ennemi qui m'arracha mes épaulettes, ma décoration et me prit ma montre et mon argent. »

ANNEXE XIX

(P. 120)

ORGANISATION NOUVELLE DE L'ARMÉE D'ITALIE

ORDRE DE BATAILLE DU 11 FÉVRIER 1814

COMMANDANT EN CHEF : LE VICE-ROI (Armée d'opérations du Mincio)

1re LIEUTENANCE, LE LIEUTENANT GÉNÉRAL GRENIER

2e *division*, général ROUYER

Brigade Schmitz......	9e de ligne............	3 b^{ons}	10 b^{ons}, 2 c^{ies} d'art^{ie}
	28e 1/2 brigade prov^{re}.	2 —	2 c^{ies} du train,
	35e de ligne	3 —	12 canons,
Brigade d'Arnaud.....	1er léger............	1 —	6.668 hommes.
	1er étranger.........	1 —	

4e *division*, général MARCOGNET.

Brigade Jeanin	29e 1/2 brigade prov^{re}.	3 b^{ons}	11 b^{ons}, 2 c^{ies} d'art^{ie},
	31e 1/2 brigade prov^{re}.	2 —	2 c^{ies} du train,
	36e léger............	1 —	12 canons,
Brigade de Conchy...	102e de ligne	2 —	7.679 hommes.
	103e —	3 —	

2ᵉ LIEUTENANCE, GÉNÉRAL VERDIER

1ʳᵉ division, général QUESNEL

Brigade Campi .... { 92ᵉ de ligne .... 3 bᵒⁿˢ } 10 bᵒⁿˢ, 2 cⁱᵉˢ d'artⁱᵉ,
{ 30ᵉ 1/2 brigade provᵉ. 3 — }   2 cⁱᵉˢ du train,
Brigade Forestier..... } 35ᵉ léger............ 1 — {   12 canons,
} 84ᵉ de ligne .... 3 — }.   6.463 hommes

3ᵉ division, général FRESSINET

Brigade Montfalcon... } 25ᵉ 1/2 brigade provᵉ. 3 bᵒⁿˢ }
{ 42ᵉ de ligne .... 3 — } 12 bᵒⁿˢ, 2 cⁱᵉˢ d'artⁱᵉ,
(3ᵉ léger............. 1 — (2 cⁱᵉˢ du train,
Brigade Pégot. .... { 7ᵉ de ligne .... 1 — {   14 canons,
{ 53ᵉ — .... 3 — {   6.440 hommes.
(6ᵉ de ligne italien ... 1 —)

Division de Cavalerie, général MERMET

Brigade Bonnemains.. { 4ᵉ chasseurs italien. 2 escᵒⁿˢ. }
{ 31ᵉ chasseurs franç. 4 — }
Brigade Gentil-Saint-Alphonse.. (1ᵉʳ hussards franç.. 4 —) 20 escᵒⁿˢ, 1 cⁱᵉ d'artⁱᵉ,
) Dragons de la Reine. 4 —)   1 cⁱᵉ du train,
(19ᵉ chasseurs franç. 3 — (12 canons,
Brigade Rambourg.... { 3ᵉ chasseurs italien. 2 — {   3.429 chevaux.
(Dragons Napoléon.. 1 —)

Réserve, général LECHI

(1 compagnie de gardes d'honneur.) 4 bᵒⁿˢ, 1 cⁱᵉ, 2 escᵒⁿˢ,
(Chasseurs à pied......... 2 bᵒⁿˢ) 2 cⁱᵉˢ d'artⁱᵉ, 2 cⁱᵉˢ du
Garde Royale { Vélites royaux........... 1 — } train, 12 canons,
) Grenadiers royaux .... 1 —)   3.148 hommes.
(Dragons Napoléon........ 2 escᵒⁿˢ)

Total : 47 bataillons, 22 escadrons, 74 canons, 34.127 hommes, dont 28.000 combattants.

Corps de droite, général GRATIEN. — *Division* GRATIEN

(1ʳᵉ 1/2 bri- (10ᵉ de ligne. 1 bᵒⁿ)
(gade (84ᵉ — . 1 —)
Brigade Van Dedem... { (92ᵉ — . 1 —)
(2ᵉ 1/2 bri-) 9ᵉ — . 2 —) 11 bᵒⁿˢ, 2 cⁱᵉˢ d'artⁱᵉ,
(gade) 35ᵉ — . 1 — {   1 cⁱᵉ du train,
(3ᵉ 1/2 bri- (53ᵉ — . 1 —)   8 canons,
(gade (106ᵉ — . 1 —)   5.071 hommes.
Brigade Soulier....... (1ᵉʳ léger. .... 1 —)
(42ᵉ de ligne......... 1 —)
(137ᵉ — .... 1 —)

Division SEVEROLI

1ᵉʳ de ligne italien.... 2 —) 3 bᵒⁿˢ, 2 escᵒⁿˢ, 1 cⁱᵉ
7ᵉ — — .... 1 — } d'artⁱᵉ, 1 cⁱᵉ du train,
1ᵉʳ chassʳˢ à ch. ital. 2 escᵒⁿˢ) 6 can., 2.460 homˢ.

Total pour le corps de droite : 14 bataillons, 2 escadrons, 14 canons, 7.531 hommes, dont 6.500 combattants.

L'armée d'Italie ne reçut cette organisation que le 17 et le 18 février lorsque le vice-roi rentra à Volta, à son retour de son expédition sur Salo.

ANNEXE XX

(p. 134)

« Le duc de Vicence à l'Empereur

Châtillon-sur-Seine, 22 février 1814.

« Sire,

« De tous les princes, dont la cause se liait à celle de Votre Majesté, celui, dont il semble que la fidélité dût être garantie par de plus puissants motifs, était le roi de Naples. Il tient à Elle par les liens du sang; il a eu part à toutes ses expéditions militaires et en s'éloignant d'Elle à la fin de la dernière campagne, il Lui a personnellement promis d'employer toutes ses forces à la défense de l'Italie.

« A peine arrivé dans ses Etats, le roi a renouvelé ses protestations de zèle. Il a annoncé que son armée serait bientôt mise en mouvement et en a prévenu les Gouvernements de Rome, de la Toscane et de Milan. Il ne voulait pas, disait-il, s'exposer aux reproches de laisser envahir l'Italie par son inaction et, sur cette assurance, le vice-roi s'était replié sur l'Adige. L'armée de Naples devait être portée à 35.000 hommes Dès le 2 décembre les premières divisions devaient arriver à Rome et le reste devait marcher sur Ancône.

« L'ordre d'accueillir cette armée, de préparer ses subsistances fut donné sur-le-champ par Votre Majesté. Tous ses mouvements devaient être concertés avec Elle. Il s'agissait de défendre l'*indépendance* de l'Italie. Le roi de Naples ne pouvait avoir d'autres intérêts que ceux de la France et Votre Majesté devait se fier à un souverain qui jusquelà semblait n'avoir vécu que pour lui donner des preuves de sa reconnaissance et de son affection.

« Dès leur entrée à Rome, les Napolitains se montrèrent inquiets, exigeants; sans déférence pour les autorités locales, ils élevèrent partout des conflits de juridiction. Le roi voulut connaître la situation des magasins, des approvisionnements. Il requit les armes des dépôts pour les donner à ses soldats; il exigeait qu'on pourvût à leur entretien et il refusa d'en laisser connaître le nombre et lorsqu'il rencontrait quelque obstacle à l'accomplissement de ses vues, il déclarait qu'il allait renoncer à la défense de l'Italie et qu'il se bornerait à celle de son pays.

« A mesure que ses forces se multipliaient à Rome et s'avançaient vers la Toscane et les départements italiens, le roi leur faisait quitter le rôle d'auxiliaires et prétendait qu'elles ne reconnaissaient d'autre pouvoir que le sien. Il écrivait aux gouvernements de ces pays que son intention était d'y exercer toute l'autorité civile et militaire et d'en conserver les revenus pour les appliquer aux besoins de son armée. Il voulut qu'aucun département de la rive droite du Pô ne contribuât aux levées et à l'entretien de l'armée d'Italie. Ce fleuve était la ligne qu'il se proposait de garder. Il ne voulait ni rester en deçà, ni la dépasser. Au Midi tout devait être à sa disposition.

« Pour appuyer ce plan sur l'opinion même du pays et le préparer à reconnaître sa souveraineté, des émissaires répandus partout cherchaient à provoquer des soulèvements ou des plaintes contre l'autorité légitime. Les secrets partisans de l'Indépendance italienne étaient de toutes parts encouragés et à leur insu ils servaient à étendre et à populariser la nouvelle domination, comme l'alliance de l'Empire avait servi à faciliter l'invasion du territoire.

« Jusque-là, quelque suspectes que paraissaient les intentions du roi, on avait pu croire qu'il n'oserait pas se porter à des hostilités contre la France. Votre Majesté ne s'était pas montrée éloignée de modifier la situation de l'Italie, et, si les desseins du roi se fussent accordés avec le désir de concourir effectivement à sa défense, peut-être que Votre Majesté, dans les nouvelles vues que les circonstances Lui auraient permis de réaliser, aurait pu faire entrer en balance, avec les titres qui devraient lui être encore plus chers, les services passés du roi. Mais, au moment où il se disait encore l'allié de la France, il entrait secrètement en négociations avec ses ennemis. Un ministre du roi continuait de résider à Vienne. Le Ministre d'Autriche prolongeait sous divers prétextes son séjour à Naples. On y vit même arriver un nouveau plénipotentiaire autrichien, le comte de Neipperg, et un envoyé anglais, M. Graham, s'y rendit en même temps. Dès lors les négociations avec l'Autriche furent conduites à leur terme. Naples devint l'alliée de cette puissance et concerta avec elle ses préparatifs militaires en Italie.

« Qu'obtenait le roi pour prix de cette défection ? La garantie de sa couronne, peut-être la promesse de ne pas être employé au-delà des Alpes ? Mais quoi, son alliance avec Votre Majesté le laissait-elle sans garantie ?

« Des engagements directs avec l'Angleterre ne semblaient pas avoir été pris. Mais tout avait déjà pris à Naples, dans les ports, dans les rades, sur les rivages, l'aspect de la neutralité. Ainsi on ne craignait aucune invasion pendant que les troupes agiraient dans la Haute Italie et fréquemment on voyait arriver des parlementaires. Le commerce s'était rétabli avec la Sicile et enfin on s'adressait ouvertement aux Anglais pour armer les troupes qui se rendaient dans les États de Votre Majesté.

« Pendant ces dispositions et au moment même où la cour de Naples s'unissait à nos ennemis, ses démarches envers la France étaient encore enveloppées d'une profonde dissimulation. Le commandant des troupes napolitaines à Rome demandait au nom du roi, qu'un nouveau détachement, prêt à arriver dans cette ville, fût reçu au château Saint-Ange. Il faisait remarquer que le roi ne pouvait s'avancer dans la Haute Italie sans assurer ses communications avec son royaume. Le roi lui-même écrivit au Gouvernement de Rome que la Toscane était menacée d'un débarquement de troupes anglaises, qu'une partie de ses forces allait se porter sur Livourne, mais qu'elles ne quitteraient Rome qu'après avoir occupé le fort Saint-Ange et que, dans le cas où ses ordres ne seraient pas exécutés, il pourvoirait au commandement militaire des États Romains.

« Le roi devait s'attendre à un refus et ne pouvant plus rien obtenir par surprise, il ne cherchait qu'un prétexte pour éclater. On mit en avant que les principaux habitants de Rome recouraient à sa protection, qu'il fallait arrêter dans les États romains le désordre et l'anarchie, et

le roi déclara, le 16 janvier, par un décret qu'il prenait possession de
ces Etats. Il nomma un nouveau gouverneur de Rome. Celui que Votre
Majesté y avait établi, se retira au château Saint-Ange avec les généraux
français. Toutes les autorité civiles, qui administraient au nom de Votre
Majesté, durent quitter cette capitale et les Etats Romains. Le même
mouvement s'est étendu en Toscane. La Grande-Duchesse s'est retirée
dans sa principauté de Lucques et les départements Italiens, occupés
par les troupes Napolitaines, ont passé sous l'autorité du roi.

« Ce prince croyait la France abattue, lorsqu'il s'est allié aux ennemis
de Votre Majesté. Mais est-il permis à un prince français de désespérer
de la France? Est-il permis à un ancien serviteur de Votre Majesté de
désespérer de sa destinée? La générosité, le devoir étaient d'être fidèle?
L'intérêt du roi lui prescrivait de prévenir les malheurs de la
France qui l'avait élevé et dont la chute devrait entraîner sa propre
ruine.

« La politique la plus franche, la plus confiante n'est-elle pas aussi
celle qui est la plus stable et la plus assurée? Est-ce donc en changeant
de parti qu'on peut espérer de s'affermir et de conserver sa puissance? »

(*Archives des Affaires Étrangères*, Naples, V⁰ 140, p^co 60, f⁰ 114.)

ANNEXE XXI

(p. 136)

Prochaska von Guelfenburg (François-Adolphe, baron), né à Prague
en 1773. Entré au service en janvier 1789, lieutenant en 1799, capitaine
au choix hors tour en 1800, major en 1809, lieutenant-colonel aux
hussards Radetzky, Prochaska se distingue surtout en 1813, d'abord à
l'affaire de Tschernutsch (8 septembre) à la suite de laquelle il est
nommé colonel et chargé du commandement de l'avant-garde du corps
Radivojevich, puis au combat de Rovigo (8 décembre), à Fiorenzuola
(16 février 1814), à Reggio (16 mars) et enfin le 13 avril au passage du
Taro à Castelguelfo où il commande l'avant-garde de Nugent. Chevalier
de l'Ordre de Marie-Thérèse le 1er juin 1814, attaché au quartier-général du feld-maréchal prince Schwarzenberg en 1815, créé baron en
juillet 1816, promu général-major en octobre 1824, feld-maréchal-lieutenant en septembre 1832, nommé vice-président du conseil aulique de
la guerre en juin 1835, il prit sa retraite en juillet 1848 avec le grade
honorifique de général de cavalerie.

(Hirtenfeld, *Der Militär Maria Theresien Orden und Seine Mitglieder*,
t. II.)

ANNEXE XXII

(p. 141)

Barbou de Courrières (Marie-Gabriel), né à Abbeville (Somme) en novembre 1761, entré au service comme soldat volontaire en 1779, sous-

lieutenant le 14 janvier 1782, lieutenant le 30 mai 1788, envoyé avec son régiment à Saint-Domingue le 28 janvier 1791, rentré en France en juillet 1792, nommé chef d'un bataillon de volontaires nationaux, passé en 1793 à l'armée du Nord en qualité d'adjoint aux adjudants généraux puis à l'armée des Ardennes comme adjudant général, chef d'état-major de l'armée de Schérer, général de brigade en juin 1794, commandant une brigade de la division Bernadotte en 1795 et 1796, employé en 1797 et 1798 aux armées de Sambre et Meuse et du Nord, en 1799 en Hollande sous les ordres de Brune, en 1800 et 1801 à l'armée gallo-batave sous Augereau, commandant de la 17e division militaire après l'armistice de Steyer, envoyé en Suisse en remplacement de Ney, placé en novembre 1804 à la tête d'une des divisions du camp de Boulogne, commandant de l'armée de Hanovre en octobre 1805 après le départ de Bernadotte, se maintient à Hameln, où il est bloqué par les Russes et les Suédois, jusqu'à la paix de Presbourg. Commandant d'une des divisions de Dupont en Espagne (1808) et compris dans la capitulation de Baylen, rentré en France après une courte captivité employé à l'armée d'Italie (1809), y commande la 5e division à la bataille de Sacile, chargé de défendre Venise contre l'Archiduc Jean, envoyé ensuite un moment en Tyrol, gouverneur d'Ancône de 1810 à 1814, commandant la 13e division militaire le 20 mars 1815, mis à la retraite en 1816, mort à Paris le 6 décembre 1817.

ANNEXE XXIII

(p. 143)

Lettre du baron von Hügel (14 février 1814)

On trouve en note du *Journal du baron von Hügel* et à la date du 14 février la lettre suivante confiée par Hügel à un courrier partant pour la Grande Armée, lettre qui confirme les appréciations que nous avons cru devoir porter sur la résolution prise par le vice-roi.

Villafranca, 14 février 1814.

« Monsieur le chevalier,

« Nous voilà de retour d'où nous étions parti il y a huit jours. Chaque parti y a gagné, ayant eu l'occasion d'apprécier la force de l'armée et la position de l'ennemi. *Nous avons eu l'intention de prendre l'offensive. Nous avons été attaqués, nous avons repoussé l'ennemi et nous nous sommes convaincus qu'il fallait rester dans nos positions actuelles et attendre la possibilité d'avancer. Voilà l'histoire de la dernière semaine et de cette dernière campagne.* Nous avons été très mal informés de la force et des plans de l'ennemi, il y a 8 jours, et *nous avons cru qu'il n'y avait plus rien à faire pour nous. Maintenant que nous voyons que l'ennemi a des forteresses, des troupes et des amis dans ce pays, nous perdons courage et nous perdrons du temps et par là, beaucoup de forces.* Notre situation est très critique, pas comme celle d'une armée en Italie, mais comme celle d'une armée qui est destinée à coopérer à un grand plan, qui tend à délivrer l'Europe et à justifier les plus grandes vues politiques qui ont jamais influencé le sort de l'Europe. Il nous manque ce qui manquait à tout le monde policé, il y a peu de temps, c'est l'énergie. L'ennemi avait peur de nous, les esprits étaient pour nous. Il faut espérer que cela n'ait pas changé. Mais notre troupe n'a plus de discipline; en revanche, elle est brave et a de la confiance. Tout se compenserait si l'on pouvait dire cela de toute l'armée. Vous connaissez assez mon enthousiasme pour le bien-être du monde civilisé et de la nation à laquelle je me glorifie d'appartenir pour ne voir dans ma présente que l'effet d'un amour aveugle pour ce but saint... »

ANNEXE XXIV

(P. 148)

Elisa Bacciochi à l'empereur

Lucques, 14 février 1814.

« SIRE,

« J'ai eu l'honneur de rendre compte à Votre Majesté par mes rapports du 5 au 8 de ce mois du mouvement de concentration que le Prince de Lucques a opéré sur Pise par suite des circonstances qui m'ont déterminée à quitter Florence, à faire évacuer cette ville et à réunir toutes les troupes de la division sur un point qui offrît plus de sécurité. Le prince s'est maintenu à Pise jusqu'à présent; mais ayant reçu l'avis qu'une expédition anglaise, dont tous les rapports portaient la force à 6.000 hommes se dirige de la Sicile contre Livourne, la Spezia ou Gênes, j'ai cru devoir ordonner au prince de continuer son mouvement sur Gênes afin que la retraite ne lui soit pas coupée sur la seule route qui soit encore ouverte.

« J'ai été confirmée dans cette disposition par la nouvelle certaine, que des troupes napolitaines, en nombre supérieur, sont déjà arrivées à Pistoja et ont forcé nos avant-postes à abandonner le passage de Serravalle.

« Je sais de plus que l'ennemi a l'intention de couper nos communications en s'emparant de la route qui de Pontremoli conduit à la Spezia et à la rivière de Gênes.

« Il m'a paru convenable de le prévenir pour conserver des troupes sur lesquelles le vice-roi a dû compter et qui peuvent rendre ailleurs des services défensifs.

« Les projets des Anglais et des Autrichiens levant toutes les incertitudes que pouvait laisser la conduite personnelle du roi de Naples, je ne crois pas devoir cacher à Votre Majesté que j'ai reçu de lui plusieurs lettres bien en contradiction avec les mouvement de ses troupes.

« Le roi est dans un état violent d'agitation : il s'étonne de ce que le vice-roi se soit retiré de l'Adige et que j'aie quitté la Toscane aussitôt que j'ai appris qu'il se déclarait l'ennemi de Votre Majesté et de la France. Il exprime hautement son dévouement et sa reconnaissance pour votre personne et il a souvent dit aux députés toscans qu'il aimerait mieux recevoir le premier coup que de tirer son épée contre un Français.

« Je ne sais comment concilier ce langage, dont je ne suspecte pas la sincérité avec toutes les mesures arbitraires qui ont compromis mon autorité et celle qu'il m'oblige maintenant à prendre pour la sûreté des troupes françaises rassemblées à Pise. Votre Majesté appréciera ces contradictions qui me paraissent l'effet d'une résolution que le roi a jugée conforme à ses intérêts, mais à laquelle il a été poussé contradictoirement à ses affections. Je suis convaincue que les discours et la conduite du roi dans ses communications avec le vice-roi sont tout à fait semblables.

« Il n'en est pas moins certain qu'une proclamation du général Bellegarde, qui rappelle les peuples d'Italie à leurs anciens gouvernements, a été réimprimée à Bologne sous les yeux du roi.

« Cette proclamation rédigée avec beaucoup d'art produit le plus grand effet en Toscane où elle est excessivement répandue. »

ANNEXE XXV

(p. 152)

Archivio della Società Napoletana di Storia Patria (Dossier Pignatelli-Strongoli).

Note du prince de Metternich à lord Castlereagh relative à la convention de Troyes du 15 février 1814

« Le soussigné Ministre d'Etat et des Affaires étrangères a reçu la note par laquelle Son Excellence Mylord Castlereagh, secrétaire d'Etat de Sa Majesté Britannique pour les Affaires Etrangères, lui demande au nom de sa cour des explications sur les arrangements convenus pour le continent et principalement à l'égard des trois puissances principales et des assurances satisfaisantes sur les intérêts spécialement confiés à l'honneur et à l'intervention amicale de la Grande Bretagne. Il a reçu en même temps un projet de convention de la part de Son Excellence qui annonce les désirs du gouvernement Britannique sous ce dernier rapport.

« Le Soussigné, en déclarant qu'il est prêt à donner de concert avec les autres cabinets alliés les explications les plus franches sur le premier objet, s'empresse de prévenir Mylord Castlereagh, qu'ayant soumis le projet de convention en question à l'empereur, il a été autorisé par Sa Majesté Impériale et Royale à en accepter le contenu et à faire expédier un acte d'acceptation préalable qu'il a l'honneur de remettre ci-joint à Son Excellence et qui sera suivi le plus tôt possible par une expédition dans les formes d'usage ».

Troyes, 15 février 1814.

« Expédié conformément par Son Excellence le comte de Nesselrode et Son Excellence le Prince de Hardenberg. »

Acte préalable d'accession des Cours d'Autriche, de Russie et de Prusse aux propositions faites par Son Excellence Mylord vicomte Castlereagh.

Troyes, 15 février 1814.

« Son Excellence Mylord Castlereagh, principal secrétaire d'Etat de Sa Majesté le roi du Royaume-Uni de la Grande-Bretagne, ayant remis au Soussigné un projet de convention, dont la terreur suit :

L. L. M. M. I. R. consentent...

3° Qu'il soit accordé au Roi de Sicile, *en dédommagement du Royaume de Naples*, une indemnité libérale, dont le rapport et la position seront déterminés d'un commun accord et dont la valeur ne sera pas au dessous de la proportion à laquelle Sa Majesté Sicilienne a droit d'après l'échelle de ses pertes comparées à celles d'autres Souverains ayant droit à des indemnités et d'après celle des moyens dont les puissances alliées disposent pour satisfaire à ces prétentions...

Signé : METTERNICH. »

ANNEXE XXVI

(p. 152)

Le jour même de la signature de la convention de Troyes, lord Castlereagh adressait à lord William Bentinck la dépêche suivante qui, ne laissant aucun doute sur les intentions du cabinet de Saint-James, aurait obligé tout autre diplomate que le lord capitaine-général à conformer absolument sa conduite aux instructions, que lui faisait tenir le représentant de son gouvernement au quartier-général des Souverains Alliés.

Lord Castlereagh à lord William Bentinck

Troyes, 15 février 1814.

« MYLORD,

« En me rendant de Châtillon dans cette ville, j'ai rencontré le capitaine Coppen qui, porteur de la dépêche de Votre Seigneurie en date du 1er janvier, allait rejoindre lord Aberdeen. Le capitaine Foljambe est arrivé ici le 13 et m'a remis votre lettre du 22 janvier et celle de M. Graham, datée de Naples le 20 du même mois.

« Je m'empresserai de soumettre à l'approbation de Son Altesse Royale le prince Régent tout le développement de ces négociations

avec Murat, tel que vous l'exposez dans vos dépêches, et j'ai tout lieu
d'être satisfait de la conduite tenue par M. Graham en raison des circonstances dans lesquelles il avait à agir.

« Il aurait été peut-être avantageux de ne pas faire dépendre la durée
de l'armistice négocié par M. Graham de la conclusion d'un traité de
paix définitif entre la Grande-Bretagne et Naples, arrangement qui
aurait pu présenter de sérieuses difficultés. Mais Murat, d'autre part,
aurait pu, il est vrai, se prévaloir des avantages résultant de l'armistice
pour retarder la conclusion d'un traité, dans l'espoir d'obtenir de
meilleures conditions tout en n'ayant plus à redouter une attitude hostile de la part de l'Angleterre.

« J'espère cependant que ma lettre de Bâle [1] que Votre Seigneurie a
dû recevoir peu de jours après la signature de l'armistice vous a mis
en état d'obvier à toute difficulté et de faire avec Murat un arrangement
qui puisse assurer aux opérations des Autrichiens en Italie tout l'avantage de ses ressources militaires.

« Votre Seigneurie aura vu par cette dépêche, ainsi que par celle que
je lui ai adressée de Châtillon-sur-Seine [2] que Son Altesse Royale le
prince Régent porte l'intérêt le plus sincère au bien-être et au sort de Sa
Majesté le Roi de Sicile et je ne doute pas que vous n'aurez rien négligé
pour faire sentir à Murat qu'aucun arrangement ne saurait intervenir
entre lui et la Grande-Bretagne, sans être basé sur le principe qu'il se
joindra à nous, autant qu'il sera en son pouvoir, pour procurer à Sa
Majesté Sicilienne une forte et légitime indemnité et qu'il coopérera à
l'action de la cause générale contre la France. »

<hr>

ANNEXE XXVII

(p. 191)

Rapport du colonel comte Tascher de la Pagerie au vice-roi

Volta, 25 février 1814.

MONSEIGNEUR,

D'après les ordres de Votre Altesse Impériale et Royale, je suis parti
du quartier-général de la Volta le 9 du présent mois, pour remplir,
auprès de Sa Majesté l'empereur et roi, la mission qu'Elle a bien voulu
me confier.

Arrivé à Milan le 10 à huit heures du matin, j'ai eu l'honneur d'être
reçu par Mme la vice-reine à laquelle j'ai donné les détails de la bataille
du Mincio ; j'ai quitté cette capitale à trois heures de l'après-midi.

J'ai pris la route de Turin et le Mont-Cenis ; à Aiguebelle, j'ai dû
prendre une route de traverse pour me rendre par Grenoble à Lyon, la
route directe de Chambéry à Lyon, étant, m'assurait-on, interceptée
par un parti ennemi.

1. Dépêche de Bâle du 22 janvier 1814.
2. Dépêche de Châtillon-sur-Seine du 4 février 1814.

Arrivé à Lyon, j'ai eu, par M. le comte de Bondy, préfet du département, tout dévoué et attaché à l'empereur, les renseignements nécessaires pour continuer ma route avec sécurité. La population, presque entière, animée du meilleur esprit, était sous les armes pour repousser l'ennemi qu'on assurait devoir se présenter incessamment devant la ville. Le maréchal Augereau, commandant toutes les troupes, chez lequel je me suis présenté pour lui annoncer la victoire de Son Altesse Impériale, m'a semblé abattu, démoralisé et très découragé des nouvelles qu'il venait de recevoir d'un échec éprouvé par l'Empereur à Brienne.

De Moulins, où j'ai laissé ma voiture pour courir à franc-étrier, je me suis dirigé sur Briare, Gien et Orléans afin d'éviter Montargis, occupé par l'ennemi.

Le 16, je suis arrivé à Paris à une heure du matin et j'en suis reparti à une heure de l'après-midi pour me rendre au quartier-général impérial que j'ai trouvé à Guignes.

J'ai été de suite admis chez l'empereur et accueilli, on ne peut mieux, par Sa Majesté, qui d'abord m'a demandé si, « en passant à Paris et dans les villes et villages sur ma route, j'avais répandu la nouvelle de la victoire du vice-roi ».

Sur ma réponse affirmative, Sa Majesté m'a dit : « C'est bien fait. Quels sont, m'a-t-elle demandé, les résultats de la bataille du Mincio ? L'armée a-t-elle beaucoup perdu ? Pourquoi Eugène n'a-t-il pas continué à poursuivre à toute outrance l'armée du maréchal Bellegarde ? Quel est l'esprit de l'armée d'Italie ? Les soldats italiens se battent-ils bien ? La population est-elle tranquille et animée de bons sentiments ? »

« Sire, ai-je répondu, les résultats de la bataille du Mincio ont été d'un très bon effet, sur le moral des peuples du royaume. Ils eussent été immenses pour l'armée, si le prince, lorsqu'il fut engagé avec l'ennemi, avait pu recevoir des nouvelles de son aile gauche, qui défendait la position et les ouvrages de Monzambano ; mais, séparé d'elle par le Mincio et par une attaque subite des Autrichiens sur la rive droite, à laquelle nous ne nous attendions nullement, puisque Son Altesse Impériale manœuvrait Elle-même en passant le Mincio au pont de Goïto pour les surprendre sur la rive opposée, Elle n'a dû rien compromettre par un mouvement trop brusque en avant, sans connaître la situation de la gauche de son armée que le bruit du canon annonçait être vivement engagée et avec laquelle elle n'était plus en communication directe, dès qu'elle s'est trouvée aux prises avec l'ennemi. Commencer un mouvement de retraite en présence de l'ennemi, rappeler toutes les troupes de la lieutenance de droite, qui avaient débouché de Mantoue sur Roverbella et Villafranca et repasser le fleuve eût été dangereux ; car, dès ce moment, l'ennemi qui avait beaucoup moins de chemin à faire que nous, réunissait toutes ses forces et pouvait déborder notre aile gauche, et, telle célérité que l'armée eût pu mettre dans son mouvement, elle n'aurait pu arriver à temps pour la dégager. Son Altesse Impériale, dont les succès n'ont pas été douteux un seul instant, a donc continué vivement son attaque. Une charge désespérée des uhlans autrichiens a mis pour un instant quelque désordre dans nos régiments de cavalerie, mais notre infanterie a rétabli le combat. La réserve autrichienne, composée de grenadiers, a été un des premiers corps sur lequel nos troupes se sont heurtées. Dès le commencement de l'affaire, leur déroute a été complète ; des pièces d'artillerie ont été enlevées, des prisonniers ont été faits, et le champ de bataille nous a été abandonné couvert de morts. L'état de nos pertes sera adressé à Votre Majesté ; elles n'ont pas été considérables. Le prince aurait pu profiter de la retraite et de la confusion de l'ennemi acculé en masse sur Valeggio et Borghetto et continuer son mouvement d'attaque ; mais avec une cavalerie beaucoup inférieure à celle de l'ennemi et ayant appris par des prisonniers, que le maréchal Bellegarde rappelait les troupes qui avaient opéré le matin sur la rive droite et que, par conséquent, sa gauche allait être dégagée, après avoir soutenu un glorieux combat contre des forces quadruples, il a mieux aimé continuer le combat avec le même avantage, sans en rendre douteux le résultat, et n'a quitté le champ de bataille que le lendemain matin et après s'être assuré du mouvement rétrograde de l'armée autrichienne sur Vérone. Son Altesse impériale a surtout pris cette détermination pour le peu de sécurité que lui donnait le mouvement du roi de Naples, que le général autrichien Nugent pressait d'agir en donnant à la coalition un gage de son bon vouloir et qui pourrait nous accabler d'un moment à l'autre. Elle a repris sa ligne offensive du Mincio, dont l'ennemi a été chassé et refoulé sur la rive gauche. Elle observe dans cette position avantageuse les deux armées austro-napolitaines et du maréchal Bellegarde et se prépare à faire face, autant qu'elle le pourra, à des forces trois fois supérieures aux siennes.

« L'esprit de l'armée d'Italie est parfait : pleins de bravoure et de dévouement, les officiers et soldats rivalisent de zèle pour le service de Votre Majesté. Le prince en reçoit dans toutes les occasions de touchants témoignages.

« Les soldats italiens se battent bien et se montrent dévoués. La population est inquiète, agitée : elle est tourmentée par les agents autrichiens qui trouvent, dans les nobles de Milan surtout, de puissants protecteurs. Une ou deux belles victoires gagnées par Votre Majesté, remettra tout dans l'ordre. Elle me regarda en souriant et me dit : « Ah ! tu le crois. »

Sa Majesté m'a encore fait plusieurs questions sur l'organisation de l'armée, sur sa situation numérique, sur la défense et l'état des places fortes du royaume. J'ai pu l'assurer que jusqu'à présent, nous n'avions pas à déplorer la perte d'aucune d'elles. Elle croyait l'armée française en Italie beaucoup plus nombreuse qu'elle ne l'est. Elle m'a demandé un rapport détaillé sur la position des troupes, avant et après la bataille du Mincio et sur les mouvements qui se sont opérés depuis, ce que j'ai eu l'honneur de faire.

Sa Majesté m'a donné ensuite l'ordre d'aller me reposer et de rester à son quartier-général. Elle a ajouté : « Demain ou après-demain, nous aurons une belle affaire et tu verras que les soldats de la Grande Armée se battent aussi bien que ceux de l'armée d'Italie. »

Le 17 février, de grand matin, Sa Majesté s'est mise à la tête de ses troupes, qui débouchaient de Guignes. Elle ne tarda pas à se trouver en face de l'ennemi qui était en position à Mormant. Une attaque réunie de l'infanterie, des dragons venant d'Espagne et d'une nombreuse artillerie, fut si vive et si spontanée, que l'ennemi fut mis dans une déroute complète; presque toute cette avant-garde fut faite prisonnière, son artillerie perdue et le reste des fuyards poursuivi jusqu'à Nangis. C'est à cet endroit que Sa Majesté s'arrêta et fit établir son quartier-général. Elle se porta à quelque distance du village et se plaça à la gauche de la route de Provins, pour voir défiler les troupes qui avaient combattu sous ses yeux; elles étaient ivres d'enthousiasme. Sa Majesté adressait quelques mots flatteurs aux généraux, officiers et soldats. Je crois m'être aperçu qu'il n'en était pas de même du général Oudinot, qu'Elle pressait même avec humeur d'accélérer son mouvement sur Provins. Sa Majesté, m'ayant aperçu, me fit approcher de son feu de bivouac; elle me renouvela ses questions sur toutes les opérations de l'armée d'Italie et me dit ensuite : « Eh bien, Tascher, tu vois aussi que nous faisons ici de la belle besogne et demain tu verras encore une plus belle affaire et tu en apporteras la nouvelle au viceroi. »

« Le lendemain matin, Sa Majesté me fit appeler. Je fus introduit dans son cabinet : Elle me dit : « Tascher, tu vas partir de suite pour retourner en Italie ; tu ne t'arrêteras à Paris que quelques heures, pour y voir ta femme, sans communiquer avec qui que ce soit. Tu diras à Eugène que j'ai été vainqueur à Champaubert et à Montmirail des meilleures troupes de la coalition ; que Schwarzenberg m'a fait demander cette nuit par un de ses aides de camp un armistice ; mais que je n'en suis pas dupe, car c'est pour me leurrer et gagner du temps. Tu lui diras aussi que, si les ordres qui avaient été donnés hier au maréchal Victor de se porter sur Melun et sur Montereau, avaient été ponctuellement exécutés, il en serait résulté la perte du corps bavarois et des Wurtembergeois, pris au dépourvu par ce mouvement, et qu'alors, n'ayant plus devant lui que des Autrichiens, qui sont des mauvais soldats et de la canaille, il les aurait menés à coups de fouet de poste; mais que, rien de ce qui avait été ordonné n'ayant été fait, il fallait recourir à de nouvelles chances.

Sa Majesté ajouta :

« Tu diras à Eugène que je *lui donne l'ordre de garder l'Italie le plus longtemps qu'il pourra, de s'y défendre; qu'il ne s'occupe pas de l'armée napolitaine composée de mauvais soldats et du roi Naples qui est un fou, un ingrat.* En cas qu'il soit obligé de céder du terrain, de ne laisser dans les places fortes qu'il sera forcé d'abandonner, que juste le nombre de soldats italiens nécessaires pour en faire le service; de ne perdre du terrain que pied à pied et en le défendant, et, qu'enfin, s'il était serré de trop près, de réunir tous ses moyens, de se retirer sous les murs de Milan, d'y livrer bataille ; que, s'il est vaincu, d'opérer sa retraite sur les Alpes, comme il le pourra; de ne céder le terrain qu'à la dernière extrémité. *Dis à Eugène que je suis content de lui, qu'il témoigne ma satisfaction à l'armée d'Italie* et que, sur toute la ligne, il fasse tirer cent un coups de canon en réjouissance des victoires de Champaubert et de Montmirail.

« A Lyon, tu verras le préfet, tu diras au maréchal Augereau qui y commande, qu'ayant près de 12.000 hommes de vieux soldats, y compris le 13e de cuirassiers et le 4e de hussards, d'y réunir les nouvelles levées, les gardes nationales, la gendarmerie, de marcher sur-le-champ, tête baissée, sur Mâcon et Chalons, sans s'occuper des mouvements de l'ennemi sur sa droite ; qu'il n'aura à combattre que le corps du prince de Hesse-Hombourg, composé de troupes des nouvelles levées des petits princes allemands, commandées par des officiers de la noblesse allemande, sans expérience de la guerre, qu'il doit les vaincre et ne pas s'effrayer du nombre.

« A Turin, tu diras au prince Borghese de *contremander l'évacuation de la Toscane, s'il en est temps encore;* mais, dans le cas contraire, d'arrêter les troupes dans leur mouvement, de défendre les différentes positions en avant de la ville de Gênes, de mettre cette ville dans un état imposant de défense et de donner connaissance de ces dispositions au vice-roi. »

Après avoir reçu les instructions si importantes de Sa Majesté et obtenu d'Elle le grade de colonel que Votre Altesse Impériale et Royale avait demandé pour moi, j'ai pris la liberté de Lui rappeler que la croix d'officier de la Légion d'honneur m'avait été promise depuis 1812 et si à la première occasion Elle daignerait se souvenir de moi, Sa Majesté m'a répondu en souriant : « Tu es encore trop jeune ; tu peux attendre ; je me suis toujours occupé de ton sort ; pars et fais diligence. » Quand je suis parti peu de temps après avoir reçu les ordres de Sa Majesté, le canon grondait déjà dans la direction de Montereau.

Arrivé à Paris dans la soirée, je n'ai pu résister, malgré les ordres formels de l'empereur, d'aller un instant et dans le plus grand secret chez Sa Majesté la reine Hortense pour lui donner des nouvelles de Votre Altesse, prendre ses ordres et ceux de Sa Majesté l'impératrice Joséphine, près de laquelle j'étais désolé de ne pouvoir me rendre, l'empereur pouvant l'apprendre. Je l'ai trouvée très préoccupée et triste des événements dont le théâtre se rapprochait si près de Paris ; elle fut encore bien affligée, quand bien confidentiellement je lui donnai connaissance des ordres verbaux que j'avais reçus pour Votre Altesse Impériale, le maréchal Augereau et le prince Borghese. C'est dans ces moments si expansifs de confiance et d'abandon que son excellent cœur se faisait connaître. Je la voyais heureuse du succès de Votre Altesse, mais ces douces impressions, si tendres et si vraies, étaient comprimées par les craintes que lui inspirait la position si difficile de Votre Altesse en Italie, entourée d'ennemis si nombreux. Elle désirait beaucoup la paix, mais la voulait honorable.

Le 19 février, à midi, j'ai repris à franc étrier la route d'Orléans: j'y suis arrivé à onze heures du soir. Des renseignements précis sur les mouvements de plusieurs partis de Cosaques sur la rive droite de la Loire m'ayant été donnés, j'ai dû changer de route et prendre celle de la rive opposée. Je me suis dirigé sur Bourges et la Charité, et de là à Moulins où j'ai trouvé ma voiture que j'y avais laissée.

Le 22, avant huit heures du matin je suis arrivé à Lyon. Je fus de suite chez le préfet, M. le comte de Bondy, auquel j'ai parlé des instructions dont j'étais porteur pour le maréchal Augereau. J'ai été on ne peut plus touché de son accueil et des sentiments dont il était animé pour le service de l'empereur. Il me paraissait souffrir du découragement qu'il voyait s'accroître tous les jours. Je me rendis seul chez le maréchal Augereau ; je me fis connaître à un de ses aides de camp, que je trouvai couché dans un salon de son appartement, et qui me demanda si j'avais des lettres et ce que je désirais. Sur la réponse que je lui fis que je n'en avais pas, mais qu'au nom de l'empereur, je voulais parler au maréchal, il fut quelque temps absent et m'annonça que le maréchal m'attendait dans sa chambre. Introduit chez le maréchal, je lui fis part avec la plus grande précision des ordres verbaux que j'avais reçus pour lui de l'empereur en lui démontrant avec chaleur quelle nouvelle palme de gloire, il allait ajouter à sa brillante réputation s'il parvenait à écraser le corps autrichien qui lui était opposé et à faire le mouvement sur lequel l'empereur comptait et auquel il attachait beaucoup d'importance. Il m'écouta avec assez de patience et de tranquillité, tout en déplorant l'erreur dans laquelle était l'empereur sur la force numérique de son corps d'armée ; qu'il « savait son métier », qu'il n'avait pas besoin « de leçons pour se conduire » et tout à coup s'animant, gesticulant et jurant, il me demanda avec humeur : « As-tu des ordres par écrit pour moi ? Pour qui me prend-on ? Suis-je donc un caporal que l'on fait marcher à la baguette ? Je sais ce que je dois faire. » Blessé de cette apostrophe, je lui répondis : « Monsieur le maréchal, je n'ai pas d'ordre écrit pour vous de l'empereur, comme vous paraissez le désirer ; mais, comme cousin germain de l'impératrice Joséphine et colonel aide de camp de Son Altesse Impériale, le prince vice-roi d'Italie, son fils, et ayant, j'ose le croire, sa confiance, j'ai pu recevoir aussi pour vous des ordres verbaux, comme j'en ai reçu également ment pour Son Altesse Impériale le prince vice-roi et pour le prince Borghese et vous les transmettre au nom de Sa Majesté. Vous en ferez ce que vous voudrez, car, de ce moment je regarde ma mission comme remplie. Je vais de ce pas informer M. le comte de Bondy de ce qui vient de se passer et je repars pour l'Italie. »

Je fus de suite chez ce dernier auquel je racontai ma conversation avec le maréchal et sa sortie inconvenante ; il s'en montra fort affligé et me dit, profondément ému : « C'est ainsi que tout marche ici maintenant. » Après cette conversation, je quittai Lyon en prenant la route directe par Chambéry et passai les Echelles à six heures du soir.

Le 24, à une heure du matin, ma chaise de poste s'arrêta au palais impérial où logeait Son Altesse Impériale le prince Borghese. J'ai trouvé dans son salon de service M. le colonel Gruyère, son aide de camp, qui me reçut poliment, mais qui me parut embarrassé de m'annoncer. Sur ma demande au nom de l'empereur, il se décida à se rendre dans la chambre à coucher du prince. J'attendis quelque temps et je fus introduit auprès de Son Altesse Impériale qui me paraissait très gênée de ma brusque visite. Elle ne me demanda pas si j'avais des ordres « par écrit » de Sa Majesté, mais se montra au contraire fort inquiète de tous les événements qui se passaient. Elle me fit avec intérêt une foule de questions sur la situation de la France, m'exprima ses craintes et les difficultés de sa position, si l'empereur n'était pas vainqueur. Après lui avoir transmis les ordres de Sa Majesté l'empereur, je fus congédié par le prince, qui me sembla très empressé de se débarrasser de moi, car au désordre de l'appartement, j'ai dû croire que Son Altesse Impériale n'y était pas seule. Je partis de suite pour Verceil, arrivai à Milan et après avoir pris les ordres de Mme la vice-reine, j'en suis reparti à cinq heures du soir et arrivai au quartier-général de la Volta le 25.

Pendant la mission que je viens de remplir en France, je ne cache pas à Votre Altesse Impériale que j'ai trouvé l'esprit public craintif, inquiet et frappé des événements qui se sont succédé avec une si grande rapidité. La présence de l'ennemi, si rapproché de la capitale et dont le canon aurait déjà pu être entendu, y porte la terreur et la stupéfaction dans les classes aisées, même les plus dévouées. On ne se rencontre que pour se demander des nouvelles, s'en réjouir ou s'en montrer effrayé avec exagération. En allant et en venant du quartier-général, j'ai été arrêté presque à chaque pas par le peuple des faubourgs pour avoir des nouvelles de l'empereur, dont on ne parle qu'avec une touchante admiration. Ceux-là n'ont pas peur ! Dès que Sa Majesté se montre, sa présence répand la joie et l'enthousiasme et fait naître dans tous les cœurs le calme et l'espérance ; mais, comme Elle ne peut se multiplier pour être partout, afin d'en imposer aux uns, de donner le courage du dévouement à d'autres, il s'ensuit un découragement, une désobéissance, comme Votre Altesse Impériale a pu le remarquer dans mon rapport et dont, pour le service de Sa Majesté l'empereur, on ne saurait trop déplorer les tristes conséquences. J'ai laissé la France à la veille de grands événements et avec l'espoir que Votre Altesse Impériale aura bientôt des nouvelles que l'empereur a triomphé de ses nombreux ennemis. Heureux de me trouver auprès d'Elle pour en partager la joie, je suis, etc.

ANNEXE XXVIII

(p. 195)

ORDRE DE BATAILLE DE L'ARMÉE AUTRICHIENNE (16 FÉVRIER 1814)

AILE DROITE : F.-M.-L. Mis SOMMARIVA. — *Division du* F.-M.-L. FENNER

Brigade Stanissavlevich.	5 b^{ons}	1 esc^{ons}	batt^{ie}.	Anfo, Tonale, Val Trompia.
— Vlasitz	6 —	2 —	1 —	Sous Peschiera.
— Paumgarten	4 —	3 —		Entre Castelnuovo,
— Abele	3 —	8 —	1 —	Salionze et S. Giorgio.
Total	18 b^{ons}	14 esc^{ons}	2 batt^{ies}	

CENTRE : *Avant-garde.* — *Division du* F.-M.-L. NEIPPERG

Brigade Bogdan	6 b^{ons}	8 esc^{ons}	1 batt^{ie}	Valeggio.
— —	4 —	6 —	1 —	(à cheval). Pozzolo.

CENTRE : *Division du* F.-M.-L. RADIVOJEVICH

Brigade Steffanini	5 b^{ons}	8 esc^{ons}	1 batt^{ie}	Camp de Querni
— de Best	8 —		1 —	(doit être Quaderni).
— Suden	4 —		1 —	

CORPS DE RÉSERVE : *Division du* F.-M.-L. MERVILLE

Brigade Stutterheim	5 —		1 batt^{ie}	Rosegaferro.
— Wrede		12 esc^{ons}		

AILE GAUCHE : *Division du* F.-M.-L. MAYER VON HELDENFELD   Mozzecane.

Division du F.-M.-L. MARZIANI

Brigade Watlet............	5 b^{ons}		1 batt^{ie}	Roverbella.
— Spiegiel..........	4 —	4 esc^{ons}	1 —	Castiglione Mantovano.

Division du F.-M.-L. GRAMMONT

Brigade Winzian........	7 b^{ons}		1 batt^{ie}	Mozzecane.
— Eckhardt	4 —	4 esc^{ons}	1 —	Castel d'Ario.
— Fölseis..........	4 —	2	1 —	Legnago.

Division du F.-M.-L. NUGENT

Brigade Starhemberg.....	6 b^{ons}	8 esc^{ons}	1 batt^{ie} (à cheval).	} Sur Plaisance.
— Gober..........	6 —		3/4 —	
Total........	68 b^{ons}	52 esc^{ons}	12 3/4 batt^{ies}	

CORPS DE BLOCUS : *Division du* F.-M.-L. MARSCHALL

Birgade Pulksy...........	3 b^{ons}	2 esc^{ons}	1 batt^{ie} }	Devant Venise.
— Mayer..........	5 —	2 —	1 — }	
— Csivich..........	6 —	3 — 1/2	1 —	Devant Osoppo.
Total........	14 b^{ons}	7 esc^{ons} 1/2	3 batt^{ies}	

D^{ion} du g^{ral} Tomasich.....	3 —	1 —		Dalmatie.
F.-M.-L. Knesevich.......	2 —	1/2 —		Trieste.

ANNEXE XXIX

(P. 221)

Convention passée entre M. le duc d'Otrante
et M. le lieutenant général Lechi

« Entre les soussignés Joseph, duc d'Otrante, ministre d'Etat, grand aigle de la Légion d'honneur et *autorisé* par Sa Majesté l'empereur des Français, roi d'Italie, protecteur de la Confédération du Rhin, médiateur de la Confédération suisse, à traiter de l'évacuation et de la remise des plans et forts des Etats romains et de la Toscane aux troupes de Sa Majesté, le roi des Deux Siciles, d'une part ; et Joseph, comte Lechi, lieutenant-général, aide de camp de Sa Majesté le roi des Deux-Siciles, Commandeur de son Ordre royal, de la Légion d'honneur et de la Couronne de Fer, muni des pouvoirs de Sa Majesté Sicilienne, d'autre part ;

« A été convenu et arrêté ce qui suit :

ARTICLE PREMIER. — Le château Saint-Ange à Rome et la place de Civita Vecchia étant dans ce moment les deux seuls points occupés dans l'Italie méridionale par les troupes de Sa Majesté l'empereur et roi, les garnisons de ce fort et de cette place en feront la remise aux troupes de Sa Majesté le roi des Deux-Siciles, dans le jour de la notification de la présente convention à l'officier qui les commande.

ART. 2. — Les troupes françaises sortiront du fort Saint-Ange et de la place de Civita Vecchia avec armes et bagages, caisses militaires des corps et avec tous les honneurs de la guerre, pour être transportées en France par mer.

ART. 3. — Les bâtiments nécessaires pour le transport desdites troupes, ainsi que les vivres pour leur subsistance et tous les objets que leurs besoins exigeront pour la traversée, seront fournis par les autorités napolitaines.

ART. 4. — Il sera fait une convention particulière entre les commandants des deux garnisons et les officiers napolitains chargés de diriger les mouvements des troupes françaises, pour prévenir tout désordre, soit dans la marche, soit au lieu d'embarquement.

ART. 5. — L'embarquement et le départ des troupes françaises auront lieu dans le plus court délai possible et leur débarquement sur la côte de France s'effectuera sur le point que jugeront à propos de choisir et d'indiquer les chefs depuis Nice jusqu'à Marseille.

ART. 6. — Dans le cas où les troupes ne pourraient pas être embarquées et où on devrait leur faire suivre la route de terre, elles seront dirigées sous la conduite d'officiers napolitains par Sienne, Pise et Gênes sur les Alpes, le Mont-Cenis et Briançon et les vivres leur seront également fournis jusqu'aux lignes occupées par les troupes napolitaines.

ART. 7. — Les troupes qui forment les garnisons du fort Saint-Ange et de la place de Civita-Vecchia prendront l'engagement de ne pas servir en Italie durant l'espace d'un an, soit contre Sa Majesté le roi des Deux-Siciles, soit contre ses alliés. Cette obligation, qui liera les officiers comme les sous-officiers et soldats, sera constatée dans les formes d'usage.

ART. 8. — Les vivres, munitions et autres objets de quelque nature que ce soit, qui se trouvent dans le fort et dans la place ci-dessus désignés et qui ne sont point propriété particulière des officiers et des soldats, appartiendront à Sa Majesté le roi des Deux-Siciles. Des commissions seront nommées de part et d'autre pour en faire la consignation sur inventaires dûment vérifiés et signés au pied desquels il sera donné valable décharge. La remise et la réception des canons seront effectuées dans la même forme, par des officiers d'artillerie qui seront également nommés de part et d'autre.

ART. 9. — La présente Convention aura son effet, relativement à toutes les troupes françaises qui pourraient se trouver encore sur quelques points des Etats romains et de la Toscane et à l'égard desquelles il n'existe pas déjà quelque capitulation ou autre convention particulière.

Fait et signé à Lucques, le 24 février 1814.

ANNEXE XXX

(p. 226)

Ordine del Giorno di Sua Altessa Reale il Principe Vicario Generale

« Bravi e fedeli miei soldati !

« Ecco giunto l'instante che andate a mettere il piede in Italia vostra commune patria per cooperare coi vostri travagli alla grande opera della sua liberazione.

« La fedelta da Voi mostratami nel seguire constantemente la causa del Re, mio Augusto Padre, Vostro legittimo Sovrano, mi è una garanzia che non *dimenticarete mai di riguardarlo per Vostro unico Sovrano e Re, e che avendo egli giammai rinunziato al suo regno di Napoli*, riguarda sempre Voi per suoi sudditi fedeli siccome qual Vostro amoroso Padre che sempre tale é stato il mio augusto genitore, Vi riguardo come suoi amati figli, egualmente che riguardera sempre i Napoletani vostri fratelli.

« O bravi e fedeli miei Soldati Siciliani, che riunite i Vostre sforzi a quelle dei Vostri confratelli sotto I nostri standarti, pensate che colla vera liberazione dell'Italia assicurerete la Vostra liberta e la Vostra esistencia politica e vi renderete degni di quelle rinumerazioni che seranno propiciati alla Vostra fedelta e alla Vostra bravura.

Palermo, 20 febbrajo 1814.

Per ordine di Sua Altessa il Principe Vicario, Generale.

Ruggiero Seltimo. »

Le même jour, le vicaire général envoyait au commandeur Rufo, qui représentait la Sicile à Vienne de nouvelles instructions par lesquelles il déclarait plus énergiquement que jamais que la Maison royale de Sicile n'entendait en aucune façon renoncer à ses droits imprescriptibles sur le royaume de Naples.

Cf. Bianchi, *Storia della diplomazia Europea in Italia*, t. I., 335. (Istruzioni del Vicario Generale Francesco al commandatore Rufo in Vienna ; Palermo, 20 febbraio 1814.)

ANNEXE XXXI

(p. 231)

« *L'empereur d'Autriche au roi de Naples*

Troyes, 21 février 1814.

« Monsieur mon frère,

« L'aide de camp de Votre Majesté, porteur de la présente, m'a remis la lettre de ratification du traité que je Lui avais proposé avec quelques modifications [1].

---

1. Nous avons reproduit plus haut, *Annexe III*, la lettre de ratification à laquelle se réfère l'empereur d'Autriche.

« J'accepte cette ratification préliminaire et je La prie de regarder la présente lettre comme un engagement de ma part, de faire expédier dans le plus bref délai le même traité dans les formes usuelles de la Chancellerie.

« *La détermination que Votre Majesté a prise doit Lui assurer tout mon appui, et j'ai donné l'ordre à mon Ministre de guider le prince Cariati dans toutes les démarches qui lui restent à faire pour déterminer l'accession des Souverains, mes alliés, aux stipulations de ce même traité.*

« Votre Majesté trouvera sans doute dans ce fait une preuve nouvelle du constant intérêt que je Lui voue. Les rapports heureux établis entre nous ne peuvent que contribuer au succès final de la cause générale, et spécialement au bien-être et à la tranquillité future de l'Italie.

« Recevez, monsieur mon Frère, l'assurance de la considération très distinguée avec laquelle je suis

De Votre Majesté,

Le bon Frère,

François. »

Au même moment et pendant que l'empereur François adressait à Murat cette lettre, cette ratification qu'il attendait avec tant d'impatience, lord Castlereagh de son côté faisait à nouveau connaître sa pensée et sa manière de voir à lord William Bentinck.

« Lord Castlereagh à lord W. Bentinck

Châtillon-sur-Seine, 21 février 1814.

« Vos dépêches m'ont été remises hier par le capitaine Graham, qui m'a communiqué également tous les renseignements qu'il avait pu recueillir en route.

« Le point le plus important en ce moment est de s'assurer la coopération effective des Napolitains, dont le concours actif semble indispensable pour donner aux alliés les succès rapides et complets qui puissent promptement décider le sort de l'Italie.

« Je vois avec peine que Murat a invoqué et trouvé des prétextes pour retarder la signature du traité en sa forme amendée et qu'il persiste à montrer quelque ménagement pour l'ennemi. J'attribue cependant cette attitude à son désir d'obtenir quelque avantage particulier des alliés, plutôt qu'à des intelligences avec la France. D'après le langage tenu ici par Caulaincourt, il est évident que le gouvernement français le considère comme un ennemi.

« La lettre que je vous ai envoyée par courrier vous aura pleinement fait connaître nos vues à ce sujet. Le gouvernement britannique n'a jamais été partisan de cette mesure. Mais, maintenant qu'elle est prise, il est absolument disposé à agir conformément à l'esprit du traité autrichien, à conclure la paix avec Murat, mais à deux conditions :

1° *Qu'il fasse honorablement et loyalement la guerre;*

2° *Qu'on trouve pour le roi de Sicile une indemnité raisonnable, qui ne pourra, bien entendu, pas être un équivalent.*

« Je pense que sur cette base, vous pourrez non seulement calmer les alarmes qu'a pu inspirer à Murat la nature de notre armistice, mais lui fournir deux puissants aiguillons qui le pousseront en avant. En agissant de la sorte il servira sa propre cause, et en nous aidant à trouver une indemnité pour le roi de Sicile, il assurera ses propres titres à la possession de Naples.

« J'ai transmis à Londres la dépêche militaire de Votre Seigneurie. Les efforts que vous avez faits pour réunir ce corps sont très remarquables, et sa présence ne peut manquer de contribuer puissamment à l'heureuse issue de la campagne. J'attends avec impatience des nouvelles de la marche de Votre Seigneurie. Si vous les envoyez au quartier-général du maréchal de Bellegarde, sir Robert Wilson me les fera parvenir. L'armistice, tel que Votre Seigneurie l'a maintenant arrangé, est entièrement satisfaisant. »

ANNEXE XXXII

(P. 247)

En raison même et du caractère et de la singulière attitude de Fouché, de cette attitude qui fut peut-être encore plus singulière au cours de ses négociations avec Lechi que pendant sa mission à Naples, on peut, à bon droit, se demander si le duc d'Otrante était de bonne foi ou s'il cherchait seulement à faire partager à Miollis des illusions qu'il affectait d'avoir, lorsqu'il adressa au général Miollis la lettre qu'on va lire et qui fait partie des précieux documents retrouvés et publiés par le baron Albert Lumbroso (*Miscellanea Napoleonica*, V, 21-227).

« *Fouché au général Miollis*

Dépêche reçue au château Saint-Ange, le 26 février 1814.

« GÉNÉRAL,

« Je vous ai adressé, il y a quelques jours, une dépêche du ministre de la Guerre qui vous annonçait que j'étais chargé par l'empereur de conclure une convention avec le roi de Naples pour l'évacuation des États romains et de la Toscane. Je vous envoie copie de cette convention et *j'ai obtenu plus qu'on ne l'espérait dans les circonstances où nous nous trouvons*. J'ai exigé un inventaire ; je vous prie d'en surveiller l'exécution.

« J'avais d'abord pensé à faire une stipulation particulière pour vous et pour les généraux Lasalcette (*sic*) et Simon. *Mais le roi paraît tellement disposé à faire ce qui pourra vous être agréable que je n'ai pas cru devoir insister.*

« Je vais me rendre à Paris où j'espère que je ne tarderai pas de vous revoir, ainsi que vos compagnons d'armes. J'aurai du plaisir à vous y revoir. »

Malgré toute son habileté, Fouché n'avait pu donner le change au rude soldat qu'était Miollis et dès le lendemain le gouverneur de Rome lui répondait en ces termes :

« Rome, château Saint-Ange, 27 février 1814.

« Monsieur le duc,

« J'ai reçu votre lettre et la convention. J'en suis désolé. J'espère vous revoir sous d'autres auspices.

Général Miollis. »

ANNEXE XXXIII

(p. 260)

Fremantle (Sir Thomas, Franklin), né le 20 novembre 1765, entré dans la marine royale à l'âge de douze ans, fait naufrage avec *le Phœnix*, en 1780, sur les côtes de Cuba. Sert à la Jamaïque, y est nommé lieutenant en 1782 et y reste jusqu'en décembre 1787. Capitaine en 1793 et embarqué sur *le Tartar*, il fait partie de l'escadre de la Méditerranée de lord Howe, et entre en tête de l'escadre à Toulon (12 août 1793). Sert sous Nelson en 1794 à Bastia, se distingue au combat naval livré au large de Toulon, le 13 mars 1795 et fait partie avec *l'Inconstant* de l'escadre de Nelson sur la côte de Gênes. Commandant *le Seahorse*, en juillet 1797, il est emmené par Nelson à Ténériffe et blessé à l'attaque de Santa Cruz. Commandant du *Georges* en août 1800, il prend part au bombardement de Copenhague, puis à la bataille de Trafalgar à bord du *Neptune*. Rentré en Angleterre en 1806, il retourna dans la Méditerranée en août 1810 comme contre-amiral. Envoyé dans l'Adriatique en 1812, il y resta jusqu'à l'époque où il fut remplacé par sir John Gore. Reçoit la croix de l'ordre de Marie-Thérèse pour les services rendus dans ce commandement et la part prise à la prise de Trieste et à la conquête de la Dalmatie. Commandant en chef l'escadre de la Méditerranée et vice-amiral en 1818, il mourut à Naples, le 19 décembre 1829 (*Dictionary of National Biography*, Vᶜ XX).

Quelques jours auparavant, par une lettre datée de Valeggio, le 9 février, le lendemain de la bataille du Mincio, Bellegarde (Cf. *Record-Office. Admiralty, Sicily*, Vᵉ, 48, pᶜᵉ 146) avait tenu à féliciter Fremantle auquel on venait d'envoyer la croix de Commandeur de l'ordre de Marie-Thérèse et de lui annoncer que Rowley et Hoste étaient nommés chevaliers du même ordre.

Avant de recevoir l'avis qui le relevait du commandement de l'escadre de l'Atlantique, Fremantle avait envoyé, de Trieste, le 15 février, au secrétaire de l'Amirauté la liste des prises faites pendant la durée de son commandement (*Record Office, Admiralty, Sicily*, Vᵉ, 48, pᶜᵉ 182).

PLACES	PRISES PAR	CANONS	HOMMES
Agosta	*Appollo, Imogene*	12	70
Curzola	Détachement de la garnison de Lissa	4	—
Zupana	Canots du *Saracen*	—	39
Fiume	*Milford, Elisabeth, Eagle, Bac-*		
Porto Re	*chante, Haughty*	67	—

PLACES	PRISES PAR	CANONS	HOMMES
Farasina....	*Eagle*....................	5	—
Ile Mezzo ...	*Saracen, Weazle*............	6	59
Ragosnizza..	Embarcations du *Saracen* et du *Weazle*................	8	66
Citta Nuova..	*Elisabeth, Bacchante*.........	4	—
Rovigno	*Tremendous*.................	4	—
Pola........	*Wizzard*, compagnie de débarquement du *Milford* et 50 Autrichiens.................	50	—
Stagno	*Saracen* et un détachement d'Autrichiens..............	12	52
Lesina...... Brazza......	Canots de la *Bacchante* et (53 hommes), détachements de la garnison de Lissa.....	24	—
Trieste.....	*Milford, Eagle, Tremendous, Mermaid, Weazle, Wizzard* et le corps de Nugent........	80	—
Caldazzo....	*Elisabeth* et quelques Autrichiens.................	8	90
Forts du Pô.	*Eagle, Tremendous, Wizzard*, 500 Anglais et 2.000 Autrichiens.................	24	100
Zara........	*Havannah, Weazle* et 1.500 Autrichiens	110 (et 8 obusiers)	350
Cattaro	*Bacchante, Saracen*..........	130	900
Raguse	*Bacchante, Saracen* et 400 Autrichiens.................	138	500
Carlopago ...	*Bacchante*.................	12	150

GORE (Sir John). — Né en 1772, débute au Canada sous les ordres de Cornwallis, lieutenant en 1789, rentré en Angleterre en 1790, sert en 1793, dans la Méditerranée sous les ordres de lord Howe et est fait prisonnier par les Français au cap Saint-Vincent, le 7 octobre 1795. Rentré en Angleterre en 1796, il retourne dans la Méditerranée sous les ordres de Nelson. Envoyé aux Indes, en 1805, avec Cornwallis, en revient en 1807, et sert de nouveau dans la Méditerranée devant Toulon (1813). Nommé contre-amiral le 4 décembre 1813, il est appelé au commandement de l'escadre de l'Adriatique. Vice-amiral le 27 mai 1825, il exerce de 1831 à 1835 le commandement en chef aux Indes Orientales et mourut le 21 août 1836 (*Ibidem*, Vᵉ XXII).

ANNEXE XXXIV

(p. 261)

Extrait d'un article du Journal de Florence *en date du 3 mars 1814*[1]

« Au moment où les troupes napolitaines se disposèrent à procéder à l'occupation des provinces de l'Italie méridionale, une par-

1. Cf. *Geist. der Zeit.* 1815, t. II, pᵉˢ 369-372.

tie des troupes françaises s'enferma dans les forteresses, tandis que l'autre faisait mine de vouloir tenir bon sur la position de Pise. Malgré l'inanité de ces dispositions, et bien que tout être raisonnable dût être convaincu de la reddition prochaine et inévitable de ces forts, nombre de villes célèbres, par leurs richesses artistiques auraient été exposées à souffrir considérablement d'un siège et de l'action destructive de l'artillerie. Les sentiments paternels de Sa Majesté le roi (de Naples), joints à son désir d'épargner à ce pays les horreurs de la guerre, le décidèrent à proposer, dès le principe, aux commandants de ces forts les conditions les plus avantageuses. Aucun d'eux ne voulut consentir à les accepter; il semble même qu'ils avaient tous déclaré qu'ils se défendraient jusqu'à la dernière extrémité. On dut faire, par suite, tous les préparatifs nécessaires tant pour les investir que pour les attaquer. Sur certains points, on réussit toutefois à convenir que, afin d'épargner les monuments, on renoncerait à toute attaque du côté de la ville.

Les hostilités étaient déjà sur le point de commencer entre les troupes françaises qui défendaient Pise et les Napolitains qui se dirigeaient sur ce point; la citadelle d'Ancône avait déjà dû, après un bombardement de plusieurs heures, ouvrir ses portes aux soldats du roi de Naples, lorsque le duc d'Otrante ,qui se trouvait à Lucques, fit connaître qu'il était muni des pleins pouvoirs nécessaires pour discuter les conditions auxquelles les Français évacueraient les places qu'ils occupaient. Lorsque Sa Majesté le roi de Naples reçut le 20 février, par courrier cette nouvelle pendant son séjour à Reggio, après avoir conféré à ce sujet avec le comte Mier, ministre de Sa Majesté l'empereur d'Autriche, et le général autrichien Nugent, Elle envoya aussitôt les pouvoirs au commandant général en Toscane. Celui-ci se rendit immédiatement à Lucques et y signa une convention, aux termes de laquelle tous les forts occupés par les Français devaient être remis aux troupes napolitaines. La principale clause de cette convention imposait aux Français l'obligation de ne pouvoir servir pendant le délai d'un an, ni contre le roi de Naples, ni contre les puissances alliées.

Il est difficile de décrire la joie ressentie et manifestée surtout par les habitants des villes, dans lesquelles se trouvait un château fort. Chacun s'est empressé de rendre justice à la sagesse et à la prévoyance d'une mesure, à laquelle Sa Majesté le roi de Naples avait donné tous ses soins dès le premier moment de la prise de *possession provisoire* de ces provinces, de se réjouir de l'heureux résultat des négociations qu'Elle avait entreprises en vue d'assurer la prospérité et la conservation de ces villes. »

ANNEXE XXXV

(p. 274)

Villatta (Giovanni), né à Milan, le 29 décembre 1777, entré au service comme cadet dans un régiment de dragons autrichiens en 1794, sous-lieutenant le 10 novembre 1796. Après avoir fait la campagne de 1796 avec les Impériaux, il rentra au service comme sous-lieutenant dans les troupes cisalpines le 25 septembre 1798. Nommé presque immédiatement lieutenant au 2ᵉ dragons cisalpins, il fut appelé peu après au ministère de la Guerre et attaché à l'état-major de Lahoz, alors aide de camp de Bonaparte. Capitaine et adjoint à l'état-major au moment du départ de Bonaparte pour l'Egypte, chef d'escadrons au 1ᵉʳ régiment de hussards le 25 novembre 1802, puis au 2ᵉ escadron de la garde du président, aide de camp du vice-roi le 1ᵉʳ juin 1807, colonel à la fin de la même année au 1ᵉʳ régiment de chasseurs à cheval avec lequel il fit d'abord les campagnes de Poméranie (corps du maréchal Brune), puis celle de Catalogne (division Pino), promu général de brigade le 30 décembre 1810 et rappelé en Italie, Villatta après s'être distingué à la Moskowa et à Malojaroslawetz, était à peine rentré en Italie lorsqu'il reçut, le 5 avril 1813, l'ordre de se rendre à Forli et d'y prendre le commandement du département du Rubicon. Appelé en janvier 1814 au commandement d'une des brigades de la division Zucchi à Mantoue, il se fit remarquer aux affaires de Guastalla et de Gonzaga. Général-major au service de l'Autriche en 1815, il commanda une brigade légère envoyée en Alsace et prit sa retraite aussitôt après la fin de la campagne.

ANNEXE XXXVI

(P. 283)

SITUATION DES TROUPES DE L'ARMÉE D'ITALIE AU 1ᵉʳ MARS 1814

ÉTAT-MAJOR

S. A. I. le Prince Eugène Napoléon, vice-roi d'Italie,
commandant en chef

AIDES DE CAMPS

Comte Danthouard	Général de division.
Triaire	Général de brigade.
Gifflenga	id.
Lacroix	Colonel (prisonnier)
Bataille	Colonel.
Labedoyère	Command¹ 112ᵉ lig.
Tascher de la Pagerie	Chef d'escadron (promu colonel).
Mejan	id.

Comte Vignolle, chef de l'État-major général

Lafaye	Chef de bataillon.
Menard	Capitaine.

De Marzy, adjudant-commandant, sous-chef de l'état-major général

Bedrines...................................... Capitaines adjoints.
Devire...................................... —
Haulz...................................... —
Crotti, aide de camp du général Fresia......... —
Caccia, italien.............................. —
Mastrovich, lieutenant italien................ —
Corradini,   —   .... —
Picchioni,   —   .... —
Cicile, ingénieur géographe................ —
Corbello, lieutenant italien.................. —
Musco,   —   .... —
Litta,   —   .... —

Officiers à la suite de l'État-major

Maucune.................................... Général de division.
Fontana.................................... —
Baccarini .... Chef de bataillon.
Touillié et Frangipani...................... —

Général de division Saint-Laurent.............. Command^t l'artillerie.
Moreau..................................... Aide de camp.
Colonel Ravichio............................ Chef de l'état-major de l'artillerie.

Général de brigade, Dode.................... Command^t le génie.
Chef de bataillon, Beaufort d'Hautpoul......... Chef de l'état-major.

Chef d'escadron, Petit...................... Command^t la gendarmerie.
Chef de bataillon, Jaimebon................. Vaguemestre général.

Pradel..................................... Inspect^r aux revues.

Regnault................................... Commissaire ordonnateur.
Fourcade................................... Commissaire des guerre.
La Touche .... Adjoint.

PREMIÈRE LIEUTENANCE

Lieutenant-général comte Grenier, commmandant

AIDES DE CAMP

Ernouf..	Chef de bataillon.
Garna...	Capitaine.
Maupain...	—
Adjudant-commandant Bazin de Fontenelle	Chef de l'état-major.
Major Bernard.....................................	Command^t l'artillerie.
Juge..	Sous-inspecteur aux revues.
Alberti...	Commissaire des guerres.

Quartier-général à Volta

2ᵉ division d'infanterie (1ʳᵉ lieutenance)

ÉTAT-MAJOR

GRADES	NOMS	EMPLACEMENT
Général de division.........	Rouyer	Piadena.
Capitaine................	Civalart (aide de camp).	id.
Généraux de brigade........	Schmitz................	Crémone.
	d'Arnaud	Piadena.
Adjudant commandant......	Vermasen..............	(attendu).
Commandant l'artillerie.....	Brossard.	
Commandant le génie.......	Philibert.	
Comm^{aire} des guerres........	Muguet.	

Quartier-général à Piadena

SITUATION DES TROUPES

Numéros des brigades	DÉSIGNATION DES RÉGIMENTS	Numéros des bataillons	PRÉSENTS SOUS LES ARMES				ABSENTS SANS SOLDE		EFFECTIF	
			Officiers	Soldats	Chevaux	Emplacement	Hôpitaux Congé	Prisonniers	Hommes	Chevaux
1re	9e de ligne. Broussier, major.	1er	22	546	2	en avant de	301	112	869	2
		2e	20	526	2	Plaisance	313	81	859	2
		3e	20	544	2	id.	314	86	878	2
		artie	2	46	47	id.	7		55	47
28e 1/2 brig. pr. Bruyère major	52e ligne.	3e	21	662	2	id.	276	80	959	2
	67e id.	7e	19	704	2	id.	242	7	965	2
	3e léger.	6e	20	722	2	id.	217		959	2
2e	35e de ligne. Figié, major.	1er	32	555	2	id.	256	4	843	2
		2e	16	489	2	id.	307	5	812	2
		3e	33	572	2	id.	246		851	2
		artie	1	46	43	id.	6		53	43
	1er étranger.		25	487	4	id.	124		636	4
	2e artie à pied.	4e	2	79		id.	36		117	
	4e artie à cheval.	5e	2	71	69	id.	17		90	69
	10e bon ppal train	4e cie	2	107	205	id.	22		132	205
		6e cie	1	57	83	id.	2		60	83
	1er bon sapeurs.	6e cie	3	105	6	id.	30		147	6
	9e bon équip. mil.	2e cie	1	49	84	id.			50	84
			242	6.367	559		2.726	375	9.335	559

4° division d'infanterie (1re lieutenance)

ÉTAT-MAJOR

Général de division ...	Marcognet.................	à Monte-Alto.
Capitaine...............	Binet Dejasson (aide de camp)....	—
Généraux de brigade..	Jeanin...................	—
	(Franqueville, aide de camp)	
— ..	de Conchy...............	—
	(de Conchy, aide de camp)	
Capitaine...........	Modret ff^ous de chef de l'état-major.	
Command^t l'artillerie.	De Collière.	
Command^t le génie...	Fallot.	
Comm^aire des guerres..	La Coste.	

Quartier-général à Monte-Alto

SITUATION DES TROUPES

Numéros des brigades	DÉSIGNATION des RÉGIMENTS	Numéros des bataillons	PRÉSENTS SOUS LES ARMES				ABSENTS sans solde		EFFECTIF	
			Officiers	Hommes	Chevaux	Emplacement	Hôpitaux Congé	Prisonniers	Hommes	Chevaux
1er	20e 1/2 brig. prov. Moreau, major { 6e ligne.	3e	20	445	2		249	23	760	2
	20e ligne.	4e	13	675	2		506		1.194	2
	101e ligne.	3e	22	780	2		352		1.154	2
2e	102e ligne.	3e	17	646	2		359	32	1.022	2
		6e	16	640	2		358	79	1.014	2
	36e léger.	2e	23	463	6		183		669	6
		1/2 3e	12	308	2		164	6	484	2
	131e ligne.	2e	18	749	2		213	28	980	2
	132e ligne.	2e	16	728	6		231	14	975	6
	106e ligne.	1er	27	714	2		353	85	1.091	2
		2e	23	703	2		308	88	1.034	2
	Poudret de Sevret.	artie	2	41	56		11		54	56
	2e artie régiment à pied.	6e cie	2	93			28		123	
		25e cie	2	93			20		115	
	10e bon principal train.	5e cie	1	113	152		21		135	152
		6e cie	1	54	85		3		55	85
	1er bon sapeurs.	3e cie	2	85	6		39		126	6
	9e bon train.	détach.	1	50	82		6		57	82
			218	7.374	411		3.404	355	11.042	411

2ᵉ LIEUTENANCE

Commandée par le général de division comte Verdier

Adjudant-commandant de Querelle......... } Lecaille / Jarry' } adjoints.

Major Michelet...................... .... Command^t l'artillerie.

Sous-inspecteur aux revues................... Berriat.
Commissaire des guerres.................... Germain.

Quartier-général à Volta

1ʳᵉ *division d'infanterie (2ᵉ lieutenance)*

ÉTAT-MAJOR

Général de division............ Quesnel................ à Goïto.
Général de brigade............ Campi
Ferrey (aide de camp).
Général de brigade............ Forestier
Descombes (aide de camp).
Adjudant commandant........ Dupin.... \ Bouthier.. / Poutheaux \ adjoints.
Commandant l'artillerie........ Faure
Commandant le génie.......... de Pigny
Commissaire des guerres...... Boulongue

Quartier-général à Goïto

SITUATION DES TROUPES

Numéros des brigades	DÉSIGNATION des RÉGIMENTS	Numéros des bataillons	PRÉSENTS SOUS LES ARMES				ABSENTS sans solde		EFFECTIF	
			Officiers	Hommes	Chevaux	Emplacement	Hôpitaux congé	Prisonniers	Hommes	Chevaux
	92e d'infanterie de ligne. Tissot, colonel	1er	18	570	2	Goïto	420	57	1.047	2
		2e	19	532	2	id.	350	68	935	2
		3e	21	604	2	id.	362	16	1.015	2
		artie	2	35	38	id.	9		46	38
1er	1er léger.	3e	24	707	2	id.	376		1.107	2
	14e id.	4e	21	478	2	id.	355		854	2
	10e ligne.	3e	17	568	2	id.	373		958	2
	35e léger.	3e	23	560	4	id.	189		772	4
2e	84e de ligne. Vauthier, colonel	1er	29	599	2	id.	196		824	2
		2e	24	508	2	id.	184		716	2
		3e	22	496	2	id.	186		704	2
		artie	2	43	49	id.	5		50	49
	4e artie à pied.	9e	2	94		id.	10		106	
	4e artie à cheval.	4e	2	72	79	id.	12		86	79
	5e bon train.	7e	1	95	157	id.	22		118	157
	10e bon ppal train	détach.	1	76	118	id.	9		86	118
	1er bon sapeurs.	détach.	1	66	4	id.	16		83	4
	9e bon train	détach.	1	54	82	id.			55	82
			230	6.157	549		3.074	141	9.562	349

La 30e 1/2 brig. provis. Beaudoin, major, comprend le 1er léger, le 14e id. et le 10e ligne.

3ᵉ division d'infanterie (2ᵉ lieutenance)

ÉTAT-MAJOR

Général de division...... Fressinet.............. à Pilla.
                          Cottin....)
                          Dugabale.) Aides de camp.
Général de brigade...... Montfalcon............ à Fratte.
      —   ...... Pegot................. à Monzambano.
                          Pesoneau (aide de camp).
Chef de bataillon........ Dauxion Laveysse ffᵒⁿˢ de chef d'état-major.
                          Mangin, adjoint.
Commandant l'artillerie.. Audry.
Commandant le génie.... Belmas.
Commissaire des guerres. Cuttoli.

Quartier-général à Pilla.

SITUATION DES TROUPES

Numéros des brigades	DÉSIGNATION des RÉGIMENTS	Numéros des bataillons	PRÉSENTS SOUS LES ARMES				ABSENTS sans solde		EFFECTIF	
			Officiers	Hommes	Chevaux	Emplacement	Hôpitaux Congé	Prisonniers	Hommes	Chevaux
1re	25e 1/2 brig. prov. Pigeard, commandt { 1er ligne.	2e	18	378	2	en face de Valeggio	277	12	673	2
	16e id.	3e	19	631	2	Monzambano	323		973	2
	62e id.	4e	21	571	2	Valeggio	269		861	2
2e	42e ligne	3e	22	562	2	Monzambano	322		906	2
		6e	14	594	2	id.	388		996	2
	6e ligne italien	2e	17	399	2	Brescia	46		462	2
	7e ligne	3e	12	506	2	Volta	461	65	979	2
	53e ligne	1er	25	444	2	id.	360		829	2
	Merdier, colonel	2e	14	424	2	id.	262		700	2
		3e	12	353	2	id.	445		810	2
		artie	2	44	36	id.	6		52	36
	3e léger italien	1er	25	330	7	Mantoue	220		575	7
		2e	19	311	5	id.	205		535	5
	4e artie à pied	19e	2	98		Monzambano	8		108	
	7e bon train (bis)	8e	1	97	174	id.	6		104	174
	Artie à chev. ital.	1er	5	84	94	Valeggio	5		94	94
	1er bon train ital.	5e	2	118	215	id.	6		126	215
	3e bon sapeurs	détach.	1	66	4	Pilla			67	4
			231	6.010	555		3.609	77	9.850	555

GARDE ROYALE

Général de brigade...........	Lechi.
	Dalmas, aide de camp.
Chef de bataillon.............	Badalassi.
	Dodici, capitaine.... ⎰ adjoints.
	Banchi, lieutenant.. ⎱
Commandant l'artillerie.......	Beroaldi.
Commandant le génie	
Sous-inspecteur aux revues...	Viglezzi.
Commissaire des guerres......	Gini.

Quartier-général à Desenzano

SITUATION DES TROUPES

Numéros des brigades	DÉSIGNATION DES RÉGIMENTS	Numéros des bataillons et escadrons	PRÉSENTS SOUS LES ARMES				DÉTACHÉS		ABSENTS		EFFECTIFS	
			Officiers	Soldats	Chevaux	Emplacement	Officiers et Soldats	Emplacement	Hôpitaux Congés	Prisonniers	Hommes	Chevaux
	Cie de Gardes d'honneur		8	113	152	Castiglione	4	Mantoue	3		128	152
	Vélites royaux.	1er	26	410	7	Volta	44	id.	98		578	7
	Infantie de ligne	1er	24	475	2	id.			10		509	2
	Chasseurs à pied (Peraldi, colon.)	1er	28	405	8	id.			177		610	8
		2e	16	424	4	id.			113		553	4
	Dragons (Maranco, col.)	1er	14	145	177	Castiglione			5		164	177
		2e	7	136	156	id.			1		144	156
	Cie d'artie à pied.	—	5	72		Volta			2		79	»
	Cie d'artie à chev.	—	4	68	66	id.			2		74	66
	Train d'artillerie	1er, 2e	4	241	319	id.			»		245	319
	1er bon transports	4e cie	3	86	150	id.			12		101	150
			139	2.575	1.041		48		423		3.185	1.041

Division de cavalerie

ÉTAT-MAJOR

Général de division.........	Mermet...............	à Ceretta.
Général de brigade.........	Rambourg............	à Ghidizzolo.
• —	Bonnemains..........	à Ceretta.
	Olivier, aide de camp.	
—	Pereymond...........	à Foresta.
	Châteauneuf, aide de camp.	
Adjoint commandant.......	Derivaux, chef de l'État-major.	
	Larochette, capitaine adjoint.	
Commandant l'artillerie.....	Delort...............	à Cerlungo.
Commissaire des guerres....	Poinchevalle..........	à Ceretta.

Quartier-général à Ceretta

———————

SITUATION DES TROUPES

Numéros des brigades	DÉSIGNATION des RÉGIMENTS	Numéros des escadrons	PRÉSENTS SOUS LES ARMES				DÉTACHÉS			ABSENTS Hôpitaux Congé	EFFECTIF	
			Officiers	Hommes	Chevaux	Emplacement	Hommes	Chevaux	Emplacement		Hommes	Chevaux
1re	3e chasseurs ital. Provasi, colonel 19e chass. franç.	1er	14	121	160	Sur le Taro				45	180	160
		3e	9	116	136	id.				42	167	136
		5e	11	181	207	id.				38	230	207
		6e	17	162	169	id.				35	214	169
2e	4e chasseurs ital. Erculei, colonel	1er	16	131	187					21	168	187
		2e	9	100	125	Grimalsi				18	127	125
		3e	7	98	115	id.				7	112	115
		4e	9	92	113	id.				6	107	113
	31e chass. à chev. Desmichels, col.	1er	18	306	343	id.				33	357	343
		2e	8	192	211	id.				28	228	211
		3e	8	165	181	id.				33	206	181
		6e	7	175	199	id.				22	206	199
3e	1er huss. franç. Picard, major	1er	18	198	217	id.	27	32	Lodi	29	272	269
		2e	8	177	194	id.	30	36	id.	25	240	230
		3e	8	180	194	id.	32	35	id.	30	250	229
		6e	12	177	200	id.	29	36	id.	28	246	236
	Drag. de la reine. Narboni, colonel	1er	14	98	135	Guidizzolo				33	145	135
		2e	8	90	108	id.				30	128	108
		3e	7	83	95	id.				17	107	95
	Drag. Napoléon	5e	9	136	156	Crémone				25	170	156
	4e artie à cheval.	6e	2	68	74	Cerlungo				21	91	74
	1er id.	3e	5	47	68	Ceretta				20	92	68
	6e bon du train.	détach.	1	58	105	Cerlungo				7	66	105
	2e bon train ital.	1er	2	59	134	Ceretta				12	73	134
			227	3.210	3.846					605	4.182	3.985

ANNEXE XXXVII

(p. 295)

Extrait du Journal du baron von Hügel

Le 5 mars. « L'orage qui a grondé longtemps au deçà des Alpes paraît vouloir éclater bientôt. Ce que le maréchal désire s'est fait : il n'a rien fait et Nugent qui voulait faire a reçu des tapes. Le roi n'a rien fait.

« Voilà que lui et le maréchal commencent à se faire des reproches, et Mier à clabauder, secondé d'Eckhardt qui paraît vouloir avoir le commandement de Nugent.

« Il est arrivé un courrier du roi de Naples (M. Bianchi Monterone). Je lui ai parlé ; c'est un farceur napolitain qui a pris les formes de son maître. Il dit que le roi attend avec impatience notre ratification du traité ; qu'il lui a été impossible de rompre à la fois avec tout le monde. Qu'il a dû éviter tout engagement avant d'avoir cette ratification. Que c'est pour cela qu'il n'a pu soutenir le général Nugent la journée du 2, que le roi est impatient d'entrer en campagne. Qu'il désire mériter ses agrandissements sur le champ de bataille, qu'il désirerait jouer dans l'avenir le même rôle qu'avait autrefois le duc de Savoie. Que l'esprit du peuple à Naples est tout à fait contre les Français. Que le gouvernement craint l'Angleterre et la Sicile.

« L'officier d'ordonnance s'est informé, avec beaucoup d'empressement, si vraiment Bauffremont portait notre ratification. J'ai fait tout mon possible pour le faire agir dans nos intérêts. Il m'a paru disposé à dire au maréchal de demander à son tour une entrevue avec le roi, ce qui devrait nous mener à quelque résultat. Je l'ai fortement confirmé dans son projet. *Avec tout cela je prévois que nous ne ferons rien. Les Napolitains paraissent avoir une haute idée de Bellegarde.* Ils n'ont pas été encore avec nous.

« D'après tout ce que cet officier m'a raconté, il règne un ton assez favorable à la bonne cause à la cour de Naples. L'idée que leur maître sera toujours un grand capitaine, de quelque parti qu'il embrasse les intérêts, paraît leur plaire. Les Français ont eu tout à fait le dessous à Naples et je crois même que le parti de la reine amène le pavillon.

« Il est arrivé enfin un courrier de Nugent ; il a été obligé de se retirer vers Modène ; il continue ce mouvement vers Bologne. A Parme, il a perdu tout un bataillon de Franz Carl. Mier se déchaîne contre lui et ne parle que de mauvaise conduite, désordres, bagarres, malentendus. Il a envoyé un écrit mémorable au maréchal où il se bat les flancs pour exprimer sa surprise de tout ce qui se fait et où il fait des reproches amers au maréchal, et où il a la simplicité de demander à celui-ci d'en faire part au prince de Metternich. *Une chose est sûre, c'est que tout va mal et de mal en pis. S'il existe encore un remède au mal que l'on s'est fait ici par des lenteurs, des insolutions (sic) et de la mauvaise foi, c'est celui de changer de chef.*

« *Notre lettre autographe qui sert de ratification au traité avec Naples a été écrite le 17 du mois passé, ainsi après les affaires de Blücher ; c'est bien là de la bonne foi.* »

(*Haus, Hof und Staats-Archiv et F. Lemmi, Un Diario del Barone von Hügel.*)

ANNEXE XXXVIII

(p. 317)

Lettre de l'Empereur à Murat

A titre de curiosité et sans vouloir en aucune façon me porter garant de l'authenticité de cette pièce, je crois néanmoins intéressant de reproduire ici une lettre citée par *Schœll*, VII, 54-55, lettre que l'empereur aurait adressée à Murat[1] le 5 mars 1814, et dont M. de Blacas envoya copie à lord Castlereagh, le 4 mars 1815.

« Monsieur mon frère,

« Je vous ai déjà fait connaître mon opinion sur votre conduite. Votre position vous avait tourné la tête ; mes revers vous ont achevé. Vous vous êtes entouré d'hommes qui ont la France en haine et qui veulent vous perdre. Je vous ai donné autrefois d'utiles avertissements. Ce que vous m'écrivez contraste bien avec ce que vous faites. Je verrai au reste par la manière dont vous agirez à Ancône, si vous avez le cœur encore français, et si vous ne faites que céder à la nécessité. J'écris à mon ministre de la Guerre[2] pour le tranquilliser sur votre marche. Songez que votre royaume, qui a coûté tant de sang et tant de peine à la France, n'est à vous que pour l'avantage de ceux qui vous l'ont donné. Il est inutile que vous me répondiez, à moins d'avoir à me mander quelque chose d'important. Rappelez-vous que je ne vous ai fait roi que pour l'intérêt de mon système. Ne vous y trompez pas : si vous cessiez d'être Français, vous ne seriez rien pour moi. Continuez de correspondre avec le vice-roi en vous assurant que vos lettres ne seront pas interceptées. »

ANNEXE XXXIX

(p. 319)

Gober (Charles von), né vers 1763 à Breslau, entré au service en 1789 comme enseigne au régiment d'infanterie Kaunitz (aujourd'hui 20e régiment d'infanterie), sous-lieutenant la même année au régiment d'infanterie Mittrowsky (aujourd'hui 40e régiment d'infanterie); lieutenant à l'état-major du Quartier-Maître général en 1796, capitaine en 1797, major en 1801, lieutenant-colonel en 1805, transféré en 1806 au régiment d'infanterie Reuss-Greiz, passé en 1809 lors du licenciement de ce régiment au régiment d'infanterie Reuss-Plauen (aujourd'hui 17e régiment d'infanterie), puis en 1811 au régiment d'infanterie Hohenlohe-Bartenstein (aujourd'hui 26e régiment d'infanterie), promu général-major en 1813, Gober mourut à Teschen le 17 mai 1817.

1. Soit de Fismes le 5 au matin, soit de Berry au Bac le 5 au soir.
La date de cette lettre paraît en tout cas être fausse, puisque Ancône avait capitulé le 13 février et que l'empereur ne pouvait pas ignorer ce qui s'y était passé.
2. Il m'a été malheureusement impossible de retrouver la lettre au duc de Feltre dont l'empereur parle ici.

Le général Gober était depuis 1814 commandeur de l'ordre des saints
Maurice et Lazare (*K. u. K. Kriegs-Archiv. Standes Tab. des* 26ᵗᵉⁿ *Infanterie
Regiments. August* 1811. — *Stabsbuch*, 1817, t. I, fᵒ 475 et *Promotions-
Protokolle*).

ANNEXE XL

(p. 331)

SEVEROLI (Philippe), né à Faenza en 1767, appartenait à une famille
pauvre et s'engagea en 1796. Chef de bataillon le 8 mai 1797, colonel
le 8 mai 1798, général de brigade le 22 septembre 1800 il commanda
de 1800 à 1805 une brigade stationnée à Rimini (département du Rubicon). Après avoir fait partie en 1806 du corps de Masséna (campagne
de Naples), et pris part au siège de Gaëte, on le retrouve en 1807 au
siège de Colberg, où il commande une des brigades de la division italienne du général Teulié, auquel il succéda après sa mort. Général de
division le 7 octobre 1807, il fait avec le vice-roi la campagne d'Italie
de 1809.

Blessé à la bataille de Raab, il est envoyé ensuite en Tyrol avec
Baraguay d'Hilliers et fait les campagnes d'Espagne, de 1810 à 1813.
Rappelé en Italie et arrivé à Milan avec trois bataillons, le 16 janvier 1814, il est immédiatement dirigé sur Plaisance et prend part, le
26 février, au mouvement en avant sur Parme. Blessé grièvement e
7 mars, au pont de San-Maurizio, combat de Reggio, il refuse de
quitter le champ de bataille et ne remet le commandement au général
Rambourg, que lorsqu'il est complètement épuisé par la perte du sang.

Passé en 1817 au service de l'Autriche, qui lui reconnut le grade de
feld-maréchal-lieutenant, gouverneur de Plaisance le 15 novembre 1820,
il prit sa retraite en 1822 et mourut peu après dans sa ville natale, des
suites de la blessure qu'il avait reçue au combat de Reggio.

ANNEXE XLI

(p. 347)

SITUATION DE L'ARMÉE AUTRICHIENNE D'ITALIE (8 MARS 1814)

AILE DROITE : F.-M.-L. Mⁱˢ SOMMARIVA

Brigade Stanissavlevich .   7 bᵒⁿˢ   2 escᵒⁿˢ   battⁱᵉ. En Tyrol (gros à Storo).

Division du F.-M.-L. FENNER, à Castelnuovo

Brigade Vlasitz..........	6 bᵒⁿˢ	2 escᵒⁿˢ	1 battⁱᵉ.	Sous Peschiera, à Sa-lionze et Pravecchia.
— Paumgarten	3 —	1 —	1 —	} En réserve à Sandra.
— Abele..........	6 --		1 —	
Total......	22 bᵒⁿˢ	5 escᵒⁿˢ	3 battⁱᵉˢ.	

AVANT-GARDE DE L'ARMÉE : F.-M.-L. NEIPPERG...... Villafranca.

Division du F.-M.-L. NEIPPERG

Brigade Bogdan.........	5 b^{ons}	8 esc^{ons}	1/2 batt^{ie} (à cheval).	Valeggio, Borghetto
— Spiegel.........	3 —	8 —	1/2 —	— Mozzecame, Roverbella.
— Vecsey.........	3 —	8 —	1 —	En réserve à Villafranca.
Total......	11 b^{ons}	24 esc^{ons}	2 batt^{ies}.	

1re LIGNE : *Division du* F.-M.-L. RADIVOJEVICH, à Caselle (N. de Villafranca)

Brigade de Best.........	8 b^{ons}	8 esc^{ons}	1 batt^{ie}.	Bussolengo, Pescantina, Lugagnano, Croce Bianca (O. de Vérone).
— Rebrovich......	5 —		1 —	Palazzol, Sona.
Total......	13 b^{ons}	8 esc^{ons}	2 batt^{ies}.	

RÉSERVE : *Division du* F.-M.-L. MERVILLE [1], à Vérone

Brigade Steffanini......	4 b^{ons}		} Vérone.
— Stutterheim.....	5 —		
— Wrede.........		12 —	Ca di David. Villafranca.
Total......	9 b^{ons}	12 esc^{ons}.	

AILE GAUCHE : F.-M.-L. MAYER VON HELDENFELD, à Buttapietra

Division du F.-M.-L. GRAMMONT, à Nogara

Brigade Fölseis.........	4 b^{ons}	2 esc^{ons}	1 batt^{ie}.	Devant Legnago.
— Suden.........	7 —	4 —	1 —	Nogara, Castel d'Ario.

Division du F.-M.-L. MARZIANI, à S. Giovanni Lupatoto

Brigade Watlet.........	4 b^{ons}	4 esc^{ons}	1 batt^{ie}.	Buttapietra, Isola della Scala.
— Winzian........	7 —		1 —	Castel d'Azzano et S. Giovanni Lupatoto.
Total......	22 b^{ons}	10 esc^{ons}	4 batt^{ies}.	

Corps du général-major comte NUGENT

B^{des} Starhemberg et Gober.	11 b^{ons}	8 esc^{ons}	2 batt^{ies} 3/4.

1. Plus la réserve d'artillerie de 68 bouches à feu (*K. u. K. Kriegs-Archiv.* Annexe 23 à l'*Operation Journal der K. K. Armee*, 8 mars, XIII, 3-XIII, 4).

ANNEXE XLII

(p. 359)

Extraits d'une dépêche du comte de Mier au prince de Metternich et du Diario *de Nicola.*

Il nous a paru intéressant de constater, en passant, que le comte de Mier (*Haus, Hof und Staats-Archiv.* P. S. ad Rapport nº 11 au prince de Metternich ; Reggio 11 mars 1814) était loin d'approuver les mesures prises par Nugent dans les Duchés :

« Nugent, lui disait-il, a pris possession de Modène et de Reggio au nom de l'archiduc François d'Este : il y a établi un régime et a envoyé une députation à Vienne. Il a agi de même à Ravenne et à Parme au nom des puissances alliées, en abolissant la plupart des impôts. Toutes ces régences sont indépendantes et nullement subordonnées au gouverneur général des provinces italiennes occupées par nos troupes. On ne sait absolument qui y commande. Le désordre y est complet. J'en ai informé le feld-maréchal, qui, d'après sa réponse, n'a pas une idée des mesures prises par Nugent à l'égard de ces pays, et des nombreuses proclamations que ce général a fait distribuer au nom des alliés, et qui ne sont nullement rédigées dans le sens de nos vues politiques. Le feld-maréchal s'en est fait rendre compte par ce général et m'a promis d'envoyer quelqu'un pour administrer ces pays. »

Cf. *Diario Napoletano di Nicola* (*Archivio della Societa Napoletana di Storia Patria*). En signalant, à la date du 8 mars, le passage à Naples des canonnières anglaises chargées d'aller bloquer Gênes Nicola enregistre les nouvelles qui ont cours à Naples.

« On dit, écrit-il que les troupes anglaises, qui débarquent à Livourne, s'appelleront désormais l'armée de Ferdinand IV, roi des Deux-Siciles, c'est là chose qui n'est guère faite pour plaire au roi Joachim. »

Trois jours plus tard, à la date du 12 mars, en signalant la publication faite, le jour même par le *Moniteur des Deux-Siciles*, de la ratification du traité entre Naples et l'Autriche et de la lettre autographe de l'empereur François, Nicola constate d'abord que les alliés se méfient de plus en plus de Murat et que les commandants des vaisseaux anglais faisant voile pour Gênes affirment hautement, et sans se gêner, que le royaume de Naples sera rendu à Ferdinand IV. Il appelle, de plus, l'attention sur une proclamation du vicaire général François des Deux Siciles accordant la liberté de commerce entre Naples et la Sicile, mais interdisant l'entrée des ports siciliens aux bâtiments battant pavillon de Murat.

Cf. *R. Archivio de Stato, Modène ; Archivio Estense Tassoni. Lettere private del Senatore Testi al Barone Tassoni, Milan,* 16 mars 1814, sur le débarquement des Anglais à Livourne.

ANNEXE XLIII

(p. 360)

Maucune (Antoine, Louis, Popon, baron de), né le 24 février 1772, à Brives (Corrèze), sous-lieutenant au corps des pionniers le 1er février 1786, lieutenant en 1787, réformé le 1er mai 1789, s'engage comme grenadier en 1791 au 1er bataillon de Paris, remis lieutenant au 23e d'infanterie en 1792, blessé à l'armée du nord, passé en 1793 à l'armée des Alpes, blessé de nouveau, capitaine le 8 ventôse, an II, sert en Italie de l'an II à l'an IX, nommé chef de bataillon après Arcole et chef de brigade au 39e de ligne après l'affaire de Taufflers (an VII). Général de brigade le 10 mars 1807, rentré en France après Tilsitt, envoyé en Espagne et en Portugal (1808-1813), employé à l'armée d'Italie en 1814, mis en non activité après le retour des Bourbons, admis à la retraite le 21 octobre 1818, mort le 18 février 1824.

ANNEXE XLIV

(p. 367)

Incidents relatifs à l'exécution des capitulations du château Saint-Ange et de Civita-Vecchia

La marche des garnisons du château Saint-Ange et de Civita Vecchia, qu'on n'avait pu embarquer dans cette dernière ville, devait provoquer de nombreuses réclamations. Dans un entretien qu'il eut à Bologne avec le général Millet le 8 avril et dans lequel il protesta contre les concessions qu'on avait faites aux généraux Miollis et La Salcette, contre la mansuétude dont on avait fait preuve à leur égard, en les autorisant à sortir avec armes et bagages, Mier avait violemment réclamé contre une pareille faveur :

« Je ne peux vous cacher tout mon étonnement, écrivait le ministre d'Autriche, d'apprendre que cette garnison, prisonnière de guerre, traverse ce pays toute armée, chose qui, je crois, ne s'est jamais encore pratiquée en temps de guerre. Si telle a été la capitulation que la garnison conserve ses armes, elles auraient dû suivre la troupe, disposées sur des chariots. »

Murat et Millet ne se débarrassèrent des réclamations du comte de Mier qu'en lui disant que : « Ne pouvant violer les clauses formelles d'une capitulation, il ne leur restait plus, si le ministre d'Autriche persistait dans l'idée de désarmer cette insignifiante colonne de 832 hommes, qu'à rendre aux Français les deux places qu'ils n'avaient consenti à évacuer qu'à cette condition. »

ANNEXE XLV

(p. 371)

BERTOLETTI (Antoine, baron), né à Milan, le 28 août 1775, séduit par les idées de la Révolution française, enthousiasmé par les victoires de Bonaparte, et nommé capitaine dans l'un des 8 bataillons de garde nationale formés à Milan en août 1796, passe avec ce grade aux grenadiers de la 1re cohorte lombarde, au mois d'octobre de la même année, prend part à l'expédition dans les Etats du Pape, et se distingue à l'attaque de Faenza, puis aux affaires de Monte Rotondo, Cavi, Zagarola, Albano et Frascati contre les Napolitains. Enfermé dans le château Saint-Ange et envoyé en France après la capitulation, on le retrouve en Egypte. Appelé au commandement du 3e bataillon de la 1re demi-brigade de la légion italienne, il prend part à la campagne d'Italie de 1800, fait partie en janvier 1801 de la colonne de Macdonald qui opère en Tyrol. La bravoure dont il fait preuve au combat de Trente lui valut le grade de major. Colonel le 1er janvier 1803, Bertoletti organise le 2e régiment d'infanterie légère avec lequel il se rend au camp de Boulogne et reste en France jusqu'en 1807. Dans l'intervalle, Bertoletti, fait le 17 janvier 1805 chevalier de la Légion d'honneur, et le 1er mai 1806 chevalier de la couronne de fer, avait été nommé le 5 juin 1806, colonel de la garde royale italienne. A son grand regret, Bertoletti ne prit part à aucune des campagnes de la grande armée. Nommé général en 1809, il est envoyé avec la division Fontanelli en Tyrol et fut fait baron de l'Empire le 14 août 1809. Commandant du département du Musone en 1810, appelé en 1811 au commandement d'une brigade à l'armée de Catalogne, il se distingue à la prise de Peniscola, défend héroïquement Tarragone (avril 1812) contre les Espagnols, puis en juin 1813 contre les Anglais, auxquels il inflige une défaite complète et qu'il oblige à se rembarquer en laissant entre ses mains 18 canons de gros calibre. En août 1813, il rase par ordre les ouvrages de Tarragone, rejoint la division Severoli et reste en Catalogne jusqu'en décembre 1813. Rappelé en Italie dans les premiers jours de 1814, nommé commandeur de la couronne de fer et commandant de Peschiera, il reste dans cette place jusqu'au 17 avril, époque à laquelle il est désigné pour accompagner le général Fontanelli à Paris. Compris dans la liste des généraux italiens admis avec leur grade dans l'armée autrichienne, Bertoletti commanda successivement une brigade en 1817 à Teschen, en 1819 à Neuhaus, en 1826 à Brünn. Promu feld-maréchal-lieutenant le 20 septembre 1830, il est placé à la tête d'une division, d'abord à Lemberg, puis presque aussitôt après à Prague et en 1832 à Vienne, où, nommé en 1835 conseiller intime, il est adjoint au commandant en chef de la capitale autrichienne, jusqu'en septembre 1838 où il devient capitaine de la garde italienne du corps de l'empereur Ferdinand 1er qu'il est chargé d'organiser. Promu feldzeugmeister en décembre 1845, Bertoletti ne tarda pas à ressentir les premières attaques de la maladie à laquelle il succomba le 6 mai 1846.

ANNEXE XLVI

(p. 380)

(*Archives des Affaires étrangères*, Naples, V^e 140, p^cc 90, f° 160.)

La Besnardière à Talleyrand, à Vienne, 12 décembre 1814.

Passant en revue sur la demande de Talleyrand les dernières relations du gouvernement impérial avec le gouvernement de Naples et parlant des propositions de partage de l'Italie en deux royaumes faites par Murat (derniers jours de 1813), la Besnardière ajouta que l'empereur, comme il l'avait fait remarquer au duc de Vicence, et, après avoir accepté les bases de Francfort, se trouvait dans l'impossibilité de consentir à faire avec Murat des arrangements particuliers qui auraient pu être un obstacle à la paix de l'Europe. Sur l'ordre de l'empereur, on s'abstint de toute réponse.

Vers la *mi-janvier* (La Besnardière est à ce moment chargé du porte-feuille) l'empereur reçut une lettre de la reine disant que Murat est poussé à un parti extrême par le silence gardé vis-à-vis de lui. La Besnardière demanda à l'empereur s'il devait répondre.

« Eh ! que voulez-vous, dit l'empereur, que je réponde à un fou ? Comment cet insensé ne voit-il pas que mon extrême prépondérance en Europe a seule pu empêcher *que le Pape ne fût à Rome. C'est l'intérêt et le vœu de l'Europe, qu'il y retourne et maintenant je suis le premier à le désirer.* »

La Besnardière demanda à l'empereur de témoigner de la confiance à Murat.

« A quoi cela servirait-il, répartit l'empereur, c'est un homme à qui la tête tourne, c'est un homme qui se perd. Je serai obligé de lui faire l'aumône.

« Mais, ajouta-t-il avec véhémence, il importe à la morale, qu'une si noire ingratitude ne reste pas impunie et je ferai ce qu'il faudra pour qu'elle ne le soit pas. »

L'empereur ne doutait pas qu'il ne dépendît de lui de retenir ou de rappeler Murat dans son alliance en cédant à ses désirs ; mais il ne voulait pas acheter à ce prix sa fidélité ou son retour.

Cf. *Mémoires de Talleyrand*, t. II, p. 137 (Conversation entre La Besnardière et Talleyrand.

JEAN BAPTISTE DE GOUGY, comte de la Besnardière, né en 1765, était entré dans la congrégation des Oratoriens sous l'ancien régime. En 1796, il entra au Ministère des Relations extérieures comme simple commis. Il devint en 1807 directeur de la 1re division politique et garda ces importantes fonctions jusqu'en 1814. Nommé conseiller d'Etat en 1826, il se retira des Affaires publiques en 1830 et mourut en 1843 (*Note extraite des Mémoires de Talleyrand*, t. II, p. 136).

ANNEXE XLVII

(p. 385)

Proclamation de lord William Bentinck aux Italiens

« ITALIENS !

« La Grande-Bretagne a débarqué ses troupes sur vos côtes. Elle vous tend la main pour vous délivrer du joug de fer de Bonaparte.

« Le Portugal, l'Espagne, la Sicile, la Hollande attestent les principes généreux et désintéressés qui guident cette puissance.

« L'Espagne par sa ferme résolution, par son courage et par les efforts de sa puissante alliée a réussi dans sa sublime entreprise. Les Français sont chassés de son territoire. Son indépendance est assurée ; sa liberté civile rétablie.

« La Sicile sous la protection de la même puissance, s'est sauvée elle-même du déluge universel, dont elle n'a pas eu à souffrir. Grâce au caractère bienveillant de son prince, elle a passé de l'esclavage à la liberté et elle s'efforce de reconquérir son antique splendeur et le rang qu'elle doit occuper parmi les nations indépendantes.

« La Hollande s'avance vers le même but.

« L'Italie veut-elle donc seule rester sous le joug ?

« Les Italiens seuls doivent-ils combattre contre des Italiens, en faveur d'un tyran et pour l'esclavage de leur patrie ?

« Italiens ! n'hésitez plus ! Soyez Italiens !

« Et toi surtout, Armée Italienne, sache que la grande cause de la patrie est entre tes mains !

« *Guerriers d'Italie, nous n'exigeons pas que vous vous réunissiez à nous : nous demandons seulement que vous fassiez valoir vos propres droits et que vous soyez libres.*

« *Appelez-nous et nous accourrons vous joindre. Alors nos efforts réunis feront que l'Italie redevienne ce qu'elle fut dans des temps plus heureux et ce que l'Espagne est déjà !* »

Livourne, le 14 mars 1814.

WILLIAM C. BENTINCK,

Commandant en chef des troupes britanniques. »

C'étaient là non point des paroles conformes aux vues du cabinet de Saint-James, mais l'expression des idées personnelles de lord William Bentinck qui rêvait de doter l'Italie, libre, unie et indépendante d'une constitution calquée sur le modèle de celle qui régissait l'Angleterre.

ANNEXE XLVIII

(p. 394)

Dépêche du comte de Mier au prince de Metternich (Reggio, 20 mars 1814)

En même temps qu'il rendait compte à Metternich des péripéties qui avaient marqué l'entretien de Murat et de Bentinck, Mier avait informé le Chancelier par une autre dépêche (*Haus, Hof und Staats-Archiv*, n° 12, comte de Mier au prince de Metternich ; Reggio, 20 mars 1814) des réponses que Murat lui avait faites pour se justifier des accusations et des reproches « motivés par son attitude vacillante et la lenteur de ses opérations ».

Après avoir insisté longuement sur les arguments qu'il avait fait valoir dans sa lettre à Bellegarde, en date du 8 mars, sur le fait qu' « on ne saurait mettre sur son compte les fautes des autres » et que, « malgré la meilleure volonté, on ne fera rien de bon, parce que dans ce pays pour une guerre offensive il faut à la tête de l'armée un homme déterminé », le roi s'était une fois de plus plaint du refus des puissances à accéder à son traité avec l'Autriche.

« L'Angleterre, ajouta-t-il, a déclaré que ses engagements avec Ferdinand l'empêchaient de conclure une alliance avec lui, qu'il fallait avant tout convenir d'une indemnité pour ce prince, qui, du reste, ne veut pas renoncer à Naples. Or l'Autriche lui a affirmé que lord Aberdeen avait cette renonciation entre ses mains. »

« Priez, dit-il encore à Mier dans cet entretien, l'Autriche d'interve-
« nir ; priez aussi le prince de Metternich de ne pas ajouter foi à tout
« ce que l'on veut lui faire accroire sur mon compte. Qu'il entende ma
« justification avant de me condamner. J'ai beaucoup d'ennemis. Je
« sais qu'ici, à Vienne, au quartier-général des empereurs, on travaille
« les esprits en faveur de la reine Caroline, qu'on fait tout pour me
« perdre. Il y a aussi des *personnes qui sont enchantées de rejeter leurs*
« *défaites, leurs lenteurs, leur indétermination* (sic) *sur mon compte*. Mais
« toutes les fois qu'on m'attaquera, je saurai me justifier. »

<hr>

ANNEXE XLIX

(p. 394)

Dépêche du comte de Mier au prince de Metternich (Bologne, 6 avril 1814)

Revenant encore dans une dépêche rédigée à son retour de Vérone (*Haus, Hof und Staats-Archiv*, n° 13, comte de Mier au prince de Metternich, Bologne, 6 avril 1814), sur les différentes phases par lesquelles avaient passé les conférences de Reggio, Mier écrit au chancelier :

« Il est plus qu'évident que lord Bentinck a débarqué à Livourne avec la ferme volonté de tout embrouiller et de perdre le roi de Naples. Toutes ses démarches, tous ses propos et ceux des aventuriers de toutes les nations qui l'accompagnent, l'ont prouvé clairement. Avec lui un millier de Napolitains au service de Ferdinand, brigands calabrais, qui parlent de leur retour à Naples avec Ferdinand et du renvoi de Murat, cherchent querelle aux troupes napolitaines qui occupent Livourne, distribuent des proclamations, engagent les Toscans à prendre les armes contre les Napolitains, etc. Tout cela avant l'arrivée de lord William Bentinck à Reggio...

« Le roi fit cependant tout pour gagner le général anglais et le désarmer en sa faveur. *Il le combla de bontés, d'attentions et de prévenances, et se mit en coquetterie pour lui plaire*. Tout cela ne produisit aucun effet. Lord Bentinck *traita le roi comme un subalterne, ne se présentant jamais chez lui sans une énorme cocarde rouge à son chapeau (couleur de l'ancien gouvernement napolitain) lui donnant toujours le titre de Monseigneur,* en un mot, il fit tout pour aigrir le roi, le pousser à quelques démarches contraires à ses engagements et préparer par là sa perte. »

Après avoir fait ressortir la condescendance et la patience du roi, les propositions qu'il fit à Bentinck et les refus de ce dernier, après avoir enregistré les menaces par lesquelles le général anglais termina sa conférence avec Gallo, la réponse digne et énergique que Murat chargea Gallo de lui transmettre, Mier ajoute :

« C'était ce que voulait lord Bentinck, qui se rendit auprès du feld-maréchal pour l'intéresser en sa faveur et le décider à traiter Murat en ennemi. La sagesse du feld-maréchal et ma présence à Vérone ont déjoué ses projets... »

ANNEXE L.

(p. 401)

Lord Castlereagh au comte Bathurst [1]

Vienne, 6 septembre 1814.

« MYLORD,

« J'envoie à Votre Seigneurie la copie d'un mémoire qui a été mis sous mes yeux par le duc de Campochiaro, relativement à la conduite de Murat ainsi que la copie d'observations sur le même objet par un officier d'un rang élevé employé dans les armées alliées d'Italie.

« Je me propose d'envoyer copie de ces pièces à lord William Bentinck en le priant d'y faire ses observations. »

Mémoire historique sur la conduite politique et militaire de Sa Majesté le roi de Naples depuis la bataille de Leipsig jusqu'à la paix de Paris, du 30 mai 1814 (Original en français).	*Observations du général comte Nugent sur la pièce intitulée : Mémoire historique sur la conduite politique et militaire de Sa Majesté le roi de Naples, etc., etc. (Original en français).*
1. — Dès qu'il put être à même d'apprécier les vues sages et modérées des puissances coalisées contre la France, le roi de Naples n'hésita pas un instant à sacrifier ses sentiments et ses affections personnelles, au bien-être de son royaume et de ses sujets bien-aimés.	ARTICLES 1 à 8. — Les 8 premiers articles du *Mémoire* sont consacrés à l'exposé des événements et négociations qui ont précédé et amené la signature du traité avec l'Autriche. Il y a toutefois lieu de remarquer qu'il importe peu que ce soit par la victoire de Leipzig ou par d'autres considérations et arguments
2. — Il signala son changement de politique envers la France par	que les alliés sont parvenus à con-

1. Original en anglais.

une ordonnance du 11 novembre 1813, qui révoquait les décrets français contraires au commerce anglais, réduisait considérablement le tarif sur les denrées coloniales et autorisait l'introduction dans le royaume de Naples de beaucoup de marchandises, jusque-là prohibées.

Et il faut remarquer que ces dispositions avaient lieu à une époque où la France exerçait encore sa prépondérance en Italie et ne l'avait pas tout à fait perdue en Europe.

3. — Sur des ouvertures faites par le cabinet autrichien au prince de Cariati, ministre plénipotentiaire de Naples à Vienne, pour engager le roi à prendre part à la guerre contre la France, Sa Majesté autorisa le ministre à entrer en négociation avec les puissances alliées pour son accession à la coalition.

4. — Elle envoya, en même temps, M. le marquis de Saint-Elie en Sicile, à l'effet de faire connaître au prince régent d'Angleterre, par l'organe de lord Bentinck, son désir de conclure la paix avec Sa Majesté Britannique. Et, quoique cette démarche n'ait eu aucun résultat, elle n'en prouve pas moins l'empressement du roi à se lier avec l'Angleterre. Sur ces entrefaites, le cabinet autrichien proposa au roi de conclure un traité d'alliance avec lui et l'Angleterre conjointement. Il assura Sa Majesté que lord Aberdeen, ambassadeur de cette puissance à la cour de Vienne, était autorisé par son Gouvernement à signer, et que toutes les puissances y accéderaient.

5. — Le roi ne perdit pas un moment à expédier au prince de Cariati les pleins pouvoirs nécessaires pour signer le traité d'alliance proposé par l'Autriche; mais, tandis qu'on attendait le résultat de cette négociation, on vit arriver à Naples le 30 décembre, M. le comte de Neipperg, général autrichien, muni

vaincre Murat de la sagesse de leurs vues et de la modération de leurs intentions et que la Cour de Vienne ait enfin obtenu le résultat désiré des ouvertures qu'elle avait faites longtemps auparavant. Une fois entrés en engagements avec lui, ils sont en devoir de les remplir si le roi a rempli les siens. Mais aussi on est quitte de toute obligation s'il ne les a pas remplis.

Les points à examiner sont donc ceux pour lesquels le *Mémoire* veut prouver que les opérations militaires du roi ont répondu à ses promesses et qu'il a agi conformément aux stipulations faites avec l'Autriche et aux vues des autres puissances.

de pleins pouvoirs de Sa Majesté l'empereur d'Autriche pour signer un traité d'alliance entre les cours de Naples et de Vienne.

On observa à ce plénipotentiaire, que l'intention du roi était de traiter avec l'Autriche et l'Angleterre conjointement ; sur quoi M. le comte de Neipperg déclara que le traité, qu'il était chargé de conclure avec le gouvernement napolitain, lui serait commun avec l'Angleterre et les puissances coalisées, puisqu'il était convenu entre elles, que l'allié de l'une serait l'allié de toutes les autres, ajoutant qu'il était porteur d'ordres du gouvernement anglais pour lord Bentinck, à l'effet de faire cesser les hostilités de la part de la Grande-Bretagne contre le royaume de Naples.

6. — D'après les assurances et les instances du plénipotentiaire autrichien, tendantes à hâter la coopération des troupes napolitaines contre l'armée française en Italie, le roi signa le 11 janvier 1814 avec l'Autriche un traité d'alliance par lequel cette puissance lui garantit la souveraineté du royaume de Naples et s'engage à lui procurer la même garantie de la part de toutes les puissances alliées ainsi que la renonciation du roi Ferdinand IV à ses droits sur ce royaume. Une des clauses de ce traité stipule, en outre, une augmentation de territoire qui puisse donner au royaume de Naples une bonne frontière militaire.

7. — M. le comte de Neipperg communiqua le traité à lord William Bentinck en l'invitant à faire cesser les hostilités contre le gouvernement napolitain. Et, en effet, lord Bentinck se rendit lui-même à Naples et signa le 3 février 1814 une convention d'armistice avec M. le duc de Gallo, ministre des Affaires étrangères de Sa Majesté le roi de Naples.

8. — Il fut stipulé par cette con-

vention que les hostilités cesseraient entre la Grande-Bretagne et le royaume de Naples, que les relations commerciales seraient rétablies entre les Etats et les sujets respectifs et qu'il serait arrêté entre les généraux des armées autrichienne, anglaise et napolitaine, un plan d'opérations, d'après lequel les armées réunies pour la même cause agiraient en Italie.

9. — Le roi qui était parti de Naples le 23 janvier, avait déjà fait avancer son armée sur le territoire de l'empire français et du royaume d'Italie. Les sièges du fort Saint-Ange et des places d'Ancône et de Civita-Vecchia étaient commencés.

Art. 9. — L'article 9 parle des premières opérations de Murat. Il est bon d'observer qu'à cette époque presque toutes les forces ennemies en Italie, se trouvaient réunies sur l'Adige et le Mincio.

Le général comte Nugent avait débarqué dans le bas Ferrarais, occupait Comacchio, Ravenne et les bouches de toutes les rivières et agissait au dos de l'ennemi.

Il venait de prendre Forli et voulait continuer ses opérations sur Bologne, lorsqu'on apprit l'approche de l'armée napolitaine. Elle venait comme alliée de notre ennemi. On la reçut partout avec reconnaissance.

L'ennemi n'avait dans tout ce pays qne 2.000 hommes à Ancône et de très petites garnisons à Civita-Vecchia, au château Saint-Ange et à Livourne. Une colonne napolitaine marche par Rome et Florence à Bologne, l'autre par Ancône et Rimini. Dans tous ces endroits les troupes napolitaines et ennemies servaient ensemble, et un général napolitain prit même le commandement à Ferrare.

On voulait faire évacuer Forli au général Nugent; mais il garda ce poste pour observer les Napolitains qui avaient toujours la contenance ennemie. Sans doute l'alliance n'était pas encore conclue.

Ceci sert seulement à expliquer comment Murat a conquis le pays jusqu'au Pô qu'il occupa comme **ami et sans coup férir.** Si l'armée napolitaine n'avait jamais bougé, 2 bataillons autrichiens et un couple d'escadrons auraient suffi pour déblayer tout ce pays. Les dispositions de la Toscane et de la Romagne étaient connues.

L'approche de l'armée napolitaine a empêché le soulèvement de ces pays, qui auraient fourni des ressources considérables pour la guerre.

Mais la plus fâcheuse conséquence de la marche douteuse de l'armée napolitaine, c'est que cela influa sur les opérations de l'armée autrichienne qui venait de repousser le vice-roi jusque derrière l'Adige et dût s'arrêter jusqu'à ce que l'on sût si les Napolitains étaient nos ennemis ou non.

Si Murat a conquis, comme il lui plaît à dire, le pays jusqu'au Pô, c'était sur les alliés et non sur l'ennemi. Il est clair que la raison de la chute de ces pays était leur dénuement de troupes que l'ennemi dut envoyer ailleurs. C'est donc où se trouvaient les forces ennemies, c'est-à-dire, sur le Mincio, en France, etc., etc., que ces provinces furent conquises et non par l'armée de Murat qui vint par petits détachements et par étapes jusqu'au Pô, sans tirer un seul coup de fusil comme au milieu de la paix.

Si deux hommes se battent et qu'un passant prend honnêtement leurs habits, serait-il un conquérant ?

10. — Le 30 janvier, le roi adressa une proclamation à ses troupes pour les animer à la défense de la cause de l'Europe et le ton décidé de cette pièce fait assez voir que le parti pris par le roi ne lui laissait aucune voie de conciliation avec Napoléon.

Art. 10. — L'article 10 cite une proclamation, comme si des paroles étaient des preuves ou pouvaient tenir lieu des actions.

11. — Une convention militaire fut signée le 7 février entre le général autrichien Nugent et le général napolitain Livron. Il fut arrêté par cette convention que les deux

Art. 11. — Dans cet article, *on se trompe* en parlant d'une *convention du 7 février, entre les généraux Livron et Nugent.*

Cette convention fixa seulement

armées seraient séparées par le Pô et qu'après s'être rapprochées du fleuve pour se mettre en communication directe, elles pousseraient leurs opérations en Lombardie et en Piémont.

12. — Dans cet état de choses, le roi fut informé par le cabinet autrichien que le traité signé à Naples n'avait pas été ratifié, parce que lord Castlereagh l'ayant examiné, y avait fait de sa main des changements et des notes, à l'effet de le rendre tel que l'Angleterre ne put trouver aucune difficulté à l'accepter. Les changements portaient principalement, sur ce que le roi devait renoncer à toute prétention sur la Sicile et concourir tant à en garantir la possession à la dynastie régnante qu'à lui procurer une indemnité convenable pour le royaume de Naples. Il fut fixé, en outre, que l'augmentation de territoire promise serait fixée sur l'échelle de 400.000 âmes à prendre sur l'Etat romain. Le Cabinet autrichien ajoutait que les changements avaient été discutés avec l'intervention des ministres de Prusse et de Russie et que tous s'étaient réunis dans la même opinion en sorte que, si Sa Majesté acceptait les modifications faites au traité, tous les alliés y accéderaient par des actes séparés.

13. — Cette déclaration fut confirmée par une note du plénipotentiaire autrichien du 10 février et par une dépêche de lord Castlereagh à lord Bentinck, datée de Bâle le 22 janvier, par laquelle il lui enjoignait, attendu la conclusion du traité d'alliance entre les cours de Vienne et de Naples, avec le concours de l'Angleterre, de suspendre les hostilités contre le gouverne-

les pays qui seraient administrés par chaque armée en traçant une ligne depuis la mer jusqu'au sommet des Apennins.

Le général Nugent ne voulut pas l'étendre davantage, pour ne pas gêner les opérations de lord William Bentinck qui devait débarquer sur la côte de la Méditerranée et dont la ligne d'opérations était entre cette côte et le sommet des Apennins.

Art. 12, 13, 14. — Ces trois articles contiennent les transactions diplomatiques qui sont :

Le traité avec l'Autriche : les modifications que cette puissance y apporta et les raisons qui empêchaient l'Angleterre d'y accéder formellement. Murat ayant accepté les modifications, ce traité était effectivement conclu même sans les ratifications en forme, surtout si, comme il le dit, il se fiait loyalement à la loyauté des Cabinets.

Du reste, l'objet de l'alliance de l'Autriche avec lui étant d'augmenter les efforts au moment décisif, on était convenu qu'il agirait d'abord sans attendre d'autre ratification.

ment de Naples, du côté de la Grande-Bretagne et de prendre les mesures propres à engager Sa Majesté Sicilienne à en agir de même.

14. — Quoique le roi pût être surpris de cette conduite contraire aux usages reçus, Sa Majesté préféra néanmoins s'abandonner avec la plus grande confiance à la loyauté des ministres autrichiens et anglais. Elle accepta les modifications proposées par lord Castlereagh et ratifia le traité par une lettre autographe qu'Elle adressa à Sa Majesté l'empereur d'Autriche.

Cependant la ratification de ce souverain, que les plénipotentiaires autrichiens avaient promis de remettre au roi trois jours après la signature du nouveau traité, n'arriva que le 4 mars, c'est-à-dire après un mois d'attente.

15. — Le roi était à peine arrivé à Bologne, que le maréchal de Bellegarde, en développant à Sa Majesté dans une lettre du 8 février, son plan de campagne, reconnut les avantages que l'armée autrichienne avait déjà recueillis du mouvement sur Bologne, ou, pour mieux dire, de l'apparition des deux premières divisions de l'armée napolitaine dans le département du Reno. Il s'exprime à cet égard, de la manière suivante :

« La marche des troupes de Sa
« Majesté et surtout l'arrivée de sa
« personne à Bologne a décidé sur
« le champ le vice-roi à la re-
« traite. »

Il continue, dans la même lettre, en disant :

« J'ai passé l'Adige le 3. Aujour-
« d'hui (c'est-à-dire le 8 février) je
« passerai le Mincio entre Valeggio
« et Goïto. Demain se complétera
« la circonvallation de Mantoue et
« de Peschiera, etc., etc. »

Le roi fut ainsi assuré, dès le commencement de février, que le maréchal de Bellegarde était dans la

Nous arrivons enfin aux opérations militaires.

L'article 15 cite les passages d'une lettre du maréchal de Bellegarde, qui parle de ses intentions et de l'effet produit par l'arrivée de l'armée napolitaine. Mais on ne dit rien du plan proposé par ce maréchal qui était : que l'armée napolitaine devait marcher avec la division Nugent, *sans s'arrêter*, sur Plaisance et ensuite sur Alexandrie, tandis que l'armée autrichienne opérait sur la rive gauche du Pô. Ce que Murat promit de faire. On va voir comment il tint ses promesses.

ferme résolution de forcer le passage du Mincio pour marcher sur Plaisance, où son armée devait se mettre en contact avec l'armée napolitaine et suivre les opérations sur le Haut-Pô et en Piémont.

16. — Les sièges d'Ancône et de Civita-Vecchia, celui moins important du fort Saint-Ange et l'occupation de la Toscane où l'ennemi, maître encore des ports de Livourne, avait de 3 à 4.000 hommes, ne laissaient de disponibles au roi jusqu'à ce qu'eût eu lieu la reddition des places et des forts ci-dessus mentionnés, que 16 bataillons d'infanterie formant les divisions Carascosa et d'Ambrosio et 14 à 1.500 hommes à peu près de cavalerie.

17. — Malgré le vaste théâtre d'opérations, dans lequel se trouvait occupée ou, pour mieux dire, disséminée l'armée napolitaine, qui, aux termes de l'article 3 du traité signé avec l'Autriche le 11 janvier, ne devait être composée que de 30.000 hommes effectifs, le roi, dès le 9 février, c'est-à-dire le jour même qu'il reçut la lettre du maréchal de Bellegarde, *se hâta de concourir au succès des entreprises de l'armée autrichienne* en faisant porter sur Reggio la 1re division et plaçant la 2e en échelon sur la grande route de Rubbiera à Modène. La 1re division *appuyait ainsi le mouvement de la division Nugent* et la 2e, par l'occupation de Carpi et de Novi, observait Borgo-Forte où l'ennemi avait jeté un pont et établi une très forte tête de pont.

Le 13 février, le quartier-général de la 1re division était à Reggio et la presque totalité des troupes qui la composaient, ainsi que la cavalerie, se trouvait en position sur l'Enza. Le quartier-général du roi était le 8 à Modène. Le général comte Nugent occupait alors avec sa division Parme,

Art. 16. — Si, comme le dit l'article 16, Murat ne fit avancer que 16 bataillons et 1.500 chevaux, c'était sa faute et une rupture manifeste du traité. Les forts d'Ancône, Rome, Civita-Vecchia et Livourne étaient un prétexte pour laisser 18.000 hommes en arrière, tandis que le tiers eût été plus que suffisant.

Le véritable objet était pour dominer le pays, en tirer toutes les ressources et en même temps pouvoir dire que l'on était trop faible pour agir.

Art. 17. — D'abord d'après la convention du 7 février, le général Nugent s'était mis en marche de Bologne pour concourir à l'exécution du plan de campagne. Il marcha sur Modène et Reggio (8 février). Mais, lorsqu'il voulut passer l'Enza (9 et 10 février), le général napolitain, qui commandait à Reggio, déclara qu'il avait l'ordre de ne pas le laisser passer. La déclaration que l'on userait de force ne leva cette difficulté qu'après une perte de temps considérable (15 février).

Cette conduite ne pouvait que faire naître des soupçons sur la sincérité du nouvel allié, puisque non seulement il n'agissait pas lui-même selon sa promesse au maréchal, mais qu'il voulait empêcher Nugent de le faire.

On sut bientôt que Murat avait promis de ne pas commencer les hostilités sans prévenir l'ennemi et celui-ci pouvait par conséquent diriger toutes ses forces contre Bellegarde.

Voilà comment le roi Murat *appuyait* le mouvement de la division Nugent et se *hâta* de concourir

Borgo, San-Donnino et Fiorenzuola par ses avant-postes ; et tandis que, attentif aux opérations de ce général, le roi, pour en écarter tout danger, faisait éclairer son flanc gauche par la vallée du Taro jusqu'à Fornovo et Berceto et observer attentivement Borgo Forte, d'où l'ennemi pouvait à son gré déboucher avec des forces considérables pour attaquer par le flanc droit et même occuper toutes les troupes qui agissaient dans la direction de Modène à Plaisance ; tandis que toutes les dispositions du roi s'effectuent avec *promptitude, énergie, et d'après les principes de la guerre*, Sa Majesté, le 17 au soir, apprit par son chef d'état-major, que le maréchal de Bellegarde mandait, en date du même jour, non pas « qu'il avait forcé le passage du Mincio et complété la circonvallation des places de Mantoue et de Peschiera », comme il l'avait annoncé de la manière la plus posivitive, dans sa lettre à Sa Majesté, du 8 du même mois ; mais, au contraire, que le vice-roi occupait encore avec la presque totalité de ses forces les positions à droite du Mincio d'où il pouvait à son gré en faire déboucher par Mantoue, etc.

Examinons un instant dans quelle position le roi se trouvait au moment où il apprit un si grand changement dans les dispositions du maréchal Bellegarde.

La division Nugent, formant sa tête de colonne, ne comptait pas 3.000 combattants. Elle s'étendait, comme nous venons de le dire, depuis Parme jusqu'à Fiorenzuola, et couvrait tout le pays qui se trouve entre le Taro et la Nure. Ses avant-postes n'étaient qu'à 4 milles (6 kilomètres) de Plaisance. De Parme à Reggio, était placée en échelon la 1re division occupant Fornovo et Berceto sur le flanc gauche. De Reggio à Modène, se trouvait postée la 2e division occupant Brescello, Gualtieri, Guastalla et Novi, pour obser-

aux succès de l'armée autrichienne. Le vice-roi, qui savait, ou directement ou par les nombreux officiers qui passaient tous les jours d'un quartier-général à l'autre, qu'il avait peu à craindre de Murat, arrêta son mouvement rétrograde et opposa toutes ses forces au maréchal (bataille du Mincio). Le roi Murat ne pouvait donc être étonné de la lettre qu'il reçut le 17 février du maréchal.

Un coup d'œil jeté sur la carte suffit pour se convaincre que ce n'est pas en cantonnant son armée à Bologne, Modène et Reggio qu'il pouvait remplir ses promesses et ce fut cependant ce à quoi il se borna (deuxième quinzaine de février).

Tout ce que l'on dit dans le Mémoire des détachements à droite et à gauche ne signifie rien. Les détachements à Fornovo (Fornovo di Taro, 21 kilomètres au sud-ouest de Parme) et Berzetto (Berceto 24 kilomètres au sud de Fornovo) étaient deux marches en arrière des postes autrichiens. Pour ceux de la droite, on verra bientôt qu'ils ne couvraient le flanc droit qu'autant que ce flanc ne serait pas attaqué.

Le général Nugent, considérant la nécessité d'opérer une diversion, avait laissé là le roi Murat et avait marché sur Plaisance avec sa seule division. Après une action brillante l'ennemi fut jeté dans la ville et sa communication coupée. On allait l'y attaquer, lorsque le roi fit dire au général Nugent de se replier et envoya le comte Mier auprès de lui pour cet objet. Il fut obéi à regret (18 février).

ver autant que possible Borgo Forte
et assurer le flanc droit des opérations.

Les deux divisions, composées de
8 bataillons chacune, avaient en
tout une force de 12.800 hommes. Il
y avait, en outre, 1.300 chevaux, dont
une partie se trouvait à l'avant-
garde du général Nugent et le reste
placé où le besoin l'exigeait, savoir :
sur l'Enza, à Rubbiera, vers Brescello
et en avant de Guastalla. Cette position trop étendue, surtout à cause
de Borgo Forte, ne peut être approu-
vée que par deux raisons : la première, que le roi, croyant le maréchal de Bellegarde sur la droite du
Mincio, ou au moment d'y passer,
n'avait plus rien à craindre du pont
de Borgo-Forte, que l'ennemi aurait
dû détruire nécessairement en quit-
tant sa ligne de défense ; et la seconde que, malgré la faiblesse du
nombre de ses troupes, Sa Majesté
voulait prévenir l'ennemi à Plaisance pour lui interdire le passage
du Pô sur ce point, lui fermer ainsi
l'entrée de la vallée de la Trebbia, par
laquelle, se dirigeant sur Bobbio, il
aurait eu une retraite assurée sur
Gênes (quand même il se fût décidé
à abandonner la grande route de
Castel San Giovanni à Tortone pour
éviter toute poursuite. L'ennemi
aurait eu, en outre, par son passage
du Pô à Plaisance, la facilité de se
renforcer de 3 à 4.000 hommes que
les troupes napolitaines chassaient
de la Toscane et qui effectuaient
leur retraite par Massa et Sarzana.
Par la lettre ci-dessus mentionnée
du maréchal de Bellegarde au chef
d'état-major de l'armée napolitaine,
le roi, ayant donc appris, le 17 février, que le maréchal avait renoncé
au passage du Mincio, ce qui fut
confirmé le même jour à Sa Majesté
par le colonel anglais Catinelli, qui
venait du quartier-général autrichien de Villafranca, Elle se décida
à faire dire au général Nugent que

la position qu'occupait sa division entre le Taro et la Nura, devenait très hasardée, et qu'il aurait été prudent, et même nécessaire, de se mettre derrière l'Enza, ne tenant Parme qu'avec une partie de la cavalerie légère.

Le roi fut obligé pour toutes les raisons que l'on vient de développer, de renoncer pour le moment à des démonstrations sur Plaisance, qui devenaient inutiles encore, parce que la garnison de cette place comptait 16.000 hommes, après avoir été renforcée par toutes les troupes de nouvelle levée qui venaient d'Alexandrie, des autres places du Piémont et de l'intérieur de la France. Le roi ne pouvait pas non plus changer ses démonstrations en une attaque réelle qui aurait dû s'opérer avec la totalité de ses forces, parce que le vice-roi, par sa position sur le Mincio, était maître de faire passer le pont de Borgo-Forte à autant de troupes qu'il aurait voulu, avant que le maréchal de Bellegarde ait pu s'en douter nullement : car tous les mouvements de la rive droite du Mincio se trouvaient couverts à merveille par Mantoue.

Cependant, le roi ne renonçant pas à alarmer l'ennemi en arrière de sa droite, fit jeter un pont sur le Pô à Sacca, c'est-à-dire à 2 milles au-dessus de Casal-Maggiore, fit construire par les marins de sa garde une tête de pont sur la rive gauche, sous la direction du général Nugent, qui, dans sa lettre du 24 février adressée au chef d'état-major du roi, se loue infiniment du zèle, de l'intelligence et du dévouement que montrèrent pendant toute cette opération, les troupes napolitaines qui y furent employées.

Le pont établi, Sa Majesté fit passer le baron d'Aspre, officier de l'état-major du général Nugent, avec une colonne de troupes moitié

Dans le *Mémoire*, il est dit que le général Nugent aurait dû même se retirer derrière l'Enza. Peu après Murat se fait un mérite du passage du Pô (20-24 février). C'est une contradiction, puisque Sacca, où le passage s'effectua, est en avant de l'Enza et qu'en se retirant derrière cette rivière, le passage n'aurait pu se faire. Le fait est que le général Nugent choisit le point de Sacca, que Murat y consentit et lui envoya des marins de sa garde, que Nugent exécuta le passage avec célérité et détacha sur l'autre rive le baron d'Aspre qui poussa avec hardiesse et prudence. Il y a là une erreur dans le *Mémoire* : on y dit que le roi fit passer le baron d'Aspre après la

autrichiennes, moitié napolitaines, fit surprendre Casal-Maggiore où fut fait prisonnier le colonel Frangipani, attaché à l'état-major du vice-roi, avec une quarantaine de gendarmes. M. d'Aspre, après avoir occupé Casal-Maggiore, fit faire des patrouilles sur la route de Crémone, de Piadena et de Mantoue. Cette pointe, poussée avec audace, produisit le meilleur effet, puisqu'elle fit croire à l'ennemi que c'était le prélude d'un passage sérieux. En effet, le vice-roi détacha vers le Pô des forces très considérables et on apprit que la division Zucchi se portait sur Borgo-Forte. Une division française avec le général Grenier fut destinée à renforcer la garnison de Plaisance qui fut ainsi portée à plus de 22.000 hommes.

construction du pont. Le général Nugent fit passer sur des barques ce détachement avant, pour protéger la construction du pont. La surprise de Casalmaggiore par le baron d'Aspre avec une seule compagnie autrichienne était l'affaire du moment dont il ne fut pas question avant. Ce sont des circonstances que ne pouvait savoir le roi Murat se trouvant alors trop éloigné.

Le pont fut construit par les marins de la garde napolitaine, la tête de pont sur l'autre rive par les pionniers autrichiens, sous la direction du capitaine Teuber, du Génie. Deux compagnies napolitaines se conduisirent très bien, ainsi que les marins et ce n'est point aux troupes napolitaines que l'on peut faire des reproches. A cette époque il y avait un bataillon napolitain et un escadron avec la division Nugent. Tout le reste de l'armée était loin en arrière avec le roi.

La distance du quartier-général produisit de grands inconvénients. Le mouvement du général Grenier sur Plaisance fut amené par la marche du général Nugent contre cette ville, comme le prouvent les dates. En se rappelant que Murat voulut empêcher cette marche, on sera étonné qu'il veuille s'attribuer le mérite du résultat et d'avoir diminué les forces opposées au maréchal. Nous croyons donc que jusqu'à présent (aux entraves près), c'est à peu près comme si Murat n'était pas encore arrivé; mais le moment était venu où il devait agir ou trahir ses engagements. Le général Grenier avait sur la rive droite du Pô à peu près 20.000 hommes. La division Nugent avec les forces napolitaines était au moins aussi nombreuse. Certes, ce n'était pas trop exiger que de vouloir que l'on occupât *constamment* une portion de l'ennemi égale à sa propre force. Le roi Murat croit, au contraire,

Comment le roi pouvait-il coopérer plus heureusement qu'il venait de le faire à affaiblir le vice-roi sur le Mincio ? Plus de 12.000 hommes avaient été détachés par le vice-roi de sa ligne d'opérations et pourtant **M.** le maréchal de Bellegarde n'osa tenter le passage du Mincio, quoique averti de chaque mouvement de l'ennemi par le roi qui s'en trouvait instruit lui-même et par ses avant-postes vers Borgo-Forte et par M. le baron d'Aspre.

Le chef de l'armée française, convaincu par cette inaction du maréchal, qu'il pouvait impunément réduire ses forces sur la ligne du Mincio sans craindre de tentatives de la part de son ennemi, donna ordre au général Grenier de se porter de Plaisance sur Reggio avec la totalité de ses forces pour chasser le général Nugent des positions qu'il s'était obstiné à garder, malgré le vœu du roi, entre le Taro et la Nure, ou pour l'y écraser s'il se décidait à les défendre. En même temps, le général Zucchi eut l'ordre de passer le Pô à Borgo-Forte et de se porter sur Guastalla. On assure même que le vice-roi passa le Pô de sa personne et dirigea lui-même ce mouvement qui compromettait tout le flanc de nos échelons. Le général Nugent sentit trop tard qu'il avait eu tort de ne pas s'en rapporter à ce que le roi lui avait fait écrire par son chef d'état-major, le 17 février. La division autrichienne sous ses ordres fut ramenée jusqu'à

que c'est assez d'occuper pendant quelques jours une force égale; qu'à l'approche de cette force on dût se retirer afin que le maréchal eût de nouveau toute l'armée ennemie sur les bras. Car en se retirant sur la Secchia ou le Panaro, comme c'était l'intention du roi, le pont de Borgo-Forte devenait libre et le général Grenier pouvait rejoindre le vice-roi.

Cette conduite du roi Murat était d'autant plus pernicieuse que la position du maréchal était entre quatre forteresses qui exigeaient pour les bloquer le double de leurs garnisons. Au premier pas en avant, le rapport des forces devait changer au désavantage du maréchal ; et si, après quelques jours, pendant que le vice-roi évitait le combat, le général Grenier revenait, la situation du maréchal devenait pire que jamais. Du moment que le mouvement du général Grenier était décidé, il n'y avait plus de risques d'un détachement considérable par Borgo-Forte. Murat pouvait donc se joindre au général Nugent et battre Grenier. Il pouvait alors passer le Pô à Sacca, et le vice-roi, séparé de Grenier, et pris en arrière, eût été perdu. Par la retraite, on perdait tous ces avantages ; on perdait le pont sur le Pô ; on ouvrait Borgo-Forte à l'ennemi et on le mettait à son aise.

Voilà pourquoi le général Nugent *s'obstinait* à ne pas se retirer, et il eût été heureux que le roi Murat eût eu un peu de son obstination. Le général Nugent ne demanda que la réunion de la division Carascosa pour livrer bataille. Murat la promit, mais ensuite ne permit pas à cette division de marcher malgré le désir que manifestèrent les troupes.

En attendant, l'ennemi avançait sur Parme. Le général Nugent résolut de ne se retirer qu'à la dernière

la Secchia et aurait été poussée plus loin si les deux premières divisions de l'armée napolitaine n'eussent pas arrêté les progrès de l'ennemi.

extrémité, espérant que Murat finirait par agir, et ne voudrait pas perdre une position qui offrait des combinaisons si avantageuses. Il ne risquait, d'ailleurs, rien pouvant se retirer par Guastalla. Cette ligne de retraite lui était indiquée par Murat même, et il avait donné des ordres en conséquence au major d'Aspre et aux détachements sur le Bas-Pô, leur indiquant de longer le Pô sur Guastalla. Il se résolut enfin à y marcher lui-même, lorsqu'il apprit avec étonnement qu'environ 2.000 hommes, débouchés de Borgo-Forte, s'étaient emparés de Guastalla, que les Napolitains avaient abandonné. Voilà la manière dont Murat assura le flanc droit des Autrichiens. Tandis que le général Nugent avait en tête 20.000 hommes, le roi avec toute son armée ne pouvait en contenir 3.000.

Il est facile de concevoir les idées que cette conduite, pour le moins peu honorable, devait faire naître chez les Autrichiens.

La première conséquence fut, que le général Nugent dut prendre sa ligne de marche vers Reggio et envoyer l'ordre aux détachements sur le Pô, de faire de même en marchant par la gauche sur Parme, la seule route qui resta. Pour leur donner le temps de faire cette marche, il fut forcé de se tenir dans les environs de Parme, ce qui donna lieu à un combat meurtrier, contre une force plus que quadruple et qui fait certainement moins d'honneur à la *prudence* du roi Murat qu'à l'*obstination* du général Nugent.

Le premier avait à cette époque toutes ses forces à Reggio et à Modène, à une marche de Guastalla. Ainsi toute cette conduite ne peut être expliquée *militairement*. Le général Nugent se retira sur Reggio et le jour suivant, moitié sur Rubbiera et moitié sur Modène. Il est

Le roi, s'apercevant que les troupes françaises et italiennes aux ordres du général Grenier paraissaient vouloir se diriger, presque entièrement dans la retraite qu'elles commençaient sur Guastalla pour repasser le Pô à Borgo-Forte après s'être jointes à la division Zucchi, et pour renforcer ainsi de plus de 20.000 hommes l'armée du Mincio, afin d'opérer une attaque qui aurait pu être funeste à l'armée autrichienne, ne balança pas, malgré l'infériorité du nombre de ses troupes, à attaquer avec impétuosité le général Grenier, pour le distraire de son projet en le forçant à livrer bataille sous Reggio. Quels furent et la conduite des troupes napolitaines dans cette journée et le succès brillant qui en résulta, ce sont des faits à la connaissance de tous les militaires de l'armée d'Italie.

Le roi peut en appeler au témoignage des généraux autrichiens et de M. le ministre comte de Mier, qui ne quitta pas Sa Majesté de toute la journée. M. le maréchal de Bellegarde, dans sa lettre du 10 mars, paye à cette occasion un juste tribut d'éloges à la bravoure brillante des troupes napolitaines. L'ennemi, ayant été poussé jusque dans Reggio et successivement chassé de toutes ses positions, le roi, sans perdre un moment, fit occuper les routes et les chemins de Brescello, Guastalla et Carpi. Le général Grenier, avec quelques milliers d'hommes seulement, put se diriger sur Borgo-Forte. Le reste fut obligé d'opérer sa retraite par San Illario et Parme et de prendre position sur la rive gauche du Taro.

faux que les deux premières divisions napolitaines aient arrêté l'ennemi ; elles ne le virent pas, et l'arrière-garde du général Nugent resta seule en présence de l'ennemi.

L'intention de Murat était de se porter derrière le Panaro, si l'ennemi s'était avancé ; mais celui-ci ne porta le gros de son armée que jusqu'à Reggio, d'où deux divisions marchèrent jusqu'à Guastalla et Borgo-Forte pour joindre l'armée du vice-roi. Il ne resta qu'une division de 8.000 hommes à Reggio, sous le général Severoli. C'était une occasion favorable pour le roi Murat de se donner à peu de frais l'air de faire quelque chose.

La division Nugent se porta en avant le 6 mars, sur les trois routes qui conduisaient vers l'ennemi, et la brigade Starhemberg, qui faisait partie de cette division, soutenue d'un bataillon napolitain, défit la faible avant-garde de l'ennemi.

Le général Nugent fit ses dispositions pour attaquer l'ennemi à la pointe du jour ; mais, pendant la nuit, il reçut de Modène, où Murat était allé, l'ordre de ne pas attaquer. On l'informait que Sa Majesté viendrait le 7, à midi, reconnaître l'ennemi et donner ses ordres.

Le général Nugent, sentant que l'ennemi aurait par là le temps de se retirer ou de faire de meilleures dispositions, ne crut pas devoir obéir et ordonna aux généraux Starhemberg et Gober et au colonel Gavenda de se mettre sur le champ en mouvement, et commença l'attaque à la pointe du jour. Les Napolitains, voyant la division Nugent marcher, en firent de même et la secondèrent loyalement. La première position fut emportée par le régiment Benjowsky, les Anglais, le bataillon du régiment Archiduc Charles, la seconde par le général Pepe avec deux bataillons napolitains.

Le roi Murat arriva à midi ; lorsque l'affaire était décidée et que nous entourions l'ennemi dans Reggio. Il voulait proposer à l'ennemi de le laisser retirer librement, quand le rapport arriva que nous avions la route de Parme, et qu'il était entièrement coupé. Cependant il finit par le laisser sortir, et nous ne pouvions pas le suivre, de sorte qu'il fit sa retraite sans danger, quoique nous fussions trois fois aussi forts que lui. Les troupes étaient enragées de le voir échapper, et attribuèrent sa retraite à des raisons qui n'étaient pas très honorables pour le roi.

Sans entrer dans ces questions mystérieuses, il est clair par ce récit, que l'*impétuosité* que le *Mémoire* attribue au roi n'existait pas et que le combat de Reggio, dont il se glorifie tant, fut livré par le général Nugent, secondé par les généraux napolitains, contre l'ordre exprès du roi et dans son absence. Il n'y entra que pour empêcher les suites que cette action devait avoir, et on le soupçonna d'avoir voulu épargner le sang de l'ennemi.

Il y a plusieurs erreurs à la fin de cet article, comme, par exemple, que le général Grenier, avec quelques milliers d'hommes seulement, put se diriger sur Borgo-Forte, le reste étant obligé de se retirer sur Parme. Le général Grenier n'était pas à l'affaire, mais déjà à Mantoue. Il n'y avait qu'une division, et seulement cette division fut occupée pendant le reste de la campagne, c'est-à-dire à peu près le quart de la force réunie des Napolitains et de la division Nugent. Le même effet eût été produit par la division Nugent seule. On peut donc juger de quelle utilité était la coopération de ce soi-disant allié, et le degré de justesse des assertions qui se trouvent au commencement du dix-septième article :

« Que les dispositions du roi s'effectuant *avec promptitude et énergie* et d'après *les vrais principes de la guerre.*

On peut juger aussi de ses assertions contre le maréchal de Bellegarde sur qui on veut faire tomber la faute d'une inaction dont Murat était cause. C'était le devoir de celui-ci de se mettre assez en avant, pour qu'au moins une partie des forces ennemies eussent été attirées sur lui. Au lieu de cela, il se tint si éloigné qu'il ne compta pour rien. Le maréchal avait toutes les forces ennemies réunies contre lui, appuyées à des forteresses.

Il y a encore une autre considération. La conduite de Murat ne pouvant être attribuée qu'à l'inhabileté (*sic*) où à une cause qu'il est fâché (*sic*) de nommer, son ancienne réputation militaire devait faire présumer la seconde cause et mettre en garde contre un allié qui se rendait aussi suspect.

18. — Tandis que ces événements se passaient dans le Modenais et le Parmesan, un corps de troupes anglo-siciliennes, sous les ordres de lord William Bentinck, débarquait à Livourne.

19. — Le débarquement sur ce point et l'intention d'agir en Toscane, manifesté au roi et au comte de Mier par le colonel Catinelli, chef d'état-major de lord William Bentinck, lors de son dernier passage au quartier-général, ne s'accordaient pas avec l'avis donné par le maréchal de Bellegarde dans sa lettre au roi du 8 février, que l'expédition de Sicile était destinée contre Gênes, où l'utilité de sa coopération paraissait avoir été reconnue.

Pour être régulière et conforme à l'article 4 de la convention d'armistice que venait de signer lord Bentinck, il eût été nécessaire aussi que *les opérations de son corps d'ar-*

Art. 18, 19, 20, 21. — L'article 18 indique le débarquement de lord William Bentinck près Livourne (8 mars). Les deux suivants contiennent des observations peu conséquentes sur ses opérations et des propositions peu importantes. Lord William Bentinck qui ne concevait pas la conduite de Murat, se rendit lui-même à Reggio (15 mars).

Il est nécessaire d'observer que lord Bentinck n'avait des transports que pour la moitié de ses troupes qu'il débarqua à Livourne. Il envoya ses transports pour chercher le reste, pour pouvoir marcher avec toute sa force sur Gênes. Il eut été imprudent d'attaquer cette place avec une partie de ses forces, ou de débarquer cette partie trop près de l'ennemi avant l'arrivée de l'autre partie.

La conduite de Murat n'était pas faite pour inspirer de la confiance à lord Bentinck. Il voulut s'assu-

mée fussent réglées d'avance et de concert avec les chefs des deux autres armées autrichienne et napolitaine et le débarquement en Toscane n'était le *résultat d'aucun plan* arrêté à cet égard entre les généraux de ces armées. D'ailleurs, lorsque les Anglais se présentèrent devant Livourne, la Toscane était déjà depuis plusieurs jours entièrement soumise aux armes du roi, l'ennemi en ayant été définitivement expulsé après l'engagement de Borgo à Buggiano, qui fut le dernier des troupes napolitaines en Toscane.

20. — La direction donnée par lord William Bentinck à son corps d'armée, devait donc, d'après tous les motifs, étonner le roi et pouvait lui causer quelque ombrage. Mais, repoussant toute idée de défiance, Sa Majesté s'empressa de lui envoyer un de ses officiers généraux avec une lettre dans laquelle Elle offrait de mettre à ses ordres un régiment de cavalerie et une batterie d'artillerie, supposant que le corps d'armée anglo-sicilien devait manquer de l'un et de l'autre. L'officier envoyé par le roi était, en outre, chargé de demander à lord Bentinck de quelle manière et sur quel point il comptait agir et devait proposer à ce général, dans le cas où il se fût désisté pour le moment de son expédition sur Gênes, d'unir ses troupes à l'armée napolitaine et d'agir franchement et de concert sur la rive droite du Pô sans s'inquiéter des mouvements que pourrait faire le vice-roi sur la rive gauche, parce que les forces, qui se trouveraient réunies après la jonction du corps anglais aux troupes napolitaines et à la division Nugent, auraient été suffisantes pour se porter sur le Haut-Pô, passer même ce fleuve sur les derrières du vice-roi et le forcer par là à quitter la ligne du Mincio que le maréchal de Bellegarde s'obstinait à regarder comme infranchis-

rer en occupant la Toscane ou une partie de ce pays, au nom de son souverain légitime.

sable. Dans le cas d'adhésion de sa part au projet du roi, lord Bentinck, en définitive, était prié d'indiquer par quelle ligne il lui convenait de se porter en ligne, soit par Pontremoli, la vallée du Taro, et Parme, soit par Pistoïa et Modène, soit par Florence et Bologne. Et, suivant la direction que lord Bentinck aurait préférée, l'oficier napolitain devait, d'après ses instructions, donner tous les ordres pour assurer sur la route la subsistance et le logement de ses troupes.

21. — Lord Bentinck ne donna aucune réponse pour le roi. Quelques jours après, il se rendit au quartier-général de Sa Majesté, à Reggio, et déclara qu'il exigeait qu'on lui remît la Toscane et qu'elle fût à l'instant évacuée par les troupes napolitaines.

22. — Le roi ne pouvait consentir à cette prétention pour plusieurs raisons :

La 1re que la Toscane n'avait été conquise et occupée par ses troupes que pour être rendue à son ancien souverain, qui se trouvait être un prince de la maison d'Autriche, son auguste et fidèle alliée ;

2° que cette occupation de la Toscane par les Anglais ne pouvant avoir aucun but militaire, ni pour objet la moindre coopération au succès de la cause commune, ne devait être exigée par lord Bentinck que pour des motifs offensant la dignité et les intérêts de Sa Majesté ;

3° que cette cession d'un pays conquis par les armes du roi aux troupes d'une puissance avec laquelle on n'était encore qu'en état d'armistice, aurait dû servir au moins de condition à un traité définitif avec la Grande-Bretagne, lequel le roi ne cessa d'offrir et lord Bentinck de refuser.

23. — 4° Que les troupes siciliennes en débarquant à Livourne avaient publié une proclamation de la cour de Sicile, qui avait été répandue et

Art. 22 et 23 (9 mars, 14 mars, 15 mars). — L'article 22 contient de prétendues raisons contre cette demande (grand-duché de Toscane), entre autres que ce pays était conquis par les armes de Murat. On a vu plus haut le ridicule de cette idée de conquête. Le fait est que Murat voulut continuer à s'enrichir de la Toscane comme des autres pays qu'il s'occupait, en en tirant tout ce qu'il y avait.

Lord Bentinck rejeta la proposition d'occuper quelque chose comme sous la protection de Murat, qui devait sa présence en Toscane, non pas à ses prouesses, mais aux succès des alliés. Il ne voulait pas non plus sanctionner par un pareil acte, l'oppression révoltante que Murat exerçait sur le pays. Il trouva que la conduite de Murat aurait été moins suspecte, s'il avait dirigé ses forces contre l'ennemi, et non pour opprimer le pays. Il déclara aussi qu'il ne voulait pas y laisser ses propres troupes qui devaient agir contre l'ennemi ; mais que l'on devait former des troupes pour le grand-duc, qui suffiraient pour la

affichée dans toute la Toscane, avec beaucoup trop d'éclat et d'ostentation, pour ne pas être à la connaissance de lord Bentinck. Par ce manifeste, on déclarait que ces troupes étaient destinées à revendiquer les droits de l'ancienne dynastie sur le royaume de Naples. Jaloux d'étouffer dans son principe tout germe de division et résolu d'épuiser envers le général anglais toutes les voies de conciliation, le roi se porta jusqu'à lui offrir le commandement supérieur de la Toscane, sous la réserve que l'administration continuerait à s'exercer au nom de Sa Majesté et que le drapeau napolitain resterait arboré sur les forts.

24. — Mais, fermant l'oreille à toute proposition et rejetant toutes les offres, lord Bentinck déclara qu'il regardait comme un acte d'hostilité le refus du roi de lui remettre la Toscane et qu'il allait agir en conséquence. Il parla même de soulever contre l'armée napolitaine les populations de la Toscane et de faire une diversion dans le royaume de Naples.

25. — Frappé d'étonnement à de telles menaces, le roi dut craindre alors que, sous de vains prétextes, on ne voulût lui susciter la guerre, et forcé de songer à sa propre défense, au lieu d'étendre sa ligne d'opération, il dut concentrer son armée pour assurer au besoin sa retraite.

26. — Cette mesure de prudence, commandée par la conduite extraordinaire de lord Bentinck, donna lieu dans le temps à des défiances injustes et à des soupçons calomnieux sur les intentions du roi et l'ennemi ne manqua pas de les alimenter et de les accroître par de faux bruits et des rapports insidieux qu'il fit adroitement circuler parmi les généraux des armées combinées.

27. — Dans le cours de ces discussions, était arrivé au quartier-gé-

tranquillité intérieure. En général, lord Bentinck était étonné que Murat eût la plus grande partie de ses troupes sur ses derrières, et que le reste était si loin des opérations à Bologne, Modène et Reggio, se faisant garder par les Autrichiens et occupées non de sièges et de batailles, mais de parades et d'exercices.

Art. 24, 25, 26, 27, 28, 29, 30, 31 et 32 (du 8 mars au 3 avril). — Les articles de 24 à 29 contiennent plusieurs transactions diplomatiques pour chercher à prouver que les alliés sont liés par des promesses. Il est cependant facile d'observer que tout ceci est conditionnel et ne compte pour rien, si Murat n'a pas rempli ses engagements. On a vu jusqu'ici ce qu'il a fait pour cet objet. Sa conduite après l'affaire de Reggio n'était pas plus conséquente.

L'activité du général Nugent l'avait gêné jusqu'alors. Il trouva moyen de le paralyser, en séparant sa division moitié à Parme, moitié à Guastalla. Il donna au général Nugent une brigade napolitaine (8-9 mars), mais elle avait ordre de ne rien faire. Une occasion se présentait pour attaquer l'ennemi sur le Taro, le général napolitain dut s'y refuser (3 avril).

Toute l'armée ennemie était contre le maréchal Bellegarde, excepté la seule division opposée au général Nugent.

L'armée napolitaine n'était absolument là pour rien que pour consumer le pays, faire des parades et des petites marches sans but.

Sur les plaintes réitérées du ma-

néral du roi le général russe de Balachoff, chargé de remettre à Sa Majesté une lettre autographe de Sa Majesté l'empereur de Russie, en date du 23 février, par laquelle ce souverain déclarait au roi qu'il reprenait avec plaisir les relations d'amitié et de bonne intelligence qui avaient subsisté entre les deux puissances, et qu'adoptant les principes et les bases du traité conclu entre les cours de Naples et de Vienne, il avait muni le général Balachoff des pleins-pouvoirs nécessaires pour signer un traité d'alliance avec le roi. Mais les événements survenus en France prévinrent la fin de la négociation entamée entre ce plénipotentiaire et le Cabinet de Naples.

28. — Le roi avait été informé aussi par son ministre auprès des souverains alliés, que lord Castlereagh avait promis de lui faire fournir par le gouvernement anglais 15.000 fusils pour l'armement de ses troupes et que ce même ministre avait déclaré à Chaumont et à Dijon, que l'Angletetre, ayant un traité avec le roi de Sicile, ne pouvait pas stipuler un autre traité avec le roi de Naples, avant d'avoir obtenu une indemnité pour le roi Ferdinand IV; mais que le roi de Naples pouvait compter sur la loyauté de l'Angleterre, qui, ayant concouru aux engagements pris par l'Autriche envers Sa Majesté Napolitaine, ne différait que par délicatesse la conclusion d'un traité de paix avec Elle ; que, dans le cas où le roi Ferdinand ne voudrait pas donner la renonciation à ses droits sur le royaume de Naples et accepter une compensation, l'Angleterre ne ferait pas la guerre pour lui et qu'enfin le gouvernement anglais voulait être médiateur entre les cours de Naples et de Sicile.

29. — Lord Bentinck reçut l'ordre de faire la même déclaration au

réchal, Murat promit de passer le Pô, près de Casal Maggiore (fin mars-8 avril) ; mais il fit ses préparatifs et les reconnaissances avec une publicité si marquée, que l'ennemi s'en aperçut et prit des dispositions pour l'en empêcher. Il en chargea alors le général Nugent et y renonça quand celui-ci voulut l'exécuter. C'est ainsi que l'on perdit un mois depuis l'affaire de Reggio.

gouvernement napolitain et remit en conséquence au duc de Gallo une note officielle en date du 1er avril, par laquelle il déclarait que le gouvernement anglais approuvait dans son entier le traité conclu entre les gouvernements autrichien et napolitain, le 11 janvier 1814 ; qu'il consentait à l'augmentation de territoire promis au roi de Naples sur les États Romains, et que, si le gouvernement anglais se refusait à signer un traité *in limine*, cela provenait uniquement du sentiment de délicatesse qui l'obligeait à faire marcher de front cette négociation avec celle d'une indemnité pour le roi Ferdinand IV.

30. — Lord Castlereagh adressa, en outre, le 3 avril, une dépêche à lord Bentinck, par laquelle il improuvait la proclamation du prince héréditaire de Sicile aux troupes siciliennes réunies au corps anglais débarqué à Livourne et le chargeait de lui faire connaître les mesures qu'il avait prises pour désavouer cet acte au nom du gouvernement anglais.

Lord Castlereagh déclarait, de plus, dans cette dépêche, qu'il dépendait du roi de Sicile de renoncer ou non au royaume de Naples, mais qu'il était impossible à Sa Majesté Sicilienne de soutenir ses droits par ses propres moyens, en contradiction et au préjudice des vues des alliés, ainsi que de faire valoir des prétentions, soit à la réoccupation de ses domaines napolitains, soit à une concession en indemnité.

Lord Castlereagh ajoutait que l'intention du gouvernement britannique était de faire marcher de front un traité avec le roi de Naples et un arrangement d'indemnité pour le roi Ferdinand ; que si le gouvernement sicilien voulait le contrarier dans ses vues, le gouvernement anglais, ayant admis par son armistice les principes du traité autrichien avec le roi de Naples, se considèrerait comme affranchi de toute condescendance et se croirait même forcé de former immédiatement un traité avec le roi Joachim. Et le cas prévu par lord Castlereagh est arrivé en effet, puisque la cour de Sicile a protesté contre toute proposition d'indemnité pour le royaume de Naples.

31. — Ces assurances calmèrent les justes alarmes du roi, d'autant qu'il avait été informé qu'aux conférences de Châtillon, lorsque le plénipotentiaire français fit des propositions concernant l'Italie et particulièrement le royaume de Naples, les plénipotentiaires des puissances alliées avaient déclaré formellement qu'il n'appartenait pas à la France de s'immiscer dans les affaires d'Italie, puisque les puissances coalisées en avaient déjà fixé le sort et que, quant au royaume de Naples, elles avaient contracté les engagements qui en garantissaient la possession à la dynastie régnante. Cette déclaration fut insérée dans le protocole et signée par les plénipotentiaires des quatre premières puissances.

32. — Le roi trouva une autre preuve du concours de ces puissances aux engagements contractés avec l'Autriche dans la détermination prise par elle d'inviter les Cours de Naples et de Bavière à accéder au traité d'alliance conclu, le 1er mars, à Chaumont entre l'Autriche, l'Angleterre, la Russie et la Prusse.

33. — Cependant le roi ne pouvait pousser ses opérations, s'il n'était assuré de la coopération du maréchal de Bellegarde. On sentit la nécessité de s'entendre et sir R. Wilson arrangea pour le 7 avril un rendez-vous entre le roi et le maréchal de Bellegarde à Revere sur le Pô. Dans cette conférence à laquelle assistèrent les ministres autrichien, anglais et russe, il fut décidé que lord Bentinck évacuerait la Toscane

Art. 33. — Il y a une erreur dans l'article 33. On dit que l'on convint à Revere que lord Bentinck évacuerait la Toscane, et marcherait sur Gênes. Ce général, voyant la conduite de Murat, résolut de ne pas faire dépendre ses opérations des siennes. Il dirigea les troupes qu'il avait à Livourne sur la Spezia qui fut emportée, tandis que les 2e et 3e divisions faisaient voile directement pour ce port. Le 1er avril,

et marcherait sur Gênes ; que le roi de Naples passerait le Taro et prendrait Plaisance, et, traversant le Pô, forcerait le vice-roi à évacuer la Lombardie et à se retirer en Piémont ; que le maréchal de Bellegarde passerait le Mincio et repousserait le vice-roi en concertant ses opérations avec celles du roi, et qu'enfin, lorsque les trois armées seraient réunies sur les frontières du Piémont, elles forceraient l'ennemi à repasser les Alpes.

34. — Le roi commença immédiatement son attaque sur le Taro. L'armée napolitaine eut avec l'ennemi des affaires brillantes dans lesquelles elle perdit beaucoup de monde. Les ministres autrichien, anglais et russe y assistèrent et ont vu avec quelle ardeur le roi s'exposa de sa propre personne pour la cause commune.

Le passage du Taro fut exécuté avec la plus grande bravoure sous le feu de l'ennemi. Borgo San-Donnino fut pris de vive force et le roi se battit deux jours entiers sous les murs de Plaisance, quoique le maréchal de Bellegarde, qui devait passer le Mincio, n'eût pas exécuté cette opération. Plaisance allait tomber au pouvoir du roi, lorsqu'il reçut du maréchal de Bellegarde une lettre par laquelle il informait Sa Majesté, qu'il venait de conclure avec le vice-roi un armistice et le priait de le ratifier.

il continua ses opérations sur Gênes avec un succès éclatant. Les conférences de Revere eurent lieu le 7 avril et ne pouvaient déterminer une opération déjà exécutée. Le maréchal de Bellegarde exigea que la division Nugent fût réunie à Parme et autorisa ce général à pousser en avant, en se concertant avec lord Bentinck, quelle que fût la conduite de Murat.

Il ne se fiait plus aux promesses de celui-ci et voulut ainsi s'assurer les moyens d'agir sans lui.

Art. 34. — L'article 34 est presque entièrement faux. Le passage du Taro, le 13 avril, ne fut pas effectué par l'armée napolitaine, quelque bonne envie qu'elle eût de le faire, mais par la division Nugent en 3 colonnes sous les généraux Gober, Starhemberg et Senitzer. On ne put empêcher 3 bataillons napolitains, leur général en tête, de suivre les Autrichiens et ils eurent part à l'affaire de Borgo San-Donnino. Avec un escadron de cavalerie, ce sont les seules troupes napolitaines qui aient vu l'ennemi, quoique toute l'armée le désirât.

Murat ne s'exposa point : car sur les bords de la rivière, il n'y eut pas d'action. Les combats étaient bien au-delà et il ne s'y trouvait pas. Le roi ne se battit, ni deux jours, ni deux heures. Le maréchal de Bellegarde, selon les arrangements convenus, ne devait passer le Mincio que quand les opérations sur la droite du Pô auraient produit de l'effet, en attirant une partie de l'armée ennemie et qu'il n'aurait pas eu toute l'armée ennemie à combattre dans la plus forte position possible.

La vérité est que Murat arrêta les trois bataillons susdits.

Le jour suivant, la division Nugent, *toute seule*, força la Nure après une affaire très chaude, et, le 15, cette même division, encore

35. — Après avoir ratifié l'armistice, le roi quitta l'armée et se retira à Bologne.

36. — Dès que lord Bentinck eût évacué la Toscane, le roi, qui, l'ayant conquise sur l'ennemi, aurait eu le droit d'en garder la possession jusqu'à la paix générale, s'empressa de la rendre au grand-duc le 1ᵉʳ mai. Le 13 du même mois il remit aux troupes autrichiennes les trois Légations, le duché de Parme et tous les pays qu'il avait pris sur l'armée française jusqu'à la rive droite du Pô. Il rendit également au pape tous les Etats que Sa Sainteté possédait avant sa déportation, multipliant ainsi les preuves de son désintéressement et de sa modération.

37. — Enfin le traité de Paris ayant mis un terme à la guerre et le roi, se trouvant comme allié de l'Autriche, en paix avec la France et les puissances coalisées par leur adhésion au traité du 11 janvier et par sa coopération à la cause commune, ne songea plus qu'à cultiver l'amitié de ses puissances et à porter dans l'administration intérieure de son royaume toutes les réformes qui pouvaient améliorer le sort de ses sujets.

38. — Il résulte de cet exposé rapide de faits et de circonstances :

1° Que le roi a rompu avec la France à une époque où cette puissance était encore prépondérante en Italie ;

toute seule, força la position de San-Lazzaro, et enferma l'ennemi dans Plaisance, tandis que son avant-garde, longeant les montagnes, se mit en communication avec les détachements de lord William Bentinck par Tortone. La perte des Autrichiens fut de 5 à 600 hommes, celle des Napolitains tout à fait insignifiante.

Art. 35, 36 et 37 (17, 18 avril). — Dans l'article 36, on parle de nouveau des droits de conquête sur la Toscane et on y cite la générosité du roi en y renonçant. Le ridicule de ces prétentions a déjà été cité plus haut.

Art. 38. — Pour répondre à cette récapitulation, il suffit de résumer ce que l'on vient d'exposer. Il en résulte:

1° Que Murat, après avoir longtemps chancelé et hésité, fit enfin semblant de rompre avec la France lorsqu'elle avait le dessous et que l'armée d'Italie était repoussée depuis la Save jusque derrière l'Adige

2° Qu'il a fait tout ce qui dépendait de lui pour accéder le plus tôt possible à la coalition ;

3° Qu'il a commencé à agir contre la France, avant que le traité signé avec l'Autriche eût été ratifié par elle et sans attendre l'accession des autres puissances :

4° Qu'il a conquis sur l'armée française toute l'Italie méridionale jusqu'au Pô ;

5° Que son armée, s'est battue plusieurs fois avec l'ennemi et qu'elle a perdu beaucoup de monde et que le roi a exposé sa propre personne pour la cause commune ;

et le Pô (7 avril) ;

2° Qu'il a retardé son accession, autant qu'il avait le moindre espoir que Bonaparte pourrait avoir le dessus (7 avril) ;

3° Qu'il a nui considérablement aux opérations des alliés : 1° en s'approchant avant le traité sous un aspect hostile (décembre-janvier) ; 2° Le traité fait, en ne faisant non seulement rien du tout jusqu'à l'arrivée (7 janvier) de la ratification (3 mars), mais en trompant par de fausses promesses, en mettant des entraves aux opérations des troupes de l'empereur et en laissant à l'ennemi le poste important de Guastalla en dos de la division Nugent, lorsque cette division était attaquée de front par une force supérieure au lieu de la combattre loyalement et occuper ainsi une partie des forces ennemies ; 3° en faisant tout aussi peu après la ratification, l'affaire de Reggio ayant eu lieu contre ses ordres positifs ; en empêchant les résultats de cette affaire ; en laissant échapper l'ennemi et ne permettant de le poursuivre que de manière à ne pas l'alarmer et ne pas attirer ses forces. L'ennemi montra le cas qu'il faisait de lui en ne laissant sur la rive droite du Pô qu'une force proportionnée à la division Nugent, comptant ainsi le roi Murat pour rien, comme de raison.

4° Qu'il a profité du dénuement des troupes de l'Italie Inférieure occasionné par les succès des alliés pour occuper le pays sans un coup de fusil, ni la perte d'un homme, l'appelant alors ses conquêtes, accablant ces provinces de toute espèce d'impôts et de vexations et les traitant comme s'il devait lui rester en propriété ;

5° Que son armée avait bonne envie de se battre et c'est avec beaucoup de peine qu'il put l'en empêcher. A l'affaire de Reggio (7 mars), 4 bataillons ont agi, mais contre sa volonté.

6° Que, s'il n'a pu marcher vers des succès décisifs, il faut l'attribuer : 1° au retard inattendu qu'ont éprouvé les ratifications de son traité d'alliance avec l'Autriche ; 2° à la conduite extraordinaire de lord Bentinck : et enfin, 3° aux lenteurs du maréchal de Bellegarde dans ses mouvements ;

7° Que le traité conclu avec l'Autriche est devenu commun aux autres puissances alliées en vertu de la convention existante entre elles et qui portait que l'allié de l'une serait l'allié de toutes les autres ;

8° Que l'Angleterre, outre l'engagement général résultant de cette convention, a accédé particulièrement au traité conclu entre les

Comme on l'a vu plus haut, à l'affaire du Taro (13-14 avril), il y avait trois bataillons, dont un fut engagé, et un escadron de cavalerie était avec la division Nugent. A ces deux affaires près, il n'y a eu que quelques escarmouches où ses troupes ont paru : leurs pertes furent peu considérables et ne se montent pas en tout à 300 tués et blessés. Quelques escadrons et bataillons auraient fait autant que l'armée napolitaine. Mais le mal, que cette soi-disant coopération a occasionné, est incalculable. Il ne faut cependant pas l'attribuer aux troupes qui étaient aussi braves que bien disposées. Le roi Murat n'a pas exposé sa personne et était la plupart du temps à Bologne et toujours à une grande distance ;

6° Que les raisons qu'il donne pour son inaction sont sans fondement et en contradiction avec ce qu'il avance si souvent de sa confiance aveugle dans la loyauté des alliés, car : 1° Si le retard des ratifications était une raison, pourquoi n'a-t-il pas agi quand elles furent arrivées ? Et 2° pourquoi a-t-il pris le commandement pour empêcher les troupes autrichiennes d'agir et pour les tromper au moment du danger ? 3° la conduite de lord William Bentinck (15 mars) n'avait rien d'extraordinaire ; le général n'a pas montré de la confiance en celui qui ne l'avait pas méritée ; 4° ce qu'on attribue au maréchal de Bellegarde retombe sur Murat qui en est la cause (18 mars) ;

7° Que, pour toutes les raisons susdites, le roi Murat n'a pas rempli ses engagements et que, par conséquent, le traité avec l'Autriche est aussi peu obligatoire pour elle que pour les autres puissances ;

8° et 9° Tout ce qui est dit de l'adhésion de l'Angleterre est par cette raison sans fondement ;

cours de Vienne et de Naples, en vertu de la déclaration officielle du 1er avril faite par lord William Bentinck au nom et par ordre du gouvernement anglais;

9° Que le gouvernement anglais a confirmé son adhésion à ce traité par la communication de lord Castlereagh à lord Bentinck, sous les dates des 22 janvier et 3 avril, par l'offre de ce ministre de fournir 15.000 fusils au gouvernement napolitain et par plusieurs déclarations qu'il a faites aux plénipotentiaires du roi près les puissances alliées;

10° Que la Russie non seulement a repris les relations d'amitié qui existaient avant la guerre entre Elle et le royaume de Naples, mais qu'elle a envoyé un plénipotentiaire auprès du roi pour conclure un traité d'alliance qui ne s'effectua pas à cause du changement survenu dans les affaires de la France;

11° Que l'adhésion des puissances coalisées au traité du 11 janvier est évidemment et surabondamment établie, soit par la réponse de leurs ministres aux plénipotentiaires français lors des conférences de Châtillon, soit par la détermination de ces puissances d'inviter le roi de Naples à accéder au traité d'alliance conclu entre elles à Chaumont, le 1er mars 1844 ;

12° Que le roi a donné la preuve la plus convaincante de sa modération en cédant avant la paix générale, la Toscane au grand duc, les Légations et les pays situés sur la rive droite du Pô aux troupes autrichiennes et les Etats romains au pape ;

13° Et qu'enfin le roi, en qualité d'allié de l'Autriche, étant en paix avec la France aux termes du traité de Paris et encore de la déclaration de Louis XVIII portant qu'il se considérait en paix avec toutes les puissances de la chrétienté, il est bien évident que l'existence poli-

10° et 11° On peut dire la même chose de la prétendue adhésion des autres puissances ;

12° et 13° N'ont plus besoin de réfutation.

tique du roi de Naples, qui, avant la guerre, avait été reconnue par toutes les puissances du continent, a été cimentée par son traité d'alliance avec l'Autriche, par l'adhétion à ce traité de la part des autres puissances alliées et surtout de l'Angleterre, par la coopération effective de Sa Majesté, à la cause de la coalition et enfin par le traité de paix signé à Paris le 30 mai 1814.

Il n'est pas hors de propos d'ajouter, qu'outre les droits incontestables sur lesquels repose l'existence politique du roi de Naples, elle trouve sa plus forte garantie dans le vœu général de la nation napolitaine et dans le dévouement et la bravoure éprouvée d'une armée de 80.000 hommes, commandée par un grand capitaine.

ANNEXE LI

(p. 309 et 401)

« Lord William Bentinck au vicomte de Castlereagh

Florence, 7 janvier 1815.

(Texte original en anglais)

Mylord,

« J'ai l'honneur d'accuser réception de la dépêche de Votre Seigneurie, en date du 10 décembre 1814, renfermant un projet confidentiel du duc de Campochiaro avec les observations d'un officier général autrichien et me demandant des renseignements qui puissent aider le gouvernement britannique à apprécier à sa juste valeur la conduite de Murat pendant la dernière campagne. Le message ne m'est parvenu que le... parce qu'il a été retenu à Gênes à cause des vents contraires.

« Il est très difficile pour moi de répondre, comme je le voudrais, à l'ordre de Votre Seigneurie, parce que tous les papiers qui se rapportent à mes négociations avec Murat et à la dernière campagne se trouvent en Angleterre.

Les occasions que j'ai eues d'observer de près la conduite de Murat depuis son retour de Leipzig jusqu'à la fin de la guerre m'ont mis en état, je pense, de me former une idée assez claire de son caractère, de sa politique et de sa bonne foi. Je puis, sans hésiter, affirmer que ses vues et ses principes sont totalement différents de ceux pour lesquels il se présenta et fut agréé comme allié des puissances coalisées ; qu'il n'a pas rempli ses engagements et qu'au contraire sa conduite, quoique neutre et empreinte généralement d'un caractère négatif, fut dans ses résultats beaucoup plus avantageuse à l'ennemi qu'à la cause commune.

« Il est hors de doute que tous les avantages, que l'Autriche et les alliés avaient en vue en s'alliant à Murat, auraient été réalisés s'il s'était franchement et loyalement engagé dans leur cause. Mais sa politique consistait à sauver sa couronne et pour cela il lui fallait être du parti du plus fort. Ses premiers agents me furent adressés immédiatement après la bataille de Leipzig. Il regardait alors la cause de Napoléon comme perdue. Son langage était simple et sincère. Il disait : « Accordez-moi un armistice et je marcherai avec toute mon armée contre les Français. Donnez-moi l'amitié de l'Angleterre et je suis sûr de l'Autriche et du reste du monde. »

« Par la suite, lorsque l'Autriche eût fait alliance avec lui, il s'aperçut de sa propre importance et de l'issue incertaine de la lutte. Il commença alors à concevoir des idées d'agrandissement et en se mettant en possession de toute l'Italie méridionale, il parut penser qu'il pouvait se rendre indépendant, quels que soient les événements de la guerre.

« Il peut être nécessaire de dire ici un mot des conseils qui l'entouraient. Votre Seigneurie sait déjà que le courage de cet officier sur le champ de bataille est aussi remarquable que son indécision et son incertitude dans le Cabinet. Malheureusement pour lui, deux partis, qui se combattaient à sa cour et à son armée, l'un français, l'autre napolitain, travaillèrent sur cette disposition. Le cœur de Murat était pour la France. Dans tout ce qu'il dit de Bonaparte, on aperçoit un sentiment évident de crainte et de respect. Il recherchait avant tout l'estime de l'armée française. Ses correspondants en France se servirent de ce sentiment, exaltèrent continuellement les succès de l'armée française et travaillèrent à le maintenir dans l'alliance avec leur pays. Il craignait, en outre, de perdre ses officiers français et il savait bien qu'ils le quitteraient dès que sa conduite prendrait un caractère net et décisif. Les Napolitains, ses conseillers, l'armée et la nation, étaient tous contre la France et désiraient ardemment l'entrée sincère et réelle de Murat dans la coalition. Ses meilleurs amis critiquaient et regrettaient son irrésolution. Comme je vivais beaucoup avec eux, que je manifestais toujours franchement ma pensée, que je ne cachais jamais les regrets que m'inspirait cette sotte et déplorable alliance, mais qu'une fois la chose faite je proclamais, ce qui avait toujours été mon sentiment, le désir de voir cette alliance produire aux deux partis tous les avantages qu'elle stipulait pour eux, ils parurent me regarder comme un ami. Ils excusaient, aussi bien qu'ils le pouvaient, leur maître, cherchaient à expliquer ses anciens attachements et les rapports auxquels il était difficile de l'arracher. Ils espéraient que je réussirais à l'en détacher. Ces deux partis s'accordaient dans un seul sentiment, celui de l'*Indépendance de l'Italie* et de l'accroissement des pouvoirs et de l'autorité de leur chef. Souvent quand je voulais envisager sa conduite sous le jour le plus favorable, j'ai pensé qu'il n'avait jamais su lui-même de quel côté il se trouvait.

« Une des conditions de l'armistice que j'avais conclu à Naples portait qu'un plan d'opérations secret serait concerté entre les trois corps alliés. A cet effet, le comte de Neipperg me présenta un projet, par lequel les troupes anglo-siciliennes débarqueraient à Livourne, marcheraient par la rivière de Gênes, en tirant leurs subsistances de la Toscane. Les Napolitains devaient agir sur la rive droite et les Autrichiens sur la rive gauche du Pô. Chaque armée devait se maintenir dans les contrées qu'elle occupait. J'acceptai sur-le-champ le projet et j'envoyai le lieutenant-colonel Catinelli avec le comte de Neipperg pour arrêter définitivement le plan d'accord avec le feld-maréchal de Bellegarde et avec Murat. Je retournai en Sicile et, pour prévenir toute perte de temps, j'ordonnai aux troupes de se diriger directement sur Livourne et je donnai rendez-vous au lieutenant-colonel Catinelli à Naples, d'où après mon retour de Palerme, je pris la route de terre pour me rendre à Livourne.

« Dans l'intervalle, l'armée napolitaine avait occupé l'État de Rome et la Toscane. Ayant suivi les traces de cette armée, mes propres observations confirmèrent tout ce qui a été dit dans les *Observations* au sujet de ces premières opérations de l'armée napolitaine et sur la fausse application du terme de *conquête*, dont on s'était si pompeusement servi à cette occasion. La vérité est qu'il y avait partout une intelligence manifeste entre les autorités françaises et napolitaines. Il n'y eut aucun acte d'hostilité exercé ni d'un coté, ni d'un autre. On permettait aux garnisons françaises d'évacuer tranquillement les forteresses et d'aller renforcer l'armée du vice-roi dans le nord de l'Italie. Personne ne croyait que Murat fût en guerre avec la France. Murat ne pouvait rendre à Napoléon un plus grand service qu'en assurant la tranquille réunion de ses troupes dispersées avec la grande armée ; qu'en s'emparant des places pour son compte et en enlevant à la cause des alliés toutes les ressources du midi de l'Italie ; qu'en affaiblissant de moitié les forces qu'il avait promis de mettre en campagne par la prétendue nécessité d'occuper ces contrées conquises. L'occupation n'en mérite pas moins de fixer l'attention. Ici, en vérité, on prit les manières d'un conquérant. Les pays furent occupés, tout comme si l'on avait eu l'intention de les annexer définitivement. On ne parla pas des anciens souverains. Les agents napolitains dans les États de Rome découragèrent ceux qui mettaient en avant l'idée du retour du Pape.

« *Le principe de l'union et de l'indépendance nationales fut universellement proclamé.*

« Je suis aussi d'accord avec les *Observations* en ce qui a trait aux opérations subséquentes de Murat, telles qu'elles sont exposées aux articles 15, 16 et 17. Je passai près de 10 jours avec les corps autrichien et napolitain sous les ordres de Murat. Tous les officiers partageaient la même opinion. L'armée napolitaine était animée d'un excellent esprit. Je me rappelle avoir entendu dire, et je crois à ce dire, quoique je ne puisse pas en fournir la preuve, qu'on était réellement convaincu que le corps du général Nugent avait été sacrifié lors de l'affaire de Parme, et que plusieurs généraux napolitains avaient adressé à Murat une réclamation écrite, dans laquelle ils déploraient la tache qu'il avait imprimée à leur honneur militaire. Si le général Nugent est à Vienne, il pourra sans aucun doute dire ce qui en est.

J'en viens maintenant à l'article 18, qui a trait à ma conduite et aux opérations des troupes anglo-siciliennes et je crois nécessaire de vous demander la permission d'entrer dans quelques détails afin de mieux vous faire connaître les prétextes qu'on y invoque pour excuser les projets et les desseins de Murat.

« J'ai déjà dit que le comte de Neipperg me proposa un plan d'opération que j'agréai sur-le-champ. Comme il me paraissait le seul praticable, je me mis de suite à l'exécuter. J'ai également dit que le comte de Neipperg se rendit avec le lieutenant-colonel Catinelli aux quartiers-généraux de Murat et de Bellegarde pour obtenir leur adhésion. Ils allèrent d'abord à Bologne au quartier-général napolitain. Murat était malade. Il reçut le comte de Neipperg, mais ne voulut pas voir le lieutenant-colonel Catinelli. Cet officier attendit deux jours une audience. Ne voulant pas perdre plus de temps, il se rendit à Vérone, au quartier-général du feld-maréchal Bellegarde, où le comte de Neipperg le rejoignit bientôt après. Le comte de Neipperg déclara qu'il n'avait pas montré le plan de campagne à Murat et, autant que je m'en souviens, il donna pour raison, qu'ayant trouvé Murat de très mauvaise humeur, il avait craint que la proposition de lui enlever une partie de la Toscane ne le disposât à montrer encore moins d'activité. Le comte de Bellegarde, approuva, si je ne me trompe, l'opération sur Gênes, mais passa sous silence, dans sa réponse, la question relative à la Toscane.

« A son retour de Vérone, le lieutenant-colonel Catinelli vit Murat à Bologne et lui exposa tout le plan. Murat fit des difficultés quant à la Toscane; mais il consentit à me remettre Livourne avec un arrondissement, ajoutant que si j'arrivais et que nous puissions conférer ensemble, nous nous entendrions certainement.

« J'arrivai par suite à Livourne deux ou trois jours avant nos troupes.

« Dans l'article 19, on se plaint de ce que l'expédition, au lieu d'aller sur Gênes, s'est dirigée sur Livourne, contrairement à l'avis exprimé par les chefs des deux armées (le comte de Bellegarde et Murat). Un peu plus loin Murat déclare qu'il s'est prononcé en faveur d'un débarquement dans le golfe de la Spezia et se fait un mérite d'avoir offert 10 canons et un régiment de cavalerie pour agir de concert avec l'armée britannique dans la rivière de Gênes.

« Ces plaintes sont faites avec la parfaite connaissance qu'il n'existait des moyens de transport que pour la moitié de l'expédition; qu'à la Spezia il n'y avait pas d'endroit où la première division pût attendre en sécurité l'arrivée de la seconde; qu'il ne s'y trouvait pas de ressources pour nourrir et équiper l'armée; et que, sous tous les rapports, Livourne était l'unique point de débarquement, de réunion et de ravitaillement. Plus Murat hésitait et tardait à agir, plus il éprouvait le besoin de faire montre d'activité et de bonne volonté. C'est pour cela qu'il s'empressait d'offrir un régiment de cavalerie et une batterie pour agir dans un pays où il n'y a pas de grande route, et dans lequel il est absolument impossible de se servir de ces armes. Il eût bien mieux valu employer ces troupes à la grande armée, du côté où il était de son devoir de faire tous les efforts possibles.

« Le même article se plaint de ce que l'on ne combina pas le plan prévu par l'armistice. Il me semble que mes explications ont suffisamment prouvé que ce fait ne saurait m'être imputé.

« Dans ce même ordre d'idées, afin de mieux se faire valoir, et toujours, par suite du même mépris de la vérité, on dit qu'un général napolitain fut envoyé près de moi avec la mission de combiner avec moi un plan d'opérations et que je refusai de m'entendre avec lui. Cet officier se présenta, en effet, et le lendemain je me transportai au quartier-général de Murat pour concerter avec lui nos mouvements ultérieurs. Lorsque, après lui avoir exposé l'impossibilité de laisser entièrement découverts notre point d'embarquement et notre ligne de communication, je lui représentai le grave inconvénient qu'il y aurait à réunir ses troupes et mes Napolitains, le danger qui résulterait d'une discorde certaine et de conflits inévitables, il admit sur-le-champ le bien-fondé de ma remarque.

« Il se plaint aussi d'une proclamation de la Cour de Sicile publiée lors du débarquement des troupes. Cette proclamation était un ordre du jour adressé par le prince héréditaire de Sicile à ses propres troupes. Elle circula à Livourne, sans que j'en eusse connaissance. Je reconnus dans le temps qu'elle était regrettable ; mais l'objection, que j'avais déjà faite contre la réunion des troupes de la même nation, servant sous des drapeaux différents, était une preuve que je n'avais nullement l'intention d'agir sur l'esprit des soldats de Murat. Après cette explication il me semble que le fait n'aurait pas dû être mentionné.

« On dit encore dans la note du duc de Campochiaro que, si Murat n'a pu marcher à des succès plus décisifs, la faute en est : 1° au retard inattendu éprouvé par les ratifications de son traité d'alliance avec l'Autriche ; 2° à la conduite extraordinaire de lord Bentinck.

« Je n'ai rien à dire sur le premier point. Quant au second, dans lequel on fait principalement allusion à ma demande d'occuper la Toscane, ou une partie de ce pays (car j'offris d'en laisser fixer l'étendue par le ministre d'Autriche), je tiens à faire avant tout cette remarque générale, que, si Murat avait été réellement sincère et de bonne foi, la certitude qu'il n'avait pas de pardon à espérer de Bonaparte lui aurait fait accepter avec empressement toute offre d'assistance, et l'aurait décidé à consentir aux plus grands sacrifices pour s'assurer la coopération de la Grande-Bretagne. Cependant, lorsque j'arrivai à Reggio, il refusa de consentir à la cession même de Livourne, qu'il avait offerte au lieutenant-colonel Catinelli. Mais pour faire parade de sa bonne volonté, il proposa : 1° de soumettre la question à la décision de Votre Seigneurie ; mais ce qui était en question, c'étaient la sûreté immédiate et les subsistances de mon armée et c'était là une question dont la solution ne souffrait aucun délai ; 2° de me donner le commandement militaire de la Toscane qu'il administrait ; mais quel avantage pouvais-je tirer du commandement de troupes qui reconnaissaient une autorité supérieure et à combien de difficultés me serais-je exposé, si j'avais voulu intervenir dans l'action de l'administration civile ? Les plaintes des habitants étaient innombrables ; 3° de fournir des vivres à l'armée britannique ; mais pouvais-je confier l'existence de l'armée opérant dans les montagnes de Gênes à un homme dont la mauvaise foi était aussi notoire ? Un tel arrangement aurait-il été compatible avec la dignité du Gouvernement britannique ou conforme aux usages des armées alliées, dont les conquêtes étaient communes et faites en vue du bien général ?

« Je tins naturellement à Murat le langage que sa conduite inexplicable et perfide méritait ; mais je pris le comte de Bellegarde comme arbitre du différend, et, lorsque, dans une deuxième conférence à Bologne, où sir Robert Wilson fut chargé d'agir en mon nom et à laquelle le général russe Balachoff assista, Murat persista dans son refus, je consentis, pour me rendre aux vœux du feld-maréchal Bellegarde, à renoncer à ma prétention et j'exprimai la résolution de quitter sur-le-champ la Toscane et d'agir partout où je croirais pouvoir le faire avec le plus grand avantage.

« Dans les conversations que j'eus avec le feld-maréchal Bellegarde, il exprima sa pleine et entière conviction de la mauvaise foi de Murat. Il reconnut que ma demande était parfaitement raisonnable. Il me dit que l'événement le plus heureux pour les alliés serait le retour de Murat à Naples et que cette proposition devait lui être faite par le comte de Mier ; que les troupes autrichiennes et britanniques agiraient ensemble avec plus d'effet; mais il craignait par-dessus tout que Murat ne se déclarât pour la France et il préféra toute autre alternative à cette déclaration. Je ne fus nullement d'accord avec le feld-maréchal.

Je crois que Murat aurait cédé à nos remontrances énergiques et réunies. J'étais d'avis, du reste, que s'il s'y refusait, il y avait tout avantage à être fixé au plus tôt sur sa mauvaise foi. Il ne nous était pas utile comme ami. Si la fortune nous avait été contraire, il aurait été la cause de notre perte en se tournant contre nous. Il me semblait que la question pouvait et devait être résolue sans faire le moindre tort à nos opérations.

« Du reste, toute la négociation ne tint que dix jours pendant lesquels il ne fut question d'aucun mouvement, et il est clair que ma *conduite extraordinaire* ne put avoir aucune influence sur les résultats de la coopération napolitaine.

« Ma note au duc de Gallo, dont parle le duc de Campochiaro, fut présentée à Bologne après mon retour de Vérone, parce que sir Robert Wilson pensait qu'une déclaration écrite des assurances verbales données par Votre Seigneurie satisferait Murat et le porterait à agir. Autant que je me rappelle, Votre Seigneurie avait ordonné cette communication, que je n'avais pas offerte auparavant parce que je n'avais aucune raison de croire que Murat l'exigerait. J'accompagnai ces assurances d'un examen de la conduite qu'il avait tenue. Je le fis, parce que je vis que les ménagements ne feraient aucune impression sur lui et dans la croyance que, s'il hésitait seulement, une attitude ferme et un langage décidé pourraient le déterminer, enfin dans le but d'établir alors et de développer officiellement les raisons pour lesquelles les alliés pourraient punir son infidélité. J'espérais que cette crainte le ramènerait dans la voie du devoir.

« Votre Seigneurie demande quelle fut la conduite de Murat après la remise de cette note. Comme immédiatement après je m'embarquai pour la rivière de Gênes, j'eus moins de facilité de la connaître; mais d'après ce qui m'est revenu, je n'ai aucun motif pour croire qu'elle ait changé.

« Je n'ai pas dit un mot des communications continuelles qui existaient entre le vice-roi et Murat et dont je fus en partie témoin moi-même.

« J'ai l'honneur, etc. »

ANNEXE LII

(p. 416)

Extraits du *Journal du baron von Hügel*, relatifs aux conférences de Vérone (22-27 mars 1814).

« *Le 22.* — ... Lord William Bentinck est arrivé aujourd'hui de Reggio où il avait été avec le roi de Naples. Il voudra apparemment combiner ses opérations avec le maréchal et tâcher d'avoir une décision décisive et favorable à propos de l'occupation de la Toscane qui lui était assurée dans le plan de campagne combiné avec lui par Neipperg... Mier et Eckhardt intriguent ferme contre Nugent ; le roi de Naples a demandé qu'il fût remplacé par quelque autre général.

« *Le 23.* — Lord William Bentinck a diné chez le maréchal. On avait oublié de faire un logement pour lui ; après on n'en a pas trouvé, tous les logements étant occupés. Il paraît que l'on n'est pas très content de lord William, le plan des Anglais étant de réunir l'Italie en grandes masses. On parle déjà des *Jacobins italiens* et on donne ce titre à ceux qui trouvent que tous les Italiens sont du même peuple... M. le comte de Mier est arrivé venant de Reggio... »

« *Le 24.* — Le maréchal a eu une longue conférence avec Bentinck, Wilson, Mier et Eckhardt. La conduite des Anglais en Toscane est extrèmement louche. Ils paraissent vouloir un état de choses en Italie très contraire à nos intérêts. Le roi de Naples doit ménager des relations avec la France.

« Le prince royal de Sicile a fait paraître une proclamation à son armée et aux pays qui ont appartenu autrefois à sa couronne. Cette pièce n'est nullement écrite dans les vues des puissances continentales... »

« *Le 25.* — Mylord Bentinck avec trois officiers de son état-major, le comte de Mier, le général Eckhardt et par dessus le maréchal et le général Richter se cassent la tête dans force de conférences pour régler un commun plan d'opérations. *Nouvelles Danaïdes, ils n'ont pas pensé que ni le roi de Naples, ni lord Bentinck ont le moindre intérêt à se battre pour nous et d'après la teneur des traités. Ni l'un ni l'autre ne fera la moindre chose.* C'EST L'ITALIE QUI PEUT Y GAGNER ; PEUT-ÊTRE QUE CE PEUPLE VOUDRA ET POURRA SE CONSTITUER EN NATION. L'ALLEMAGNE SUIVRA SON EXEMPLE.

« Le général russe Balachoff est arrivé pour se rendre comme ministre auprès du roi de Naples. C'est lui qui a été chargé en dernier lieu d'une mission en Angleterre ayant pour but, outre l'espionnage politique ordinaire, de sonder l'esprit des habitants pour voir si l'empereur de Russie pourrait paraître avec avantage en Angleterre, projet qu'il a formé depuis longtemps. Balachoff est en même temps membre de la haute et secrète police russe. Il paraît que l'Angleterre n'est pas contente de la Russie sous le rapport de son système politique, par exemple, à cause du traité que Balachoff est chargé de conclure avec Naples d'après les bases du nôtre.

« ... Le roi de Naples paraît être extrèmement mécontent du général Nugent. Eckhardt désirerait avoir le commandement des troupes qui sont avec l'armée napolitaine ; lui et Mier sont liés de l'amitié la plus intime. »

« *Le 26.* — Il y a eu un grand conseil de guerre pour régler définitivement la marche à tenir dans cette guerre vis à vis du roi de Naples et de l'ennemi. Les discussions se sont échauffées, lord William Bentinck ayant embrassé tout à fait le système sicilien. Neipperg a été appelé ; il a dit la vérité à tous ces messieurs, aux Anglais en particulier. Ces derniers veulent un état de choses en Italie tout à fait différent de celui qui a été projeté par les puissances alliées... »

« *Le 29.* — ... J'ai lu les actes des derniers huit jours sur les négociations avec Bentinck et le roi de Naples. On était bien près de rompre avec ce dernier. D'un moment à l'autre cela peut se faire. Nous serons les dupes des Anglais et des Napolitains. Ils ont des vues qui conviennent à une grande partie de la population ; les nôtres ne conviennent à personne et avec cela nous sommes faibles. 100.000 hommes effectifs nous auraient donné toute l'Italie. 100.000 hommes sur le papier nous mettent dans la nécessité de paraître misérables et de quêter des secours de part et d'autre. On joue bien mal le rôle de conquérant quand on n'a pas des forces formidables.

« *Il existe maintenant en Italie un grand nombre de personnes chez lesquelles l'idée d'une nation italienne renfermée dans un seul grand grand état a pris des racines. L'Angleterre et Naples peuvent gagner ce parti : il nous sera toujours contraire. Un autre parti est celui de ceux qui veulen l'ancien : à ceux-là notre marche lente et dénuée d'énergie déplait souverainement. Ce même cas se trouve pour tous les autres partis. Il se trouve donc que le seul parti que nous avons dans le pays est notre armée, et Dieu sait combien ce parti est faible... »*

(*Haus, Hof und Staats-Archiv*, et cité par F. Lemmi, *Un Diario del barone von Hügel*) (en français dans l'original.)

ANNEXE LIII

(p. 436)

Murat, Nugent et l'arrivée du pape Pie VII a Parme

La première pensée de Murat fut, il n'est pas possible d'en douter, de ne pas recevoir le pape.

Le 24 mars à 5 heures de l'après-midi, on avait fait savoir aux avant-postes austro-napolitains que le pape leur serait remis le lendemain matin. Comme le général Van Dedem le constate dans ses *Mémoires*, la réponse des Autrichiens se fit attendre et Pie VII s'en inquiéta. Quant aux causes mêmes de ce retard, causes ignorées du général Van Dedem, elles se trouvent exposées tout au long avec preuves à l'appui dans un ouvrage publié en 1815 et ayant pour titre *Memorie sulla Condotta politica e militare tenuta da Gioacchino Murat*.

On lit, en effet, ce qui suit dans une lettre écrite de Bologne le 9 juillet 1814, par l'auteur anonyme de ces *Mémoires* :

« Le général Nugent avait aussitôt reçu de Murat l'ordre de s'opposer à l'arrivée du pape à Parme et de se conformer en tout cas à la teneur de la lettre confidentielle suivante :

« MONSIEUR LE GÉNÉRAL,

« Sa Majesté ne peut croire que Sa Sainteté se soit mise en route « sans que le roi en ait reçu préalablement l'avis officiel. De toute façon « Sa Majesté m'ordonne de vous faire savoir qu'Elle part pour Bologne « et que, dans le cas où le pape se présenterait à nos avant-postes, on « devrait le retenir, soit sur le Taro, soit à Parme, soit sur le point où « Sa Sainteté se trouverait, jusqu'au moment où vous aurez reçu les « ordres de Sa Majesté, relatifs à la continuation du voyage de Sa « Sainteté, si toutefois Sa Majesté croit devoir l'y autoriser.

« Je vous invite, M. le général, à assurer l'exécution immédiate des « présentes dispositions. »

Le général Nugent passa purement et simplement outre aux ordres de Murat. Non content de recevoir le Saint-Père en grande pompe, il avait fait partir pour Modène, Ferrare et Ravenne des courriers chargés d'y annoncer l'arrivée du pape et d'inviter les populations à célébrer solennellement un aussi heureux événement. Mais ces courriers furent arrêtés sur l'Enza par les postes napolitains, et leurs dépêches remises au général Filangieri qui les envoya au quartier-général du roi à Reggio où l'on eut soin de les garder.

Malgré un second ordre de Murat qui renouvelait la défense de laisser le pape quitter Parme, le général autrichien n'hésita pas à faire savoir au Saint-Père qu'il attendait ses instructions pour tout disposer en vue de la continuation de son voyage. Il n'y avait plus à hésiter, et ce fut à peine si le chambellan de Murat, arrivé, le 27, de grand matin, put être reçu par Pie VII quelques instants avant son départ pour Reggio où, malgré tous les efforts de Carascosa, il ne s'arrêta que quelques heures.

Le général d'Ambrosio qui commandait à Modène, se retranchant devant l'absence d'ordres, refusa à la régence de fournir une garde, et de mettre un poste d'honneur au palais qui allait servir de résidence au Saint-Père pendant la durée de son séjour dans cette ville.

Cf. *Giornale Politico di Roma*, nᵒ 39, de Bologne, 29 mars :

« Le gouvernement français n'avait donné avis de l'arrivée du Pape ni au quartier-général de Sa Majesté le roi de Naples, ni à celui du maréchal comte Bellegarde. »

(*Non era stata fatta alcuna prevenzione per parte della Francia di questo arrivo, ne al quartier-generale di S. M. il Re di Napoli, ne a quello del maresciallo conte di Bellegarde.*)

Voir Rinieri, *Pio VII e Gioacchino Murat.*

ANNEXE LIV

(p. 436)

Documents inédits et détails à l'arrivée du pape Pie VII à Parme,
Reggio et Modène

Le retour du Pape Pie VII en Italie a été un événement si considérable que nous avons cru bien faire en reproduisant ici, non seulement les dépêches du comte de Mier à Metternich et tout ce qui a trait aux avances faites au Saint-Père par Lord William Bentinck, mais encore, outre tout ce que le baron von Hügel a consigné à ce propos dans son Journal, les précieux renseignements recueillis par le P. Ilario Rinieri et qu'on peut retrouver dans ses récents articles parus dans la *Civilta Cattolica* : *Il Congresso di Vienna e la Santa Sede*, et *Pio VII e Gioacchino Murat*.

Arrivé à Parme le 13 février, Pie VII y avait reçu le 17 mars la visite du marquis Brignole, le nouveau préfet de Montenotte, celui que le pape avait pris l'habitude d'appeler : *Il mio buon carceriere*.

« Votre Sainteté est libre et peut partir dès demain matin », lui annonça le préfet.

« Demain, non, répondit le Saint Père, c'est la fête de Notre-Dame de la Miséricorde et je tiens à célébrer la messe dans votre cathédrale. »

Et ce ne fut en effet que le 19 mars que Pie VII quitta Parme et le 23 mars que, après avoir dépassé les avant-postes français, il fut remis aux Austro-Napolitains près de Fiorenzuola.

D'autre part, d'après les renseignements les plus nouveaux parvenus au R. P. Ilario Rinieri le pape aurait été remis aux Austro-Napolitains, non pas le 23 mars à Fiorenzuola, mais, le lendemain 24, au château de Landi (paroisse d'Alseno)[1].

Parlant dans son travail intitulé : « *Pio VII e Gioacchino Murat* » de la réception enthousiaste faite au Pape à Parme, Reggio, Modène et Bologne, le P. Rinieri enregistre, d'après le *Giornale Politico di Roma* (n° 39), la venue à Parme du premier chambellan de Murat, puis d'après le même journal (n° 40, de Modène 27 mars) la visite que fit dans cette ville, le 27 mars, au Saint-Père le duc de Gallo, envoyé par son souverain et qui s'entretint longuement avec le Souverain Pontife (*A Modena, dove, Pio VII entro a 27 del mese fu visitato dal duca di Gallo « in nome del suo sovrano » ; si è trattennuto lungamente col Summo Pontefice.*)

Le *Journal du baron von Hügel* nous apporte, lui aussi, toute une série de renseignements qui jettent un jour bien curieux sur la situation.

« *Le 27*. — Il se confirme que le pape est arrivé à Parme où il a été reçu avec enthousiasme. Le roi de Naples a envoyé de suite pour le faire complimenter. Ce dernier ne peut pas être trop content de ce retour qui le prive de la plupart des pays qu'il a occupés comme base de ses opérations. *Le maréchal n'a pu se décider d'envoyer quelqu'un pour complimenter le pape*, le gagner pour nos intérêts, rapporter les démarches et les menées des gouvernements alliés. Par-là, nous perdons un bien joli moment et nous nous privons de beaucoup de ressources. *Si nous savons tirer parti de lui et de son crédit, l'Italie n'aura pas d'autres lois que celles que nous lui dicterons. Mais avec de l'hésitation et des irrésolutions, il est impossible de conduire les affaires*, mais

---

1. P. I. Rinieri, *Missione a Parigi di Monsignor della Genga e del Cardinal Consalvi* (*Maggio* 1841).

bien de se laisser entraîner par elles et être fermé par ceux qui ont une volonté ferme.

« *Le 29.* — Le pape a été reçu à Parme avec les honneurs dus à son rang. Le maréchal a demandé qu'on envoyât d'abord quelqu'un pour ne pas perdre le premier moment favorable... »

Le 31. — Il est bien singulier qu'on n'aie fait rien pour célébrer le retour du pape dans ses États après une si longue et si dure détention. On aurait dû tirer le canon, rendre des actions de grâces, etc. Mais comme nous ne paraissons prendre aucun intérêt à cet événement important, il est sûr que nous n'en recueillerons pas les fruits. »

ANNEXE LV

(p. 460)

Dépêche du comte de Mier au prince de Metternich (Bologne 6 avril 1814)

*Mémoire remis par le duc de Campachiero au prince de Metternich
et au vicomte Castlereagh.*

Dépêche de lord Castlereagh à lord William Bentinck (Dijon, 2 et 3 avril 1814).

En transmettant quelques jours plus tard à son gouvernement (*Haus, Hof und Staats-Archiv*, P. S. ad n° 13, comte de Mier au prince de Metternich, Bologne 6 avril 1814), la note remise par Bentinck au duc de Gallo, Mier appréciait en ces termes la conduite et l'attitude de Bentinck :

« Cette pièce est propre à vous donner une idée du caractère et des intentions de l'homme qui l'a écrite. C'est un ennemi irréconciliable du roi Joachim. Il fera tout pour le perdre. Ses émissaires continuent de faire travailler l'esprit public dans le royaume de Naples. Il protège, autant qu'il le peut, la désertion des troupes napolitaines. Il a déclaré qu'il fera l'impossible pour brouiller le roi avec l'Angleterre et continue de le menacer de le chasser de la Toscane. Je crains que le roi ne perde à la fin patience et ne se porte à quelque démarche compromettante. Avec bien de la peine nous sommes parvenus à calmer la fureur de Sa Majesté provoquée par la déclaration sus-mentionnée et l'engager de l'apprécier à sa juste valeur... »

Très inquiet, en somme, et redoutant un éclat qu'il voulait éviter à tout prix, Mier ne craignait pas d'aller plus loin encore et de laisser entrevoir que le mieux serait de rappeler Bentinck :

« Que Votre Altesse daigne rendre le gouvernement anglais attentif sur la conduite inconcevable et très dangereuse pour l'Italie de lord William Bentinck. Il fomente un esprit d'insurrection parmi les habitants, *prêche la réunion des Italiens sous un seul chef* et leur fait promettre une constitution basée sur celle de l'Angleterre. »

Parlant ensuite de ses relations suivies avec les *Carbonari*, il ajoute :

« Tout cela peut avoir les suites les plus funestes, si l'on n'y porte remède et je crois que c'est principalement à l'*Autriche de s'en mêler*, *qui sera la puissance prépondérante en l'Italie.* »

La question des rapports de Bentinck avec Murat et même avec Bellegarde est si grave et à la fois si délicate, l'attitude du général anglais est si exceptionnelle et si anormale que nous avons cru nécessaire d'essayer de faire plus complètement la lumière en ayant une fois de plus recours aux dépêches de lord Castlereagh. Afin d'éclairer plus complètement la situation, nous ne les mettrons toutefois sous les yeux du lecteur qu'après avoir reproduit le *Mémoire* (en français) que le duc de Campochiaro avait présenté au prince de Metternich et au vicomte Castle reagh, *Mémoire* dans lequel Murat justifiait sa conduite et se plaignait vivement des procédés de lord William Bentinck.

Mémoire remis par le duc de Campochiero au prince de Metternich
et au vicomte Castlereagh

« Dès le 8 janvier de cette année, un traité d'alliance a été stipulé à Naples entre Sa Majesté le roi de Naples et Sa Majesté l'empereur d'Autriche, par lequel il est promis entre autres au roi l'accession des autres puissances alliées et la médiation pour la paix avec la Grande-Bretagne. Cette négociation n'éprouva aucune difficulté et Sa Majesté le roi y consentit d'autant plus facilement que Son Excellence le prince de Metternich, *dès le* 28 *octobre* 1813, avait fait assurer la Cour napolitaine par son ministre, M. le comte de Mier, que lord Aberdeen se trouvait muni de hauts pouvoirs *ad hoc*, ainsi que de la renonciation formelle du roi Ferdinand de Sicile au royaume de Naples. Ces mêmes assurances furent confirmées par M. le comte de Neipperg, ministre négociateur à Naples, disant que : « au moment de son départ du quartier-général pour sa mission, ces mêmes pouvoirs avaient été expédiés à lord Bentinck en Sicile. »

« Ce traité signé sur la bonne foi des promesses, le roi mit en mouvement son armée, proclamant l'objet de la défense de ses Etats et de l'Italie.

« Lorsque le roi s'attendait à la négociation du traité de paix avec l'Angleterre, lord William Bentinck déclara qu'il n'en avait pas les pouvoirs et il fut conclu un simple traité d'armistice ; et quand le roi croyait que les ratifications du traité avec la Cour d'Autriche devaient arriver, le ministre Autrichien lui présenta un autre traité, n'ayant pas voulu ratifier le premier, qui avait été cependant rédigé d'après les pleins pouvoir donnés à M. le comte de Neipperg et par son parfait agrément.

« Sur ces entrefaites, Sa Majesté le roi ne s'était pas arrêté dans la marche de ses opérations militaires contre la France et Sa Majesté signa le second traité, rédigé selon le désir de Sa Majesté l'empereur d'Autriche, sans en ôter une seule phrase, après qu'Elle avait déjà changé le Gouvernement Impérial à Rome, bloqué les châteaux Saint-Ange et de Civita-Vecchia, occupé la ville et les forts d'Ancône, moins la citadelle et fait marcher ses troupes sur la Toscane et Bologne.

« Ce traité, qui a eu pour but la cause générale de l'Europe, pareil à d'autres que les puissances coalisées ont reconnu comme faisant partie intégrale de la cause commune, devait aussi avoir les mêmes résultats. Mais des observations pour les formes à suivre de la part de l'Angleterre et des délais de la part des autres puissances ont changé tout à fait la position du roi sur la garantie qu'il devait attendre pour ses propres États et ont fait disparaître ces pleins pouvoirs annoncés et la renonciation du roi Ferdinand. Cependant Sa Majesté, s'abandonnant entièrement aux sentiments personnels de Sa Majesté l'empereur d'Autriche et à la loyauté du Gouvernement britannique, n'a jamais détourné d'un seul instant la suite de ses opérations politiques et militaires dans le strict sens de ses engagements. Elle devait être convaincue qu'il était impossible de faire partie de la coalition sans réciprocité en sa faveur.

« S'il s'est élevé quelques questions au sujet des opérations des armées d'Italie, cela ne se doit considérer que de pure et simple différence d'opinion militaire qui a été justifiée par les faits. Le roi, en deux mois de temps, s'est emparé d'un fort à Terracine, du fort Saint-Ange, de Civitta-Vecchia, de tous les forts d'Ancône et de Livourne. Il a battu l'ennemi à Reggio et fait une diversion telle que, si le maréchal Bellegarde avait voulu passer le Mincio, l'affaiblissement de l'armée du vice-roi sur ce point n'aurait jamais pu l'être davantage qu'en ce moment et par les manœuvres du roi. A tout cela une circonstance s'en est suivie qui faisait espérer à Sa Majesté l'accomplissement de ses vœux, celle de la réunion de ses troupes avec les troupes anglaises commandées par lord William Bentinck. Cette circonstance même vient de mettre le comble à cet enchaînement de faits malheureux qui ne peuvent inspirer au roi une confiance proportionnée à sa conduite et au système politique auquel il s'est entièrement abandonné.

Lord William Bentinck expédia son chef d'état-major le colonel Catinelli au maréchal Bellegarde, pour concerter avec lui les opérations des deux armées. Le maréchal voulait que les troupes anglaises eussent opéré sur le territoire de Gênes et lord Bentinck voulait s'emparer de la Toscane, montrant une convention stipulée avec le comte Neipperg par laquelle il devait occuper la Toscane.

« Cette convention était ignorée par le roi ; cette convention était contre l'article 4 de l'armistice signé par lord Bentinck même, où il est dit que les opérations des armées doivent se concerter de commun accord entre les généraux des trois puissances ; et cette convention enfin se rendit inutile, puisque la Toscane fut entièrement conquise par les troupes napolitaines. Aussi le maréchal Bellegarde ne se désista pas de son opinion et il confirma de faire opérer l'armée anglaise sur Gênes.

Le colonel Catinelli, qui n'avait pu persuader le maréchal Bellegarde au retour de sa mission, fit observer à Sa Majesté le roi à Bologne qu'il lui aurait été difficile, et même impossible, d'exécuter un débarquement à la Spezia à cause des forts qui défendent le port et des difficultés que la saison opposait au mouillage. Le roi proposa de faire attaquer les forts par ses troupes du côté de terre ; mais, comme la question de la saison aurait subsisté toujours, il dit au colonel Catinelli, que l'armée pouvait débarquer à Livourne et se porter sur le territoire de Gênes, lui offrant un supplément de ses troupes pour l'expédition. Ce fut alors que le colonel Catinelli pour la première fois apprit à Sa Majesté la convention sur la Toscane, faite avec le comte de Neipperg. Le roi en fut surpris et il déclara ne pas la reconnaître.

Cependant Sa Majesté, ne voulant pas arrêter pour cela les progrès des armées alliées, invita le colonel Catinelli à faire débarquer les troupes anglaises à Livourne. Elle lui assura qu'Elle en avait besoin, pendant que Sa Majesté ne doutait pas de pouvoir se mettre immédiatement d'accord avec lord William Bentinck.

« Toutes ses dispositions amicales, et tendant à parvenir au but de l'alliance, malheureusement n'ont pas répondu à ce que le roi devait attendre. A peine les troupes anglaises eurent débarqué que la Toscane a été inondée de proclamations : l'une au nom de lord Bentinck adressée aux Italiens et l'autre par le prince vicaire général en Sicile aux troupes sciliennes qui font partie du débarquement. Les expressions de la première promettaient la réunion et la régénération, portant pour exemplaire la constitution de la Sicile, qui l'a fait sortir de l'esclavage. Dès que les puissances alliées proclament ces principes aux Italiens, pourquoi le roi ne pourrait-il pas en faire autant? Pour la seconde, il est impossible au roi de se croire garanti pour ses Etats, lorsqu'une armée, sous les ordres d'un général ami, est en même temps dirigée pour conquérir le royaume qu'il possède. Le roi, qui croyait et désirait se mettre d'accord avec lord William Bentinck et qui se félicitait de réunir ses armes à celles de la Grande-Bretagne, non seulement pour pousser les opérations militaires avec plus de vigueur, mais encore pour finaliser et établir ses rapports politiques avec la Cour de Londres, se voit dans un état d'hostilité avec lord William Bentinck, malgré tous ses efforts pour l'éviter et tous les moyens qu'il a proposés pour concilier les idées respectives.

« Tout raisonnement a été inutile. Lord Bentinck veut le Gouvernement de la Toscane, de cette Toscane qui a été conquise par les armées napolitaines et pour laquelle le roi, ne reconnaissant aucune convention préalable à laquelle Sa Majesté ait accédé, et n'ayant pas lui-même installé le Gouvernement du grand-duc, ne peut céder à cette prétention sans offenser sa dignité.

« Le roi a offert à lord William Bentinck le commandement militaire de la Toscane, mettant ses troupes sous ses ordres. Il lui a offert de tracer une ligne militaire d'opérations, enfin de porter la question à la décision de lord Castlereagh. Toutes ces propositions ont été refusées, et lord Bentinck a menacé de chasser les Napolitains de la Toscane ainsi que de renouveler la guerre entre les deux puissances.

« Sa Majesté, forte de sa raison et de sa conduite loyale, n'accédera jamais à aucune transaction qui blesse la dignité de son caractère. »

Lord Castlereagh à lord William Bentinck

Dijon, 30 mars 1814.

« MYLORD,

« Cette instruction sera remise à Votre Seigneurie par un courrier du prince de Metternich. Je me propose d'envoyer dans un jour ou deux par un messager anglais une instruction militaire que j'ai reçue de lord Bathurst pour Votre Seigneurie. Mais, comme la dépêche de Votre Seigneurie est fondée sur les suppositions que les opérations sont beaucoup plus avancées en Italie qu'elles ne le sont, le délai de quelques jours que cette communication éprouvera ne saurait rien préjudicier.

« Je ne puis dissimuler à Votre Seigneurie mon mécontentement de ce que la grande supériorité de forces, que les alliés ont sur le maréchal Beauharnais, n'a pas produit plutôt les résultats que, pour l'honneur des puissances et les objets ultérieurs de la guerre, nous sommes autorisés à attendre de moyens si amples et si étendus. Dans l'entrevue que Votre Seigneurie aura avec le feld-maréchal Bellegarde et avec Murat, vous ne leur cacherez pas que tels sont les sentiments du Gouvernement britannique. Vous leur direz que nous les adjurons de réunir leurs efforts et de ne pas souffrir plus longtemps que leurs grandes et imposantes armées soient paralysées par un ennemi qui leur est si inférieur en forces.

« Comme le grand objet est de cimenter l'union et de mettre de côté toute autre considération secondaire, je dois signifier à Votre Seigneurie la volonté du prince régent. Son Altesse Royale veut qu'en vous prêtant à telle mesure qui puisse tendre à combiner l'action des armées alliées, vous fassiez tous les efforts possibles pour arriver à la prompte expulsion de l'ennemi hors de l'Italie.

« A cet effet vous aurez à vous conformer entièrement aux vues du feld-maréchal Bellegarde *et à régler en même temps votre conduite envers Murat sur des principes de cordialité et de confiance. Et pour le mieux marquer, pour montrer publiquement le désir de notre Gouvernement d'unir efficacement ses armes avec les siennes, Votre Seigneurie choisira un officier d'un rang convenable et distingué par ses qualités militaires pour l'attacher au quartier-général napolitain.* Votre Seigneurie lui ordonnera de correspondre directement avec moi et avec votre Seigneurie, ainsi que sir Robert Wilson le fait actuellement.

« Votre Seigneurie connaît le vif intérêt que le prince régent prend à la restauration du roi de Sardaigne et du grand-duc de Toscane dans leurs anciens Etats. Vous leur donnerez à tous deux aide et assistance. Mais vous aurez grand soin de vous abstenir d'encourager quelque mesure qui serait de nature à compromettre votre Cour ou les alliés quant à la disposition finale et définitive de quelque autre territoire dans le nord de l'Italie, dont la destination doit être discutée et réglée lors de la paix. »

Lord Castlereagh, *Correspondence, Despatches and other Papers*, IX, 409-410.

Lord Castlereagh à lord William Bentinck

Dijon, 3 avril 1814.

« Mon Cher lord,

« Je regrette comme vous, les complications qui se sont produites, mais il s'agit d'agir pour le mieux. Si je pense comme vous qu'il nous est impossible de laisser Murat poursuivre la réalisation de ses projets d'agrandissement, je ne saurais pour cela approuver les moyens que vous proposez pour arriver à la solution de la question. Ce n'est ni par une lutte qui s'engagerait en Toscane entre l'influence anglaise et l'influence napolitaine, ni en laissant l'Autriche aux prises avec les prétentions de Murat, qu'on arrivera à un résultat satisfaisant. C'est, au contraire en défendant nettement un système rationnel et raisonnable, et en établissant en faveur des alliés un courant tellement fort, que Murat lui-même sera *entraîné* par ce courant. Quand il vous a offert d'occuper militairement la Toscane, je crois qu'il était difficile d'exiger, comme vous l'avez fait, l'abandon des pouvoirs civils, et de faire de la remise de ses pouvoirs entre vos mains une condition *sine quâ non*. La restauration de l'archiduc est le seul et le véritable remède à tous ces maux. C'est le point sur lequel il convient d'insister, et c'est aussi la pierre de touche qui permettra de voir clair dans le jeu de Murat.

« Nos affaires marchent à merveille en France, et cela peut vous être d'une grande utilité. Mais tant que Bonaparte est encore empereur, tant qu'il a entre les mains les forteresses de la moitié de l'Europe, il nous est impossible de faire la moindre concession. Tâchez donc de décider le sort de l'Italie le plus promptement possible. Ce n'est que par l'Italie que passe la seule ligne naturelle d'opérations qui vous permette d'opérer votre jonction avec lord Wellington. Des opérations sur le littoral ou des descentes dans des îles sont maintenant absolument secondaires. Il s'agit de frapper au cœur.

« Si vous vous mettez l'Italie à dos, vous aurez fait beaucoup de mal à une cause à laquelle vous devriez faire beaucoup de bien. On reprochera à notre Gouvernement d'avoir tout sacrifié à notre politique sicilienne et d'avoir travaillé à dissoudre par des voies indirectes une alliance que nous n'avons pas osé rompre ouvertement. Je ne crois pas avoir besoin de vous en dire davantage. *Rien ne s'oppose à ce que vous demandiez un congé.*

« *P.-S.* — Comme il me semble nécessaire de faire connaître à Votre Seigneurie les sentiments du ministre d'Autriche, je vous communique, mais tout à fait confidentiellement, la lettre que le prince de Metternich a écrite à Bellegarde. Je sais qu'elle ne saurait être de votre goût, puisqu'elle est pleine d'observations faites très franchement et qu'elle est conçue dans un sens tout autre que si elle avait été destinée à être mise sous vos yeux. »

Lord Castlereagh, *Correspondence, Despatches and other Papers*, IX, 427-428.

Lord Castlereagh à lord William Bentinck

Dijon, 3 avril 1814.

« Mon cher lord,

« Les pièces que j'annexe à cette dépêche et qui m'ont été adressées par lord Liverpool feront connaître à Votre Seigneurie les conséquences fâcheuses des insinuations confidentielles que Votre Seigneurie a faites au mois de décembre dernier au prince héréditaire (de Sicile). Elles vous convaincront des inconvénients que présentent des communications de ce genre, faites à des personnages portés par leur caractère à la défiance et à l'intrigue. Elles vous prouveront combien il est dangereux de se laisser aller à des insinuations que non seulement vous n'étiez pas autorisé à faire, mais qui de plus sont en complet désaccord avec les engagements actuels de votre Cour.

« Lorsque M. Graham m'a fait part à Châtillon des dispositions de Votre Seigneurie, lorsqu'il m'adressa un peu plus tard son memorandum sur ce même sujet, lorsque j'examinai le tout, en me plaçant même au point de vue adopté par Votre Seigneurie, j'ai, en raison même de l'entente conclue avec Murat, prêté trop peu d'attention à ce point, et, absorbé par mes nombreuses occupations, c'est hier seulement que j'ai lu le mémoire de M. Graham. Il est, par suite, absolument indispensable que Votre Seigneurie fasse comprendre au prince héréditaire, bien qu'il soit extrêmement difficile de distinguer les actes officiels des actes personnels d'un personnage occupant de hautes fonctions, que votre gouvernement n'a jamais eu connaissance de ces insinuations, qu'il ne les a jamais approuvées, enfin que Son Altesse Royale n'a cessé de condamner le caractère de cette insinuation et l'interprétation qui lui a été donnée, et qui a permis de croire qu'elle a été faite avec sa sanction et qu'elle a pu être considérée comme une communication officielle de la cour de Londres. »

(Lord Castlereagh, *Correspondence, Despatches and other Papers*, IX, 429.)

Lord Castlereagh à lord William Bentinck

Dijon, 3 avril 1814.

« Comme plusieurs courriers ont été interceptés dans ces derniers temps, je vous envoie par duplicata ma dépêche du 30 dernier, ainsi que l'instruction du comte Bathurst dont il y est question.

« Votre Seigneurie s'apercevra que l'objet de la première est d'accélérer les résultats qui pourront vous mettre en état d'exécuter l'important objet visé par la seconde, savoir : concentrer au cœur même de la France et sous le commandement du feld-maréchal marquis de Wellington toutes les forces disponibles de la Grande-Bretagne qui sont employées du côté de la Péninsule et de la Méditerranée.

« Pour donner à la campagne d'Italie un résultat prompt et heureux, il est essentiel que Votre Seigneurie ne considère ses troupes que comme auxiliaires et que vous vous conformiez, autant que le permettra le salut de votre armée, aux vues et aux désirs du général en chef autrichien. C'est par lui que Votre Seigneurie apprendra le mieux à connaître les intentions des alliés, y compris celles de votre gouvernement. Si Votre Seigneurie trouvait quelque difficulté à remplir ce service, difficulté qui pourrait provenir de ce que Votre Seigneurie regarderait comme contraire aux vrais principes de l'alliance la conduite *du maréchal Murat* ou de quelques autres membres de la confédération, Votre Seigneurie en référera au général autrichien, en évitant autant que possible toute discussion séparée, qui pourrait être nuisible à l'union générale et à la subordination qui doit être l'âme de l'ensemble.

« Tant que la cour de Naples était hostile et que la tranquillité intérieure de Naples n'était pas assurée, les instructions militaires de Votre Seigneurie, si ma mémoire ne me trompe pas, restreignaient vos opérations aux parties de la côte d'Italie qui pouvaient faciliter le retour de vos forces en Sicile, si votre présence en cette île était nécessaire.

« Le changement de circonstances, intervenu depuis lors, qui est clairement exprimé dans la dépêche, que je vous envoie maintenant, du comte Bathurst, paraît n'assigner d'autres bornes aux mouvements de Votre Seigneurie, que celles que les besoins militaires du moment suggéreront. Et, m'en rapportant toutefois au meilleur jugement de Votre Seigneurie et du feld-maréchal Bellegarde, je n'hésite pas à déclarer que je suis d'avis, qu'aussi bien afin de développer complètement les opérations actives des alliés contre le vice-roi, que pour assurer au général autrichien cette prépondérance qu'il est à désirer qu'il possède, le corps de Votre Seigneurie ne peut pas être plus avantageusement employé *que s'il est entièrement incorporé dans l'armée napolitaine*, et en créant ainsi sur la rive droite du Pô une force qui pourrait prendre l'offensive, sans égard à des combinaisons lointaines et compliquées. Cette marche des opérations approchera le plus sûrement et le plus promptement Votre Seigneurie des défilés de la France méridionale, par lesquels vous pourrez seul, ou probablement réuni avec une partie de l'armée du feld-maréchal Bellegarde, effectuer votre jonction avec lord Wellington, en exécution de l'ordre que je vous envoie ci-joint.

« Votre Seigneurie remarquera, rien qu'à la lecture des documents ci-joints, combien les alarmes et les soupçons ont empêché tout mouvement utile, toute coopération efficace. Il est hors de doute que des deux côtés on a commis des fautes; mais il ne faut pas désespérer de s'en corriger. Plusieurs de ces fautes sont peut-être la suite d'anciennes combinaisons; d'autres proviennent de jalousies qui résultent naturellement du caractère et des relations particulières des partis, d'autres sont la conséquence de l'esprit d'agrandissement et des spéculations politiques. Mais ces jalousies doivent être vigoureusement réprimées. J'espère aussi qu'on les a beaucoup exagérées; car, s'il en était autrement, ce ne serait pas pour un concert militaire, mais pour une guerre entre nous-mêmes qu'il faudrait nous préparer, et, si les puissances ne peuvent pas se placer l'une envers l'autre sur le terrain des relations non seulement amicales, mais même de confiance réciproque, elles arriveraient à créer le mal qu'elles doivent éviter.

« Quant à la question qui s'est élevée entre Votre Seigneurie et le maréchal Murat par rapport à la Toscane, je ne suis pas en état de me former une opinion sur ce sujet, vu que je suis sans rapport de vous. Je ne sache pas du reste que le prince de Metternich ait connaissance des articles de la convention qui a été signée par vous et le comte de Neipperg.

« Je conçois facilement que Murat aspirera, aussi longtemps qu'il sera possible, à la jouissance des ressources d'un pays si riche, sans que, pour cela, il pense peut-être à se l'approprier. Ce sont cependant des indices suffisants, qui prouvent qu'à de certains moments il a eu des vues plus vastes sur la Toscane et même sur toute l'Italie, au sud du Pô. Il déclare maintenant, il est vrai, qu'il est prêt à remettre le pays à son ancien souverain. C'est, à mon avis, le seul remède efficace et juste qu'on puisse apporter au mal qui existe, puisque les ressources du pays seront alors administrées par ceux qui seront intéressés à les conserver. Les troupes britanniques et napolitaines s'assureront ainsi les lignes importantes de leurs opérations militaires par le moyen d'un souverain ami, sur le territoire duquel elles sont toutes deux reçues comme alliées.

« J'espère qu'avant que cette dépêche sera parvenue à Votre Seigneurie, le feld-maréchal Bellegarde aura, en exécution des ordres qui lui ont été envoyés, pris les mesures nécessaires pour établir en Toscane l'autorité du grand-duc. Mais ce n'est pas là le seul mal qu'il est essentiel de faire cesser et sur lequel l'attention de Votre Seigneurie doit être fixée.

C'est en vain qu'on espérera de la part de Murat un concours utile, aussi longtemps que durera (comme il est en droit de le croire, d'accord avec le gouvernement britannique) un système qui constituera une véritable menace par rapport à ses droits sur Naples. L'ordre du jour ci-joint adressé, à ce qu'il paraît, par le prince héréditaire de Sicile à ses troupes qui se trouvent actuellement sous les ordres de Votre Seigneurie suffit à lui seul pour faire évanouir toutes les espérances d'avantages pour la cause générale que les alliés avaient conçues en formant une liaison avec Murat.

« Je désire [1] que Votre Seigneurie me rende compte *de suite*, afin d'en informer le prince régent et les alliés, des circonstances dans lesquelles cet acte (l'ordre du jour du prince héréditaire de Sicile) a été fait et, de plus, si Votre Seigneurie a adopté quelques mesures pour le désavouer au nom de votre Cour.

« Que si le roi de Sicile veuille renoncer à ses droits sur la couronne de Naples [2] ou qu'il ne le veuille pas, cela dépend de lui, puisqu'il est

---

1. *Haus, Hof und Staats-Archiv*. Toute la partie de cette note que lord Castlereagh adressa à lord William Bentinck de Dijon, le 3 avril 1814, depuis les mots : *Je désire que Votre Seigneurie* jusqu'à la fin du paragraphe, se terminant par « *avec le Gouvernement silicien ainsi qu'avec le... Murat* », fut reproduite plus tard dans l'annexe 5 aux pièces remises par le duc de Campochiaro au prince de Metternich le 6 septembre 1814 (*Mémoire historique sur la conduite politique et militaire de Sa Majesté le roi de Naples depuis la bataille de Leipzig jusqu'à la paix de Paris du 30 mai 1814*).

2. Lord Castlereagh savait, d'ailleurs, que Ferdinand n'avait pas renoncé à ses droits sur Naples, puisque, le 12 mars, Ruffo avait fait parvenir à Metternich une note à cet effet. Le roi de Sicile, profondément attristé du traité signé avec Murat, protestait d'autant plus vivement contre l'atteinte portée à ses droits légitimes que, dans sa proclamation et dans quantité de pièces publiées, Bellegarde avait déclaré que le Piémont, Modène, la Toscane et Rome seraient rendus à leurs souverains légitimes. Ferdinand avait par suite déclaré, une fois de plus, qu'il n'avait jamais renoncé à ses droits sur Naples, qu'il n'y renoncerait jamais et qu'il refusait toute proposition d'indemnité.

(Cf. *Haus, Hof und Staats-Archiv*. Commandeur Ruffo au prince de Metternich ; Vienne, 12 mars 1814). Quelques jours plus tard (*Ibidem* ; Vienne, 25 mars), afin d'augmenter la valeur de cette note, la reine Caroline avait écrit à l'empereur d'Autriche pour le prier de défendre les intérêts et les droits de sa famille.

un souverain indépendant. Mais il est impossible à Sa Majesté de soutenir ses droits par des moyens en contradiction et au préjudice des vues des alliés, ainsi que de faire valoir des prétentions relatives, soit à la réoccupation de ses domaines napolitains, soit à la concession d'une indemnité. Il est vrai que Sa Majesté britannique n'a contracté jusqu'à cette heure aucun engagement avec la personne qui gouverne actuellement à Naples, tant par délicatesse que par attention pour l'intérêt de Sa Majesté le roi de Sicile.

« *Le gouvernement britannique a cependant, sans engagement absolu, déclaré son intention de vouloir faire marcher de front son traité avec Murat avec un arrangement qui pourrait convenir au roi de Sicile. Mais Sa Majesté Sicilienne ne pourrait trouver bon de le contrarier dans ses intentions généreuses et amicales. Ayant admis par son armistice les principes du traité Autrichien avec Murat, il se considérerait comme dégagé de toute espèce de condescendance et se croirait même forcé de former immédiatement un traité avec Murat au profit de la cause commune et pour le protéger contre les dissensions que l'imprudente conduite de la Cour de Palerme doit produire forcément.*

« *Votre Seigneurie ne perdra pas de temps à faire à cet égard une communication officielle au Gouvernement Sicilien* et je dois même signifier à Votre Seigneurie que c'est *la volonté formelle du prince régent* : que Votre Seigneurie prenne *immédiatement* ses mesures *pour renvoyer les troupes siciliennes en Sicile*, dans le cas que leur emploi sur le continent produirait une impression incompatible avec le système des alliés en Italie, extrémité, du reste, à laquelle je me flatte que Votre Seigneurie n'aura pas besoin de recourir après avoir usé les explications nécessaires avec le Gouvernement Sicilien ainsi qu'avec le..... Murat.

« Il y a encore un objet sur lequel je crois nécessaire de vous dire quelques mots ; non pas que j'aie le moindre doute au sujet de la conduite de Votre Seigneurie, conduite, que Votre Seigneurie conformera j'en suis certain, au système actuel de notre Gouvernement. Mais, comme à une époque antérieure, Votre Seigneurie a, avec raison et par suite des ordres qu'elle avait reçus, fortement soutenu le seul système qui, avant la renaissance du continent, offrait la possibilité d'ébranler la puissance de la France, il est absolument nécessaire, maintenant qu'un autre système d'un meilleur ordre de choses a prévalu, de se mettre en garde contre tout acte, contre toute expression qui pourrait faire naître la supposition que, soit Votre Seigneurie, soit votre Cour fût mue par *une arrière-pensée* qui serait contraire aux arrangements agréés par les grandes puissances européennes.

« Dans la proclamation de Votre Seigneurie [1], il se trouve peut-être une ou deux expressions qui, prises séparément, pourraient faire naître l'idée que nos vues sur la délivrance de l'Italie s'étendent à la forme du gouvernement aussi bien qu'à l'expulsion des Français. Cependant en examinant le but général de cette proclamation, en rapprochant surtout son commencement et sa fin, je ne puis approuver

---

1. Lord Castlereagh fait allusion ici à la proclamation de Bentinck aux Italiens de Livourne, le 14 mars 1814.

l'interprétation que le duc de Campochiaro a essayé de lui donner de la part de son gouvernement. Mais ce fait et l'incident des couleurs prouvent combien il est nécessaire que Votre Seigneurie, autorisée comme elle doit l'être par des personnes qui forment des vœux pour l'établissement d'un nouveau système en Italie, ait soin de ne fournir aucune occasion plausible, aucun prétexte qui puisse donner de l'ombrage à ceux avec lesquels nous agissons, mais avec lesquels nos rapports ne sont pas tels qu'ils puissent engendrer la confiance. Cette politique, si elle est suivie par Votre Seigneurie, nous mettra mieux que chose au monde à même de connaître les véritables intentions du maréchal Murat, intentions sur lesquelles nous ne pouvons laisser subsister aucun doute et de faire rentrer sa conduite dans le cercle de ses obligations.

« Dans le cas où Votre Seigneurie aurait apporté une certaine quantité d'armes, je lui recommanderai tout particulièrement de ne pas s'en servir pour un armement général ou partiel du peuple. Ce n'est pas une insurrection qu'il nous faut maintenant, pas plus en Italie qu'ailleurs. Il nous faut des forces disciplinées dépendant de souverains auxquels nous pouvons nous lier. Autant cependant que vous pourrez aider l'archiduc ou le roi de Sardaigne à lever des troupes, vous avez pleine autorité pour le faire. Mais, à cause de l'étendue des engagements pécuniaires que nous avons pris envers d'autres puissances, de ces engagements qui, comme vous le prouvera le traité dont je vous envoie copie, se sont accrus dans de telles proportions, il me faut prier Votre Seigneurie de ne pas se charger de la paye ou de l'entretien de forces autres que celles que Votre Seigneurie a amenées de Sicile.

« Malgré la situation favorable des opérations de ce côté des Alpes, je n'attache pas moins d'importance au succès des armées alliées en Italie. L'union et l'énergie peuvent seules tirer les alliés de cette pernicieuse inaction à laquelle les mésintelligences, qui se sont élevées entre eux, semblent avoir donné naissance. Pour prévenir le retour de pareilles difficultés, pour qu'il ne puisse se produire aucun malentendu sur les intentions absolument droites et loyales du Gouvernement britannique, je me propose de communiquer au duc de Campochiaro, qui est ici, la substance des ordres que j'envoie à Votre Seigneurie et de remettre au prince de Metternich une copie de cette dépêche destinée à éclairer le maréchal de Bellegarde et à le guider dans ses rapports avec Votre Seigneurie.

« J'ai l'honneur, etc.

Signé : CASTLEREAGH. »

« P. S. — Quoique j'aie trouvé convenable d'envoyer à Votre Seigneurie pour son instruction confidentielle une copie du *Mémoire* du duc de Campochiaro, je tiens à faire connaître à Votre Seigneurie que, ce *Mémoire* étant sous plus d'un rapport rédigé dans un ton et un langage absolument inconvenant et mal fondé au point de vue des faits, le prince de Metternich et moi nous avons refusé de le recevoir officiellement. Votre Seigneurie ne me demandera pas de lui donner l'assurance que le Gouvernement britannique n'a jamais entendu répondre de l'acquiescement du roi de Sicile à quelque arrangement au préjudice de sa reprise de la couronne de Naples. Il n'a jamais fait autre chose que de répondre de sa propre conduite à l'égard d'une mesure qu'il sentait être nécessaire à l'intérêt général de l'Europe. »

Lord Castlereagh à lord William Bentinck

Dijon, 3 avril 1814.

« Mylord,

« Je venais de terminer ma dépêche en date de ce jour, lorsque j'ai reçu les rapports de Votre Seigneurie allant jusqu'à celui daté de Vérone le 27. Je n'ai rien à changer aux instructions que je vous ai envoyées et peu de chose à y ajouter. Je persiste à exprimer à Votre Seigneurie mon désir de la voir prêter son concours à la coopération avec les Autrichiens, sous les conditions que le maréchal de Bellegarde a exposées dans la note qu'il a remise à Votre Seigneurie le 25 mars. En conséquence, je crois devoir faire connaître à Votre Seigneurie la satisfaction qu'éprouverait le prince régent à vous voir conformer votre conduite aux principes contenus dans cette note.

« Je remets des dépêches à M. Werry qui pourra donner à Votre Seigneurie tous les renseignements que Votre Seigneurie pourrait désirer avoir sur l'état des affaires ici. Je garde auprès de moi l'officier[1] qui m'a apporté les lettres de Votre Seigneurie et vous l'expédierai dès qu'il me sera possible de lui faire connaître le résultat des opérations des armées actuellement réunies sous les murs de Paris.

« J'ai l'honneur, etc.

Signé : Castlereagh. »

ANNEXE LVI

(p. 465)

ORDRE DE BATAILLE, POSITIONS ET EFFECTIFS DE L'ARMÉE D'ITALIE

(*Commencement d'avril* 1814)

Commandant en chef : le Vice-Roi

1re lieutenance : Lieutenant-général Grenier

2e *Division :* Général Rouyer.

Bde Schmitz	9e de ligne........	3 bons		11 bons, 2 cies d'artie, 2 cies du train, 12 canons, 6.553 hommes, 6.060 combattants, à *Bozzolo, Casal Maggiore, Piadena.*
	28e 1/2 bde prove.	2 —		
Bde d'Arnaud ...	3e léger	1 —		
	36e léger	2 —		
	35e de ligne.....	3 —		

---

1. Cet officier était le capitaine P. Laurent.

4ᵉ Division : Général MARCOGNET

Bᵈᵉ Jeannin.... { 29ᵉ 1/2 bᵈᵉ provᵣᵉ. 3 — / 102ᵉ de ligne.... 3 — } 11 bᵒⁿˢ, 2 cⁱᵉˢ d'artⁱᵉ, 2 cⁱᵉˢ du train, 12 canons, 6.370 hommes, 5.872 combattants, à *Goïto*, sa droite à *Sacchetta* (sur la rive gauche du Mincio).

Bᵈᵉ Laroque.... { 31ᵉ 1/2 bᵈᵉ provᵣᵉ. 3 — / 106ᵉ de ligne.... 2 — }

2ᵉ LIEUTENANCE : Général VERDIER

1ʳᵉ Division : Général QUESNEL

Bᵈᵉ Campi...... { 92ᵉ de ligne...... 3 bᵒⁿˢ / 30ᵉ 1/2 bᵈᵉ provᵣˢ. 3 — } 10 bᵒⁿˢ, 2 cⁱᵉˢ d'artⁱᵉ, 2 cⁱᵉˢ du train, 12 canons, 6.376 hommes, 5.752 combattants, à *Volta* et en face de *Bozzolo*; un bᵒⁿ du 35ᵉ léger est détaché à Salo.

Bᵈᵉ Forestier.... { 35ᵉ léger........ 1 — / 84ᵉ de ligne..... 3 — }

3ᵉ Division : Général FRESSINET

Bᵈᵉ Montfalcon.. { 25ᵉ 1/2 bᵈᵉ provᵣᵉ. 3 — / 42ᵉ de ligne..... 2 — } 9 bᵒⁿˢ, 2 cⁱᵉˢ d'artⁱᵉ, 2 cⁱᵉˢ du train, 14 canons, 4.947 hommes, 4.348 combattants, à *Mozambano, Borghetto.*

Bᵈᵉ Deconchy... { 7ᵉ de ligne...... 1 — / 53ᵉ de ligne..... 3 — }

CORPS DE DROITE : Général MAUCUNE, derrière le *Taro*

Bᵈᵉ Van Dedem. { 1ʳᵉ 1/2 bᵈᵉ provᵣᵉ. 3 bᵒⁿˢ / 2ᵉ — — . 2 — / 3ᵉ — — . 2 — }

Bᵈᵉ Soulier ..... { 1ᵉʳ léger........ 1 — / 42ᵉ de ligne ..... 1 — / 137ᵉ de ligne.... 1 — }

Bᵈᵉ Rambourg .. { 1ᵉʳ de ligne ital.. 1 — / 19ᵉ chass. à chev. 3 esc. / 1ᵉʳ — italien. 4 — / 3ᵉ — — . 2 — }

11 bᵒⁿˢ, 9 escᵒⁿˢ, 2 cⁱᵉˢ d'artⁱᵉ, 2 cⁱᵉˢ du train, 12 canons, 6.288 h., 4.880 combattants et 898 chevaux, à *Castelguelfo, Borgo S. Donnino* (1 bᵒⁿ à *Noceto* sur le *Taro*), *Grugno, Sanguinara* avec un bᵒⁿ en arrière à *Soragna* et un à *Plaisance*, la cavalerie, le long du *Taro* entre *Noceto* et *Grugno.*

RÉSERVE, GARDE ROYALE : Général LECHI

Gardes d'honneur. 1 cⁱᵉ / Vélites royaux... 1 bᵒⁿ / Infantⁱᵉ de ligne. 1 — / Chasseurs à pied. 2 — / Dragons royaux. 2 esc.

4 bᵒⁿˢ, 2 escᵒⁿˢ, 2 cⁱᵉˢ d'artⁱᵉ, 2 cⁱᵉˢ du train, 12 canons, 3.862 h., 2.270 combattants et 305 chevaux, à *Marcaria, Bozzolo, Viadana.*

Division de cavalerie : Général MERMET

Bᵈᵉ Bonnemains. { 31ᵉ chass. franç. 2 escᵒⁿˢ / 4ᵉ — ital.. 4 — }

Bᵈᵉ Gentil Saint-Alphonse. { 1ᵉʳ hussards... 4 — / Dragons de la Reine....... 3 — / — Napoléon. 4 — }

17 escᵒⁿˢ, 2 cⁱᵉˢ d'artⁱᵉ, 1 cⁱᵉ du train, 8 canons, 3.415 hommes, 2.842 chevaux, à *Cereto, Foresta, Corlungo* (ce dernier régiment détaché à *Piadena*).

Réserve et grand parc d'artillerie. Réserve, *Pizzighettone*. Grand parc, *Crémone.* 21 canons et 2.384 hommes

Total : 56 bataillons, 28 escadrons, 103 canons = 39.012 hommes (33.187 combattants dont 5.700 contre employés les Anglo-Napolitains.

ANNEXE LVII

(p. 467)

*Extrait du mémoire remis à Bologne le 3 avril 1814
par le Cabinet napolitain aux ministres des puissances alliées*

Extrait du *Mémoire* remis à Bologne le 3 avril 1814 par le Cabinet Napolitain aux Ministres des puissances alliées en réponse aux imputations relatives à la partie militaire et contenues dans la note de lord Bentinck du 1er avril 1814 (*Archives de la Societa Napoletana di Storia Patria*. Dossier Pignatelli-Strongoli).

« Le roi n'a jamais pu perdre de vue que l'alliance de l'Angleterre était le premier intérêt de son royaume et devait être le premier objet de sa politique.

« Il a, dans tous les temps, désiré fortement une telle alliance. Il est dans ses intentions de mettre en usage tous les moyens en son pouvoir pour former et resserrer les liens d'amitié avec la Grande-Bretagne. Il sait qu'il peut se rendre utile à cette puissance. Il a donc lieu de croire qu'il trouvera dans le gouvernement anglais des dispositions conformes à celles dont il est lui-même animé.

« Les déclarations faites par lord Castlereagh aux ministres du roi ont été pour Sa Majesté si satisfaisantes et lui ont inspiré une telle confiance qu'Elle s'est considérée et a cru pouvoir agir, non seulement comme en état de paix, mais comme en état d'alliance avec l'Angleterre, quoiqu'il existât seulement un armistice signé avec lord Bentinck.

« Telle a été sa confiance dans la loyauté anglaise que, sur la foi de cet armistice, Elle n'a fait aucune difficulté de laisser son royaume en faible état de défense et de porter ses principales forces vers la Haute-Italie pour agir de concert avec les armées anglaise et autrichienne.

« Il est pénible pour le roi de n'avoir pas trouvé dans le ministre et le général anglais, avec qui les principales relations de son gouvernement se sont établies, les sentiments et les dispositions qu'il était en droit d'attendre.

« Un article de l'armistice conclu avec lui portait qu'il serait fait entre les chefs des armées autrichienne, anglaise et napolitaine une convention militaire pour en régler les opérations.

« Cependant le jour même, ou le lendemain, de la signature de cet armistice à Naples, il fut fait à l'insu du gouvernement napolitain entre lord Bentinck et le général autrichien Neipperg un accord suivant lequel une expédition anglaise devait partir des côtes de la Sicile pour aller descendre à Livourne et occuper la Toscane. N'était-ce pas violer les stipulations de l'armistice au moment où il venait d'être fait ?

Cependant l'armée napolitaine avait occupé la Toscane, avait pris Livourne, avait forcé toutes les garnisons des forts à capituler et Sa Majesté attendait vainement que des commissaires anglais et autrichiens se présentassent pour préparer avec ceux qu'Elle aurait nommés un plan d'opérations militaires combinées. Il s'agissait de forcer le vice-roi à évacuer l'Italie ; il s'agissait de conquérir le Milanais, l'Etat de Gênes et le Piémont.

« Quelle fut la surprise de Sa Majesté, lorsqu'Elle apprit que, sans l'en avoir prévenue, lord William Bentinck avait résolu de débarquer ses troupes à Livourne ! Persuadée que le général anglais avait l'intention de se porter de là sur Gênes, Elle ne vit d'abord dans ses projets qu'une combinaison peu avantageuse, qui entraînerait une grande perte de temps et qui laisserait au vice-roi les moyens de retarder une retraite qu'on pouvait le forcer à précipiter sur-le-champ.

« Le roi pensait que les troupes anglaises devaient aller opérer leur débarquement vers le golfe de la Spezia, que Sa Majesté se serait chargé de rendre libre et d'où elles se seraient trouvées en communication immédiate par Pontremoli avec les armées autrichienne et napolitaine. De là, elles pouvaient, ou se porter rapidement sur Gênes, ou marcher sur le Pô pour tomber en masse avec les troupes du roi et celles de l'Autriche sur le vice-roi et l'écraser. Dans l'un et l'autre cas, le prince, ou attaqué de front par des forces supérieures, ou menacé sur ses derrières, aurait été dans la nécessité de hâter sa retraite. L'opinion du maréchal Bellegarde était parfaitement conforme à celle du roi.

« Il écrivait le 20 mars à Sa Majesté : *Je n'ai cessé d'inviter lord Bentinck de diriger son expédition sur la rivière de Gênes. Aucun arrangement n'a été conclu entre lui et moi. J'ai répondu à des demandes qu'il m'a faites sur son projet de campagne et j'ai répété à M. le colonel Catinelli, porteur de ses dépêches, que la rivière de Gênes était le point le plus avantageux pour nos opérations.*

« Il était manifeste que le général anglais, en s'obstinant à venir à Livourne, agissait contre l'avis des chefs des deux armées, avec lesquels il s'était engagé à se concerter. Mais comme il représentait que les côtes de la Spezia et de la rivière de Gênes étaient dans la saison d'un abord difficile, ni le roi, ni le maréchal de Bellegarde ne voulaient contrarier ses desseins, et Sa Majesté donna des ordres au gouverneur de la Toscane, afin que les troupes anglaises, si elles se présentaient à Livourne, fussent accueillies avec tous les égards et toutes les distinctions les plus propres à leur prouver la haute estime et les dispositions amicales du roi. Il fut prescrit de pourvoir à leur casernement, à leurs subsistances aux frais de Sa Majesté. Les ordres furent exécutés ponctuellement, autant que le chef de l'armée anglaise le permit lui-même. L'arrivée des troupes anglaises, celle de lord Bentinck à Livourne furent marquées par des fêtes et par tous les témoignages les plus distingués de considération et d'amitié.

« Comment le général anglais répondit-il à ces procédés ? En annonçant l'intention de s'emparer de la Toscane, d'y faire cesser l'administration que le roi y avait établie après l'avoir conquise, et de l'administrer lui-même.

« Une telle prétention était une offense grave. Elle ne pouvait être accueillie sans humiliation pour les armes napolitaines.

« Le roi déclara que jamais il n'y accéderait. Quelle gloire en effet pouvait-il y avoir pour l'armée anglaise de s'établir dans un pays déjà soumis et quel coup n'eût pas été porté dans l'opinion des peuples à la dignité du gouvernement napolitain, si on eût vu son autorité disparaître et tous ses actes abrogés sur la simple demande d'un général avec qui il n'excitait qu'une simple convention d'armistice ?

« Ce fut alors que lord Bentinck publia une proclamation par laquelle, sans aucun égard pour le roi, pour la nation, pour l'armée napolitaine, il faisait appel à tous les peuples, à tous les guerriers de l'Italie sans distinction, comme si les Napolitains, avec qui il devait combattre n'étaient pas aussi des Italiens. Ce fut alors qu'il fit déployer des drapeaux sur lesquels étaient écrits ces mots : *Union-Indépendance de l'Italie.* Ce fut alors qu'il permit qu'on fît circuler parmi ses troupes un ordre du jour du prince François de Sicile, qui déclarait que non seulement le roi Ferdinand n'avait pas renoncé à son royaume, mais que même il n'y renoncerait jamais.

« De tels actes auraient pu être considérés par le roi comme hostiles. Ils le blessaient, ils semblaient destinés à porter l'inquiétude dans le cœur de ses sujets et à ébranler, si elle pouvait l'être, la fidélité de ses soldats. Ils étaient en opposition avec la promesse faite par lord Castlereagh que l'Angleterre accéderait à un traité par lequel l'Autriche promettait de procurer la renonciation du roi Ferdinand au trône de Naples.

« Le roi, cependant, ne voulait voir dans ces démarches des motifs de plainte contre le gouvernement anglais, dont il fut toujours persuadé que les intentions étaient conformes aux déclarations de lord Castlereagh...

« Lord William Bentinck, s'étant rendu au quartier général de Sa Majesté, y fut accueilli en effet avec la plus haute distinction. Comme il insistait pour l'occupation de la Toscane, le roi fit offrir de remettre la question à la décision de lord Castlereagh, dont la droiture et la justice déterminaient Sa Majesté à le prendre pour arbitre. Cette offre fut refusée.

« Lord William Bentinck voulant faire valoir la convention qu'il avait faite avec le comte de Neipperg, on lui représenta qu'elle était nulle, d'abord parce qu'elle avait été faite en opposition avec l'acte d'armistice et en second lieu, parce qu'elle était désavouée par le général en chef de l'armée autrichienne qui avait déclaré le 20 mars n'avoir aucun arrangement avec le général anglais. Ce dernier, ayant représenté que pour s'avancer soit vers Gênes, soit sur l'intérieur de l'Italie, il avait besoin d'une place de dépôt, le roi lui fit proposer de prendre le gouvernement supérieur de la Toscane, pourvu que l'administration continuât de s'exercer au nom de Sa Majesté. Lord William Bentinck aurait alors commandé non seulement la ville et les forts de Livourne, mais encore tous ceux du grand-duché de Toscane. Seulement les drapeaux napolitains auraient continué d'y flotter. Le roi fit déclarer encore qu'il était prêt à envoyer des troupes au golfe de la Spezia, à s'emparer de toute la côte, à éloigner tout ce qui aurait pu y gêner l'armée anglaise et à lui remettre ce pays si propice à ses communications maritimes. Sa Majesté ajouta que, Gênes se trouvant sans défense, lord William Bentinck pouvait s'en emparer dans l'espace de peu de jours et pour faciliter ses opérations, Elle lui fit offrir de mettre sous ses ordres un régiment de cavalerie ainsi qu'une batterie de 10 pièces de canon.

« Rien de tout cela n'a été accepté, et lord William Bentinck a déclaré que, si on ne lui accordait pas l'occupation de la Toscane ou du moins celle de Livourne, il considérerait ce refus comme un acte d'hostilité et qu'il insurgerait contre le roi ses propres sujets.

« Dès ce moment ce refus a dû être absolu ; il a dû devenir irrévocable.

Prescrit auparavant par la dignité, il est désormais commandé par la prudence. Le roi pouvait-il sans compromettre sa sûreté, laisser sur ses derrières un corps d'armée dont le chef a montré des intentions si violentes et si opposées aux assurances de bonne amitié données par lord Castlereagh au nom de son gouvernement!

« Le roi déclare que, la Toscane étant occupée par ses troupes, les troupes britanniques pourront considérer le pays comme s'il était occupé en commun. Il déclare que l'armée anglaise peut établir à Livourne ses dépôts, si on le juge convenable ; que lord William Bentinck peut y laisser autant de troupes qu'il voudra ; que le port et la ville seront toujours ouverts à ses opérations de quelque nature qu'elles puissent être et que ses opérations seront en tout temps favorisées par les forces napolitaines. Il suffit qu'on ne demande pas au roi d'abaisser ses drapeaux pour les faire remplacer par ceux d'une nation qu'il considère comme amie et dont il veut être l'ami, mais avec laquelle enfin il n'a pu conclure jusqu'à ce moment qu'un armistice. Si la remise de Livourne pouvait être la condition d'un traité formel de paix ou d'alliance, le roi ne s'y refuserait pas ; mais, jusqu'à ce qu'il soit possible de le conclure, le roi doit persister dans ses résolutions. Il y a dans le caractère anglais trop de justice et trop de noblesse pour que ce gouvernement ne reconnaisse pas ce que Sa Majesté se doit à Elle-même, tout ce qu'Elle doit à sa nation et à Son armée dans une telle circonstance.

« Peu de mots doivent suffire pour repousser les plaintes injurieuses et désobligeantes renfermées dans la note de lord William Bentinck.

« Suivant ce général, la coopération de l'armée napolitaine n'a pas été telle qu'on l'attendait. L'armée autrichienne se trouvait, dit-il, encore paralysée sur l'Adige, lorsque par la marche des troupes napolitaines sur le Haut-Pô, elle aurait pu depuis longtemps atteindre les Alpes.

« Sur un pareil reproche, il suffirait sans doute d'invoquer le témoignage du maréchal de Bellegarde et de citer sa correspondance, *dont toute la suite atteste que, si le vice-roi n'a pas quitté le Mincio, ce n'est pas à l'armée napolitaine qu'on peut l'imputer.* Mais les faits parlent plus haut encore que cette correspondance. Depuis que le roi s'est réuni à la coalition, n'a-t-il pas soumis à ses armes les États romains, la Toscane, les Légations, en un mot toute la partie de l'Italie située entre les frontières du royaume de Naples et le Pô? N'a-t-il pas réduit toutes les forteresses? N'a-t-il pas enlevé de vive force celle d'Ancone! *Et n'est-ce pas l'arrivée de son armée sur le Pô qui a forcé le vice-roi à quitter l'Adige? Depuis que ce prince est sur le Mincio, quelle est celle des deux armées qui est restée dans l'inactivité?*

« Le roi n'a cessé de proposer que les lignes du Mincio et Plaisance fussent simultanément attaquées. Il voulait forcer Plaisance aussitôt que le maréchal de Bellegarde passerait le Mincio. Mais l'armée autrichienne n'a jamais pu tenter cette dernière entreprise, sans doute parce qu'elle se trouvait trop affaiblie par l'emploi des corps de troupes qui bloquaient derrière elle plusieurs places. Quel militaire jugera que le roi pouvait compromettre ses troupes contre Plaisance, lorsque le maréchal Bellegarde restait derrière le Mincio, sans avoir aucune communication avec la rive droite du Pô et lorsque le vice-roi, ayant un pont à Borgoforte, pouvait par son double mouvement placer l'armée napo-

litaine entre deux feux ? Les combats des 6 et 7 mars, la reprise de
Reggio et de Parme attestent les dispositions et la valeur de l'armée du
roi de Naples.

« Lord William Bentinck parle de négociations directes avec l'ennemi
et se plaît à les appeler suspectes. Cette expression est pleine d'incon-
venances et rien ne saurait la justifier. Il est vrai qu'il y a eu des communications entre les généraux des deux armées. Il est vrai que le
vice-roi a fait souvent passer des bulletins pour annoncer les succès
réels ou supposés de l'empereur Napoléon. Mais de telles relations sont
en usage entre toutes les armées qui se combattent généreusement. Ce
qui est contraire à toutes les lois de la bienséance, c'est qu'un général
croie pouvoir se permettre, uniquement parce qu'il est soupçonneux,
d'invectiver un autre général et surtout un souverain allié...

« On aime à le répéter : le roi de Naples a le désir et sent le besoin
pour son royaume d'être l'allié de l'Angleterre ; mais plus il met de prix
à une telle alliance, moins il doit consentir à ce qui pourrait blesser la
dignité de sa couronne. Il ne se forme de lien solide qu'entre les puissances qui se respectent mutuellement. »

<hr>

ANNEXE LVIII

(p. 467)

Note à la réponse du duc de Gallo à lord William Bentinck

Le ton hautain et provocateur de la note de Bentinck, les singulières
et inadmissibles observations personnelles qu'il avait cru devoir joindre
à une communication officielle avaient produit, tout semble du moins
l'indiquer, un effet bien différent de celui sur lequel avait compté l'intraitable représentant de la Grande-Bretagne, l'autoritaire commandant
en chef des forces anglo-siciliennes. Rien ne le prouve mieux qu'une
note en date du 6 avril 1814, intitulée : *Notes à la réponse du duc de Gallo
à lord Bentinck.* Ces notes, qui ont été citées par M. Francesco Lemmi
à la suite de son intéressant travail (*Gioacchino Murat e le Aspirizioni
Unitarie nel 1815*), notes qui, si elles n'ont pas été écrites par Bellegarde,
ont été fort probablement, comme le fait remarquer M. F. Lemmi, ins-
pirées par le feld-maréchal lui-même rédigées sur son ordre, probablement par le baron von Hügel, attaché pendant la campagne de
1814 au bureau politique du quartier-général de l'armée autrichienne
d'Italie, et sont d'autant plus intéressantes qu'elles portent la date de
la veille même de l'entrevue de Revere. Les voici :

« Le témoignage du maréchal comte de Bellegarde et sa correspondance prouveront que les plaintes de lord Bentinck sont fondées. Il
n'est que trop évident que c'est la conduite du roi qui a paralysé les
opérations de l'armée autrichienne. La marche du général Grenier à
Mantoue[1] et toutes les circonstances qui l'ont accompagnée sont une

____

1. Il y a ici un *lapsus calami* évident. Le rédacteur de la note a assuré-

preuve du peu de volonté du roi d'agir activement contre l'ennemi et de favoriser nos opérations. Le roi doit désirer qu'on n'y porte pas trop d'attention dans la crainte qu'on y découvre d'autres intentions.

« Le roi n'est timide à la guerre que depuis qu'il est devenu notre allié. Il cite, comme un des grands services qu'il ait rendu, d'avoir soumis à ses armes toute la partie de l'Italie entre les frontières de son royaume et le Pô. Il faudrait éclairer le roi sur ce point et lui dire que c'est la bataille de Leipzig, que c'est l'entrée des armées coalisées en France, que c'est l'attitude de l'armée autrichienne sur l'Adige et le Mincio qui, en attirant sur elles toutes les forces de l'Italie, a facilité au roi son entrée dans des pays sans défense. Les forteresses lui ont été remises par capitulation. Et, pendant que partout ailleurs l'ennemi se défend avec acharnement, peut-on se défendre de l'idée que fait naître cette différence ? et les places de la Romagne et de la Toscane n'ont-elles pas bien plus l'air d'avoir été remises et confiées en dépôt à un allié que rendues à un vainqueur ?

« Pourquoi le roi nie-t-il les communications qu'il a eues avec le vice-roi, tandis qu'il les a fait avouer au maréchal comte de Bellegarde ?

« Le roi, dans sa nouvelle situation, devait prendre pour règle de politique d'éviter tout ce qui pouvait rappeler les liaisons qu'il venait d'abandonner, et, s'il ne manque pas de sincérité, il manque au moins de prudence.

« Le gouvernement napolitain par son traité a pris l'engagement de se conformer aux stipulations fixées par les alliés sur le sort de l'Italie. Les alliés n'exigent de lui que l'accomplissement de ses engagements ; mais ils ne doivent pas lui permettre de s'attribuer sur le pays qu'il occupe des droits de conquête, et que, dans ces traités qu'il cherche à conclure avec l'Angleterre, il fasse entrer ces pays comme des objets qu'il pose dans la balance en sa faveur.

« Le roi sort de sa position. Il n'attache pas à son traité avec l'Autriche le prix qu'il devait y mettre. Il ne tient aucun compte de ce que, par ce traité, il acquiert la garantie de la possession de la couronne de Naples.

« *Lord Bentinck l'a sans doute provoqué d'une manière inexcusable.* Mais le roi a tort dans cette discussion d'invoquer le témoignage du maréchal comte de Bellegarde en sa faveur. Il n'est pas, au contraire, une circonstance dans laquelle le maréchal n'ait eu à se plaindre du roi, n'ait eu des raisons de mettre sa sincérité en doute. »

(*Haus, Hof und Staats-Archiv*, Fil. L, 123 a) *Rapport du comte de Bellegarde*, 6 avril 1814. Original en français.)

ment voulu parler de la marche de Grenier sur Plaisance et de son envoi sur la rive droite du Pô dans les derniers jours de février 1814.

ANNEXE LIX

(p. 468)

Dépêche du comte de Mier au prince de Metternich
Note du prince de Metternich au roi de Naples (Dijon, 30 mars 1814)

En envoyant au Chancelier la réponse du duc de Gallo et la déclaration du gouvernement napolitain, déclaration faite à l'instigation de « Sir Robert Wilson, qui promettait d'en écrire à lord Castlereagh parce qu'il désapprouvait la conduite de lord Bentinck », Mier appelait à nouveau « l'attention de Metternich sur les dangers résultant de la conduite, du langage, des menées de Bentinck. »

« Le dernier rapport du duc de Campochiaro, dans lequel il rend compte au roi de la désapprobation formelle de la conduite de lord William Bentinck par lord Castlereagh et des ordres que lord Bentinck dut recevoir à ce sujet, a tranquillisé Sa Majesté sur les vues du gouvernement britannique à son égard.

« Il est essentiellement nécessaire pour la tranquillité, non seulement du royaume de Naples, mais de toute l'Italie, que lord Bentinck change de conduite et cesse toutes ses menées sourdes pour révolutionner le pays. Cette espèce de tension qui existe dans l'Italie vers la liberté et la réunion de tout le pays en un corps de royaume n'est que son ouvrage. J'ai entendu dire par les personnes qui l'entourent que, depuis trois ans, il travaille l'Italie dans ce sens et que le gouvernement anglais a déjà dépensé beaucoup d'argent pour ce but. On ne saurait prêter trop d'attention à ce vertige qui s'est emparé de beaucoup de têtes italiennes et on ne saurait trop faire pour détourner l'orage qui s'apprête de loin et qui n'attend qu'une occasion pour éclater. »

D'autre part, et bien qu'elle ne parvînt au quartier général de Murat que le 10 avril, il nous a paru indispensable, de reproduire ici la note que Metternich adressa au roi de Naples, de Dijon le 30 mars 1814 (*Haus, Hof und Staats-Archiv*, Naples, N. F., 2.550-596).

Le prince de Metternich au roi de Naples

Dijon, 30 mars 1814.

« Sire,

« La lettre dont Votre Majesté a daigné m'honorer est un gage précieux de Sa confiance. Je serai toujours jaloux de la conserver.

« La marche suivie par le Cabinet autrichien depuis la paix de 1809 a prouvé à l'Europe et à la France elle-même une libéralité de vues, digne sans doute d'une grande puissance et du caractère personnel de l'empereur, mais, j'ose le dire, rare en ces périodes où tant de passions se trouvent en jeu. L'Autriche a constamment cédé sur toutes les considérations particulières pour ne s'attacher qu'à d'immuables principes. L'empereur des Français a trouvé chez nous l'oubli le plus complet de tant de maux antérieurs. Nous ne lui demandions plus que le repos et par conséquent le bonheur de la France.

« La manière, dont Votre Majesté développe elle-même ses principes politiques, la rapproche tellement des nôtres que je n'essayerai pas de m'étendre sur les bases de notre conduite.

« Votre Majesté s'est convaincue Elle-même, qu'à Dresde il était impossible de faire accéder l'empereur Napoléon aux conditions plus que modérées par lesquelles nous faisions valoir notre médiation.

« A peine arrivé sur le Rhin, j'ai été appelé à mettre en avant des conditions nouvelles. La France entière eut applaudi à leur acceptation par son gouvernement. Nous avons été forcés d'aller chercher la paix sur le sol français même. Nous n'avons pas tardé cependant de faire abstraction de tous les désavantages majeurs qui devaient résulter pour nos opérations militaires d'une négociation établie. De premiers succès nous ont menés jusqu'aux portes de Paris. L'empereur Napoléon a dès lors semblé désirer la paix. Elle se faisait si une lueur d'espoir n'avait fait revenir ce souverain sur ses pas. Au lieu de signer la paix il adressa à Sa Majesté l'empereur, une lettre que le comte de Mier se trouve chargé de soumettre à Votre Majesté. Dès ce moment les conférences de Châtillon ne furent plus qu'un jeu.

« L'arrivée du général de Balachoff près de Votre Majesté lui aura prouvé les bonnes intentions de Sa Majesté l'empereur de Russie relativement à ses intérêts. *Lord Castlereagh donne par le présent courrier l'ordre à lord Bentinck de procéder vis-à-vis de Votre Majesté sur la ligne la plus conforme aux nouveaux rapports établis entre Elle et son gouvernement.*

« Le comte de Mier reçoit également l'ordre de s'entendre avec Votre Majesté sur plusieurs objets de haute importance. Le premier est la prise de possession de la Toscane par Son Altesse Impériale le grand-duc. Nous avons la conviction que cet Etat fera de grands efforts sous un prince que la Toscane n'a pas oublié. Les objets de collision entre l'armée de Votre Majesté et celle de lord Bentinck se trouveront de leur côté plus faciles à régler.

« L'empereur voue une attention toute particulière à son armée d'Italie.

« Je m'employerai auprès du gouvernement britannique pour faire avoir à Votre Majesté les armes qu'Elle a demandées. Je suis convaincu que lord William Bentinck lui sera également utile sous tous les rapports. »

ANNEXE LX

(p. 470)

Lettres du capitaine baron Sardagna et du général-major comte de Ficquelmont à l'archiduc Ferdinand d'Este (2 avril 1814)

Nous avons cru intéressant de reproduire *in extenso* deux lettres écrites précisément à la date du 2 avril et dans lesquelles deux officiers autrichiens en relations suivies avec l'archiduc Ferdinand d'Este, deux officiers, tous deux placés dans l'entourage immédiat de Bellegarde, expriment sans réserve leur opinion sur Murat, sur Bentinck.

sur Nugent et sur l'ensemble de la situation politique et militaire en
Italie. Nous n'avons toutefois emprunté à la première (*K. und K. Kriegs
Archiv*, IV, 23 2/3, qui est adressée par le capitaine baron Sardagna à
l'archiduc Ferdinand d'Este, que les passages les plus saillants, les para-
graphes les plus caractéristiques.

« Le roi de Naples est une girouette. C'est un allié qui n'a jamais
été utile et dont on aurait pu se passer. A côté de cela, nous avons des
alliés qui ont d'autres manières de voir que nous, enfin des généraux
comme Mayer, Marziani, Fenner, Gramont, Marschall, Winzian, Meyer,
Wattlet et Vecsey.

Si on avait autorisé l'archiduc Maximilien à prendre avec le général
Nugent possession de Modène, au nom de son frère, et d'y lever un
corps italien, on aurait pu se passer de Murat et des Anglais.

« Murat maltraite avec dessein le pays de Modène. L'administration
introduite par Nugent (qui n'en a rien dit, bien qu'on l'ait invité plus
d'une fois à en rendre compte) laisse énormément à désirer, et brille
par le désordre et la confusion.

« Il faudrait que l'archiduc François envoyât quelqu'un à Modène. Le
général Nugent ne saura jamais, ni rien administrer, ni mettre de
l'ordre dans un pays. Je crois que le comte Ferrari serait l'homme
qu'il faudrait pour cette mission à Modène.

« L'aimable roi de Naples met des empêchements au voyage et à la
rentrée du pape à Rome. Il renforce ses troupes et voudrait bien devenir le maître de l'Italie... »

En raison même de la haute situation occupée par Ficquelmont, de
la confiance toute particulière que lui accordait Bellegarde, nous avons
au contraire jugé utile de citer *in extenso* les confidences qu'il fait à
l'archiduc.

« L'inaction de l'armée a un principal motif dans l'attitude ennemie
plutôt qu'amie du roi de Naples, qui n'a pas cessé un moment d'être
d'accord avec le vice-roi, *ce dont nous avons les preuves positives*. Le
maréchal trouvait dangereux de pénétrer en Italie en laissant derrière
soi toutes les places et en ayant à côté de soi un allié comme Murat
qui, dans le cas de succès en France pour Bonaparte, pouvait se déclarer inopinément contre nous, et mettre l'armée d'Italie dans une
position désespérée. Cependant cette situation doit cesser dans peu de
jours, et l'influence russe et anglaise réunies à la nôtre fera décider
d'une manière ou d'une autre la conduite énigmatique de Murat. L'arrivée du pape l'a consterné. Ses vues ambitieuses portent en premier
lieu sur Rome et les Etats de l'Eglise. Il est décontenancé par le retour
imprévu du Saint-Père. C'est Starhemberg qui l'a reçu à nos avant-
postes, près de Parme.

« Lord Bentinck a été ici pour se concerter avec le maréchal sur les
opérations, et pour lever les obstacles sans nombre que cherche à y
apporter Murat.

Il est reparti pour le quartier-général de ce dernier, où se sont réunis
en même temps les généraux russes chargés de traiter avec lui. Nous
n'avons pas encore de nouvelles de ce qui s'y est passé.

« Le but principal est d'empêcher le roi de nous suivre, bien plutôt que de solliciter son secours. Nous savons seulement que lord Bentinck est déjà reparti pour Livourne. Le corps anglais qui y est débarqué est en communication avec le corps Nugent. Une partie de l'expédition s'est avancée au-delà du golfe de la Spezia et s'occupait de prendre le fort Sainte-Marie. La deuxième partie de l'expédition était attendue de Sicile d'un moment à l'autre, ainsi que la brigade italienne de La Tour venant de Catalogne. Je crois que lord Bentinck se portera sur le Pô et s'y réunira à Nugent. Dans tous les cas l'armée se mettra en mouvement sous peu.

« Le roi de Naples maltraite beaucoup le duché de Modène[1]. On lui a fait des représentations. Elles sont inutiles vis-à-vis d'un homme de cette espèce, qui garde dans notre parti toute l'immoralité de celui qu'il a quitté.

« En général la situation politique de l'Italie est fort compliquée. *Nous y avons peu d'amis, parce que nos vues ne plaisent pas aux Italiens. Presque personne ne veut l'ancien ordre des choses, qui est celui que nous avons annoncé vouloir rétablir. On n'aime pas Napoléon,* MAIS ON AIME LE ROYAUME D'ITALIE, C'EST UNE IDÉE QUI A JETÉ DE PROFONDES RACINES. *Elle a été nourrie par la France qui en avait besoin pour l'assujettir, par le vice-roi qui caressait ainsi l'esprit des Italiens, et par le roi de Naples qui se flatte en secret de pouvoir un jour s'en rendre maître. Toutes les nations ont trop senti qu'elles avaient besoin de force pour aimer encore ce système de petites subdivisions qui les livre à l'ambition de leurs voisins et les rend toujours victimes de la guerre.* Ce n'est plus Venise que l'on regrette à Vérone. »

« *K. und K. Kriegs-Archiv*, général major comte de Ficquelmont à l'archiduc Ferdinand d'Este, Vérone 2 avril 1814 (en français), XIII, 94.

ANNEXE LXI

(p. 501)

Le duc de Lodi à Son Altesse Impériale le prince vice-roi

Milan, 11 avril 1814.

MONSEIGNEUR,

« J'ai l'honneur de Lui soumettre un rapport relativement à la clôture de l'emprunt et j'espère que Votre Altesse sera convaincue que la mesure est très convenable sans pourtant imposer des sacrifices sensibles de la part du Trésor.

---

1. Remarquons à ce propos, que le reproche adressé ici à Murat n'est pas fondé. Nugent avait installé dans le duché de Modène une régence provisoire, dont il avait choisi et désigné les membres. Or, après avoir commencé par abolir certains impôts dans le but de se rendre populaire, cette régence venait d'imposer un emprunt forcé de 111.000 livres dont elle avait besoin pour couvrir des dépenses urgentes.

« Les événements sont arrivés à ce point, où il semble que le problème doive nous faire trouver nécessaire de nous mettre en mesure de prendre un parti. Il serait honteux et impardonnable de nous abandonner à la merci de toutes les chances possibles et de nous laisser traiter en troupeau de moutons par la diplomatie étrangère.

« Notre indépendance a été reconnue par les traités et l'empereur a assez ouvertement annoncé le dessein ultérieur de la respecter en nous donnant dans Votre Altesse un roi indépendant.

« Il semble que les puissances ennemies soient elles-mêmes disposées à consentir à ce système. Je comprends que la position de Votre Altesse est extrêmement délicate et que cette loyauté qui Lui fait tant d'honneur doit être conservée intacte jusqu'à la fin ; mais je ne crois pas qu'elle serait compromise, si nous prenions de nous-mêmes une bonne résolution. Nous pouvons constitutionnellement y procéder, en réunissant à Milan les trois collèges, qui depuis longtemps n'ont pas été appelés et qui, par leur institution, devraient tous les deux ans procéder à leur complètement. Sans aucun doute, les collèges proclameraient avec enthousiasme l'indépendance du pays et L'inviteraient à en prendre la couronne ; le Sénat accéderait infailliblement ; les communes ratifieraient. Les ennemis n'auraient rien de légitime à opposer à un système qu'ils provoquent par leurs réclamations mêmes. Votre Altesse pourrait mettre toutes les réserves, tous les délais même qu'Elle jugerait convenables, sans rien cependant changer en attendant à Son attitude protectrice. Si Votre Altesse daigne entrer dans ces vues, mon avis serait que l'appel des collèges fût fait sans délai, vu qu'il faut à peu près une quinzaine de jours pour l'arrivée et les dispositions nécessaires à la charge du Ministère de l'Intérieur d'en faire préparer les salles et tout ce qui s'y rapporte. Dans cet intervalle nous serions à même de voir clair dans la marche des grandes affaires.

« Je ne veux pas préjuger les conséquences ultérieures de cette démarche ; mais, dans le temps, qu'à mon avis, il n'y aurait dans tout ceci rien que de légitime et de régulier de notre part, et que cette démarche suffirait à mettre à couvert nos droits, nos intérêts et notre réputation, il serait possible qu'elle produisît successivement des événements heureux pour une plus grande partie de l'Italie. Ce qu'il y a de certain, c'est que tous nos voisins, qui nous ont regardés jusqu'ici avec envie, n'espèrent qu'à se réunir à nous sous le gouvernement de Votre Altesse ; et peut-être Elle est déjà informée que ce vœu s'énonce dans des lettres anonymes adressées particulièrement à des officiers de notre armée.

« En tout cas, Votre Altesse daignera me pardonner, si, au milieu de tant d'alarmes qui agitent mon esprit depuis longtemps, j'ai soulagé mon cœur en le Lui ouvrant.

« Je soumets à Votre Altesse Impériale un rapport que j'ai reçu sur l'état des affaires à Gênes, et qui me paraît mériter quelque attention, quoique malheureusement j'aie dû m'apercevoir que la collision des pouvoirs s'oppose aux vues salutaires que Votre Altesse avait eues pour ce pays.

« Je ne me dissimule pas que l'on peut faire des objections à mon idée. L'on pourrait douter d'abord si nous ne violons pas notre fidélité à l'empereur, en nous constituant de nous-mêmes. Mais, lorsqu'on a déféré la couronne à Napoléon, temporairement et jusqu'au terme des dangers politiques du pays, ses droits ont été clairement limités, et tout ce qui dépasserait cette limite serait une extension arbitraire de pouvoir.

« Et quand la Nation est précisément compromise parce que la couronne est sur sa tête, ne pourrait-on pas dire que ce terme est par lui-même dépassé? L'on pourrait aussi objecter que toute mesure prise par nous serait peut-être infructueuse, par la non-adhésion des puissances coalisées. Mais, en supposant même que cela fût possible, nous n'aurions au moins rien perdu; l'on aurait fait ce que l'honneur prescrit, l'on aurait tenté tout ce qui est possible pour donner à la Nation un élan, qui, bien dirigé, pourrait devenir d'une importance réelle.

« La plus grande difficulté, ce me semble, provient de la position difficile dans laquelle Votre Altesse se trouve; et sur cet article Elle seule peut prononcer d'après Ses renseignements, Ses instructions et Sa sagesse.

« J'ose rappeler à Votre Altesse le vœu du préfet de police Villa pour obtenir une gratification, car je sais qu'il en a un véritable besoin.

« Je suis avec le plus profond respect

De Votre Altesse Impériale,

Très humble et très obéissant serviteur,

MELZI.

(*Archives particulières de la duchesse Melzi d'Eril* et Francesco Melzi d'Eril, duca di Lodi, *Memorie, Documenti e Lettere inedite*, raccolte e ordinate per cura di Giovanni Melzi.

ANNEXE LXII

(p. 501)

Instructions du vice-roi sur les mesures à prendre dans le cas où l'ennemi tenterait un passage du Mincio

Mantoue, 11 avril 1814.

« On doit supposer que l'ennemi, pour profiter de l'enthousiasme qu'auront pu exciter parmi ses troupes les nouvelles vraies ou fausses des succès qu'il prétend avoir obtenus en France, et qu'il a célébrés avec tant d'apparat, pourra former quelques tentatives sur la ligne de Mincio, et chercher même à exécuter un passage de ce fleuve. Il est donc essentiel de fixer les idées sur les diverses manières dont il pourrait tenter cette entreprise, et sur les mesures à adopter pour s'y opposer.

« Le passage du Mincio peut se faire : 1° entre Peschiera et Monzambano; 2° entre Monzambano et Pozzolo; 3° entre Pozzolo et Goïto.

« Dans la première supposition, c'est-à-dire, si le passage se tentait entre Peschiera et Monzambano, ce qui ne pourrait avoir lieu que sur le point de Salionze, la division Fressinet devrait se réunir tout entière à Monzambano et sur les hauteurs qui l'avoisinent, et une bri-

gade de la division Quesnel viendrait occuper les postes retranchés
que nous tenons devant Valeggio. L'autre brigade de cette même division serait en réserve à Volta, pour être portée où besoin serait.

« La division Marcognet, réunie et sous les armes, attendrait de nouveaux ordres et observerait soigneusement par des patrouilles tout le
cours de la rivière entre Goïto et Pozzolo.

« Le général Mermet se porterait avec sa cavalerie en avant de Cereta, pour s'opposer à la marche des partis de cavalerie que l'ennemi
pourrait jeter dans la plaine entre Goïto et Volta, pour faire diversion
et pour intercepter nos communications. Il réunirait à la 3e division
(Fressinet), un régiment de cavalerie qui suffirait, vu la nature du terrain.

« La garnison de Peschiera devrait, dans cette supposition, occuper
les postes et les ouvrages qui ont été indiqués, et jouer pour la
défense de tout ce qui est à la gauche du ruisseau de Pozzolenzo le
rôle qui lui a été prescrit par l'instruction envoyée dernièrement à ce
sujet au général Bertoletti[1], et de laquelle il a été donné communication au général Verdier[1].

« Dans cette première hypothèse, les travaux qui ont été faits et la
nature des lieux donnent tous les avantages pour disputer le terrain
pied à pied à l'ennemi.

« Dans la deuxième supposition, c'est-à-dire si l'ennemi voulait
exécuter un passage entre Monzambano et Pozzolo, la lieutenance du
général Verdier devrait se réunir tout entière sur les hauteurs devant
Borghetto, et occuper les positions que nous y avons fortifiées. Il suffirait alors de laisser un bon poste à Monzambano qui pourrait même être
occupé par un détachement de la garnison de Peschiera, si l'ennemi
ne faisait point de menaces sur Salionze. Dans le cas où l'on voudrait
rendre disponible la brigade qui est à Monzambano, et ne laisser sur
ce point qu'un poste, on devrait en détruire le pont.

Dans cette deuxième suposition, la division Marcognet et la cavalerie
du général Mermet devraient prendre les mêmes positions et faire les
mêmes mouvements que dans la première hypothèse.

« La troisième hypothèse est que l'ennemi passe entre Pozzolo et
Goïto. Cette hypothèse est la plus vraisemblable, puisque la plaine qui,
dans cette partie, borde la rive droite du Mincio, offre à l'ennemi
des moyens de déployer avantageusement sa cavalerie, et que les gués
qui se trouvent dans cette partie du cours de la rivière lui présentent
les moyens les plus faciles de la passer. Il faut donc s'occuper d'abord
de multiplier les obstacles devant lui, ce qui est aisé, en rendant, partout où des gués ont été reconnus, la rive droite impraticable au
moyen de trous de loup, de fossés, d'abatis, etc. L'ennemi ne pourra
alors passer en force avec de la cavalerie et de l'artillerie, qu'au
moyen d'un grand nombre de ponts qu'il ne pourra établir sans y
employer plusieurs heures, et il ne nous faut pas plus de trois heures
pour réunir sur ce point toute la lieutenance du général Verdier, la
division Marcognet et la cavalerie du général Mermet, auxquelles se
joindraient peu après les renforts venus de Mantoue.

1. Cf. *Archives de la Guerre*, Mantoue, 4 avril. Note sur Peschiera et la
défense de la ligne du Mincio.

« Voici, dans cette supposition, la manière dont doivent être disposées les troupes qui sont sur la ligne du Mincio.

« Aussitôt que l'on aurait l'assurance que l'ennemi tente sérieusement un passage entre Goïto et Pozzolo, le lientenant général Verdier réunirait la division Quesnel tout entière, la gauche aux dernières hauteurs, vers Casa-Gatti et la droite dans la plaine. La brigade de la division Fressinet, qui est vis à vis Valeggio, continuerait à observer ce point et la brigade de cette même division qui est à Monzambano, se porterait à Volta pour y former la réserve de la division Quesnel. Monzambano ne serait alors occupé que par un poste, ainsi que nous l'avons dit dans la deuxième hypothèse.

« La division Marcognet se formerait sur les hauteurs de Goïto, occupant cette ville et sa tête de pont par sa droite, et menaçant l'ennemi sur la rive droite de la rivière et cherchant même à l'empêcher de s'y établir et de s'y développer, si l'occasion favorable s'en présentait.

« La cavalerie du général Mermet se porterait dans la plaine, se formerait en avant de Cereta, envoyant sa gauche à la droite de la division Quesnel, et envoyant un régiment au général Marcognet pour soutenir son infanterie en cas de besoin.

« De cette manière et en s'appuyant toujours aux hauteurs de Volta, on serait toujours maître des communications avec Castiglione, ligne d'opérations de la deuxième lieutenance.

« Les troupes du général Verdier, appuyées toujours à ces hauteurs, pourraient facilement disputer le terrain pied à pied à l'ennemi, et donner le temps au reste de l'armée de se porter à Goïto pour attaquer son flanc gauche, dans le cas où il serait parvenu à se maintenir sur la rive droite de la rivière, et dans ce cas la lieutenance du général Verdier ne devrait jamais assez s'éloigner de l'ennemi, pour ne pas sentir le mouvement qui se ferait par Goïto, et ne pas pouvoir y coopérer efficacement.

« Cette attaque, qui pourrait avoir lieu le soir même du passage ou le lendemain matin au plus tard, permet d'espérer des résultats d'autant plus heureux que la garnison de Mantoue pourrait y prendre part avec la garde et toute la première lieutenance.

« On ne parle pas de l'hypothèse d'un passage exécuté par surprise, puisque la ligne est bien gardée, et que les troupes prennent les armes avant le jour et ne les quittent que lorsqu'on est bien assuré qu'il n'y a rien de nouveau.

« Il sera envoyé copie de la présente instruction au général comte Verdier, commandant la deuxième lieutenance, au général Mermet, commandant la cavalerie et au lieutenant général Grenier, pour les ordres qu'ils auraient à donner en conséquence. »

Cité par du Casse *Mémoires du prince Eugène*, t. X, liv. XXVIII. *Correspondance.*

ANNEXE LXIII

(p. 506)

BOURGUIGNON von Baumberg (Antoine baron), né à Vienne en 1766, cadet en 1784 au régiment d'infanterie n° 7 Wilhelm Schröder, fait toutes les campagnes jusqu'à la paix de Paris en 1788. Lieutenant en 1790 au régiment d'infanterie n° 15 d'Alton, fait prisonnier lors du passage du Rhin à Kehl en 1797, major en 1809, lieutenant-colonel au régiment d'infanterie Lusignan n° 16 en octobre 1813, est envoyé à l'armée du feldzeugmeister baron Hiller, fait partie de la division du comte Nugent, commande l'une des colonnes que ce général lance sur le Taro le 13 avril 1814, dégage de son propre mouvement la colonne compromise des généraux Stahremberg et Senitzer menacés d'être tournés sur leur droite, et force les Français à se retirer sur Fiorenzuola. Sa belle conduite dans la journée du 13 avril 1814 valut en 1815 la croix de chevalier de l'Ordre de Marie-Thérèse au lieutenant-colonel Bourguignon, qui ne fut nommé qu'en 1824, colonel et commandant du 35e régiment d'infanterie à la tête duquel il resta jusqu'à sa retraite en 1830. Mort à Vienne le 6 avril 1833.

Hirtenfeld, *Der Militär Maria Theresien Orden und Seine Mitglieder*, t. II.

ANNEXE LXIV

(p. 508)

Senitzer (Paul-Marie-Joseph, baron), né à Freiberg, en Styrie, en 1761. Enseigne en 1777 au régiment d'infanterie Kolowrat prend part à la guerre de la Succession de Bavière et à toutes les campagnes contre la Révolution française. Blessé cinq fois pendant cette période, il se distingue à la bataille de Novi (1799) où, à la tête de sa compagnie de grenadiers il délivre un milliers de prisonniers autrichiens et russes.

Colonel du régiment d'infanterie Benjowski en 1809, c'est lui qui est chargé de fournir l'extrême arrière-garde après la bataille de Wagram. Le calme dont il fait preuve pendant cette retraite lui vaut la croix de chevalier de l'Ordre de Marie-Thérèse. Chargé comme colonel du commandement d'une brigade, il fait la campagne de 1812, et est envoyé en 1813 à l'armée d'Italie où il est nommé général le 27 février 1814. En 1815 il commande une des brigades de Bianchi à la bataille de Tolentino; envoyé ensuite à l'armée d'occupation en France, puis nommé sur sa demande commandant de la place forte d'Essegg en avril 1826, il y meurt le 20 juin 1830.

(Hirtenfeld, *Der Militär Maria Theresien Orden und Seine Mitglieder*, t. II, et *K. u. K. Kriegs-Archiv. Verzeichniss der Kaiserlichen Generale bis zum Jahre 1815*).

ANNEXE LXV

(p. 508)

Rapport du général Carascosa au général Millet (San Lazzaro, 16 avril)

« Le 13 avril à la pointe du jour, la 1re brigade, conformément aux ordres, s'est mise en marche, de Parme vers le Taro où l'artillerie de la division avait déjà mis en position quatre pièces qui enfilaient la grande route. L'ennemi posté sur la rive observait nos mouvements. Le roi avait ordonné au général Starhemberg de se présenter sur le fleuve à 1 mille 1/2 à notre droite. La brigade Gober devait précéder nos mouvements, passer le fleuve, se porter obliquement sur Borgo San Donnino et Fiorenzuola, et couper la retraite à l'ennemi pendant que ma 1re brigade et celle de Starhemberg l'occuperaient de front.

« Le roi, voyant tout prêt, fait ouvrir le feu par l'artillerie afin de percer les intentions de l'ennemi et passer le fleuve à gué en colonnes serrées. Le fleuve est traversé en un quart d'heure. L'ennemi tire quelques coups de canon. Ma 1re brigade suit la grande route pendant que Starhemberg est aux prises avec l'ennemi qui tient ferme dans un bois sur notre droite. A 2 milles du fleuve, Starhemberg opère sa jonction avec moi, et nous continuons à combattre l'ennemi qui défend le terrain pied à pied jusqu'à Fiorenzuola.

Le combat a duré onze heures. Mais, malgré son acharnement, nous avons toujours réussi à tourner les positions de l'ennemi que l'artillerie battait et la cavalerie chargeait de front.

L'ennemi a opposé une résistance acharnée à Borgo San Donnino[1], où il se défend à la tête du pont et à l'entrée du village dont il occupe les maisons et d'où il fait partir un feu terrible, puis à la sortie du village que je finis par faire enlever par un bataillon du 2e léger sous la conduite du général Pepe. Menacé par la cavalerie qui fait mine de charger, Pepe forme son bataillon en carré et oblige la cavalerie à se retirer sans qu'elle ait osé charger. » (En français dans l'original.)

(*Regio Archivio di Stato, Naples*, 1056, *Amministrazione delle Marche*.)

ANNEXE LXVI

(p. 510)

Extrait de la proclamation adressée par Murat aux Romains
(Bologne, le 10 avril 1814)

« ... J'ai occupé votre pays bien moins en conquérant qu'en ami. Je n'ai usé de mes droits que pour améliorer votre sort à l'aide de toutes les mesures que pouvait prendre un gouvernement provisoire, et, malgré les charges de la guerre, loin d'augmenter les impôts publics, je me suis empressé de les alléger...

« L'amitié du Saint-Père à laquelle j'attache le plus grand prix et que je m'efforcerai toujours d'entretenir, ainsi que les relations de bon voisinage qui existent entre ses États et les miens, me font espérer qu'il me sera encore donné de vous fournir des témoignages de l'intérêt que je vous porte. Toutes les occasions qui se présenteront pour moi d'offrir au Souverain Pontife des preuves de ma profonde vénération et

---

1. Borgo San Donnino était défendu par la brigade du général Soulier.

de me rendre utile aux habitants des États romains, me seront toujours chères et je les saisirai toujours avec un extrême plaisir... »

(Cité par I. Rinieri, *Pio VII e Gioacchino Murat.*)

ANNEXE LXVII

(p. 510)

Le roi de Naples au Pape Pie VII

Bologne, 4 avril 1814.

« Très Saint-Père,

« Je me suis réjoui avec tous les fidèles du retour de Votre Sainteté en Italie, et j'ai ordonné des prières publiques dans toutes les églises de mon royaume, ainsi que dans toutes celles des pays occupés pour mon service, pour en rendre grâce au Très-Haut.

« Mon désir est de voir bientôt le chef de la Sainte Eglise reprendre dans la capitale de la Chrétienté et ses honneurs et l'exercice d'un pouvoir si nécessaire au bonheur du monde.

« Le sort des armes m'ayant rendu maître des Etats que Votre Béatitude possédait, lorsqu'Elle fût forcée de quitter Rome, je ne balance pas à les remettre sous Son autorité, renonçant en Sa faveur à tous les droits de conquête sur ce pays.

« Si je connaissais moins les dispositions des souverains, dont je suis l'allié, à l'égard de Votre Sainteté, je croirais devoir attendre qu'il les eussent exprimées pour La rétablir dans Son gouvernement, ayant la ferme volonté de ne rien faire qui ne soit conforme à leurs vues ; mais, ne pouvant pas révoquer en doute les intentions de ces princes magnanimes dans une circonstance si mémorable, j'aime à les accomplir avec un empressement qui puisse être aux yeux de l'Europe la preuve de ma profonde vénération pour le Saint Siège, ainsi que de mes sentiments particuliers pour un Souverain Pontife si digne par Ses éminentes vertus du haut rang où la Providence l'a placé.

« *Afin que la remise de vos États, dont le gouvernement français avait formé les deux départements de Rome et du Trasimène s'exécute avec l'ordre et la solennité convenables,* je prie Votre Béatitude de me faire connaître à quelle époque et par quels actes Elle veut en prendre possession. Aussitôt que je serai instruit de vos déterminations, Très Saint-Père, mon chambellan le marquis de Montrone, qui aura l'honneur de vous remettre ma lettre, recevra l'autorisation de se concerter pour tous les arrangements à prendre avec la personne que Votre Sainteté voudra bien désigner. J'adopterai avec plaisir toutes les mesures qui auront pour objet ou l'avantage du Saint-Siège ou la satisfaction personnelle de Votre Sainteté. Je me flatte que, de Son côté, Elle voudra bien accueillir toutes celles qui seront jugées nécessaires, afin que le gouvernement provisoire, établi par moi à Rome, y cesse ses fonctions

avec dignité. Les fonctionnaires qui le composent ont droit à des
égards particuliers pour le zèle qu'ils ont mis à faire le bien.

« Je recommande à la bonté de Votre Sainteté tous les sujets Romains,
qui ont secondé l'administration napolitaine. Je Lui recommande surtout ceux à qui j'ai accordé des distinctions particulières. Ils ne les
ont obtenues que par des talents renommés et des sentiments honorables ou par des services qui intéressaient Votre Sainteté plus encore
que mon Gouvernement[1].

« Sur ce, je prie Dieu qu'il Vous conserve, Très Saint-Père, longues
années au régime du Gouvernement de Notre Sainte Mère l'Eglise.

Votre fils dévoué,

Joachim NAPOLÉON. »

ANNEXE LXVIII

(P. 527)

Le roi de Bavière au vice-roi

Munich, le 11 avril 1814.

« MON BIEN-AIMÉ FILS,

« Jusqu'ici je n'ai pu qu'approuver, mon cher ami, la loyauté de votre
conduite ; je dis plus, elle m'a rendu fier d'avoir un tel fils. Actuellement que tout a changé de face, comme vous le verrez par l'imprimé
ci-joint, vous pouvez quitter la partie sans vous déshonorer. Vous le
devez à votre femme et à vos enfants.

« *Un courrier, qui m'est arrivé cette nuit, m'apporte la nouvelle que Marmont a passé chez nous avec 6.000 hommes d'infanterie, 2.000 chevaux, toute
vieille troupe et 20 pièces de canon.* Les maréchaux ont forcé l'empereur
qui est à Fontainebleau d'abdiquer, en lui déclarant que son armée ne
voulait plus lui obéir. Il s'est décidé à condition que l'impératrice serait
régente et le roi de Rome empereur. Ney, Macdonald et Caulaincourt,
sont arrivés à Paris avec cette proposition au nom de l'armée. On
attendait l'arrivée de l'empereur d'Autriche pour leur donner une
réponse. Elle sera, je crois, négative vu qu'on s'est déjà trop prononcé
pour les Bourbons.

« Les alliés vous veulent tous du bien, mon cher Eugène, profitez de
leur bonne volonté et songez à votre famille.

---

1. Cf. *Haus, Hof und Staats-Archiv*. P. S. 2 ad Rapport 18. Comte de Mier au
prince de Metternich. Parme, 17 avril.

Mier et Bellegarde avaient approuvé les offres faites par Murat au pape, qui,
« quoique travaillé par Nugent, était sur le point de les accepter ; mais, aussitôt après le retour auprès de lui du lieutenant comte de Coudenhoven, Pie VII
déclara qu'il lui fallait tous ses Etats. »

Mier rend compte à Metternich que le feld-maréchal, n'ayant rien prescrit
de semblable à Coudenhoven, il lui a écrit pour l'inviter à s'abstenir de donner
des conseils, et a prié Bellegarde de lui envoyer des ordres en conséquence.

« Une plus longue retenue serait inpardonnable.

« Adieu, mon cher fils, je vous embrasse avec Auguste et vos enfants. La reine en fait autant.

Votre père, Max-Joseph. »

« L'impératrice Joséphine est partie le 29, pour Navarre. »

ANNEXE LXIX

(p. 533)

Convention militaire de Schiarino Rizzino

« Les Soussignés, après avoir échangé les pouvoirs qui leur ont été délivrés par leurs généraux en chef respectifs sont convenus des articles suivants, sous la ratification des mêmes généraux en chef.

Article premier. — Du jour de la présente convention, il y aura suspension d'armes entre les troupes italiennes et françaises sous les ordres de Son Altesse Impériale le prince vice-roi d'un côté, l'armée autrichienne sous les ordres du feld-maréchal comte de Bellegarde, les troupes de Sa Majesté le roi de Naples et celles sous les ordres de lord Bentinck de l'autre.

Art. 2. — Cette suspension d'armes ne doit expirer que huit jours après que les troupes françaises, rentrant par les routes qui seront indiquées, auront traversé les contrées de la France occupées par les armées alliées.

Art. 3. — Les troupes françaises, qui font partie de l'armée du prince vice-roi, rentreront dans les limites de l'ancienne France au-delà des Alpes.

Art. 4. — Si, dans deux jours après l'échange des ratifications de la présente convention, les troupes françaises n'ont reçu aucun ordre de leur Gouvernement, elles se mettront de suite en mouvement pour rentrer en France, par étapes avec les séjours ordinaires, et par divisions ou brigades, selon que les localités le permettront.

Art. 5. — Les colonnes de l'armée française marchent d'abord sur la route d'étapes prescrite, par la gauche du Pô, ce qui aura lieu également pour les troupes qui sont à Plaisance. Des commissaires et des officiers d'état-major français et autrichiens vérifieront d'abord si les routes du Mont Genèvre et du col de Tende sont, dans cette saison, praticables pour les troupes et pour l'artillerie, et dans ce cas, l'armée française prendra cette route. Dans le cas contraire, cette armée passera par le Mont Cenis et par la Savoie, en suivant les dispositions de l'article 2 et les susdits commissaires règleront tout ce qui est relatif à la marche, à l'entretien, aux moyens de transport et au logement, selon les règlements militaires.

Art. 6. — Les troupes italiennes, commandées par le vice-roi, continueront à tenir la partie du Royaume d'Italie non occupée par les troupes alliées et les places fortes qui s'y trouvent.

Art. 7. — Les troupes autrichiennes pourront traverser le Royaume d'Italie par les routes d'étape de Crémone et de Brescia, *sans cependant passer par la capitale.*

Ce mouvement ne commencera que dix jours après que les troupes françaises se seront mises en marche pour retourner en France. Des commissaires italiens accompagneront les troupes autrichiennes dans les districts du Royaume d'Italie pour leur faire fournir les vivres, fourrages, logements et moyens de transport ; elles ne pourront rien exiger au delà.

Art. 8. — Une députation du Royaume d'Italie pourra se rendre au quartier-général des alliés, et, dans le cas où elle ne recevrait pas une réponse satisfaisante pour toutes les parties, les hostilités ne recommenceront entre les troupes autrichiennes, les alliées et celles du Royaume d'Italie que 15 jours après avoir reçu la décision des puissances alliées.

Art. 9. — Les forteresses d'Osoppo, Palmanova, Venise, Legnago et les forts qui en dépendent seront remises ap rès la ratification de la présente convention à l'armée autrichienne dans l'état où elles se trouvent maintenant. La remise aura lieu dans les formes ordinaires le 20 du courant.

Art. 10. — Les garnisons de ces places sortiront avec les honneurs de la guerre, armes et bagages, caisses militaires, magasins d'habillement, artillerie de campagne, voitures d'artillerie, papiers relatifs à l'administration militaire. Les officiers du génie et de l'artillerie de ces places remettront aux officiers autrichiens nommés à cet effet les papiers, plans et inventaires relatifs au génie et à l'artillerie.

Art. 11. — Il sera permis à toutes les autorités civiles administratives et judiciaires, qui voudront suivre les garnisons d'emporter leurs effets et les papiers relatifs à leur service. A leur départ, elles remettront aux autorités autrichiennes les papiers, documents et archives relatifs à la branche d'administration qui leur était confiée.

Art. 12. — Les troupes françaises qui étaient dans ces forteresses suivront le sort de l'armée française et les troupes italiennes, celui de l'armée italienne.

Art. 13. — Dans le cas où quelqu'une de ces forteresses aurait capitulé avant l'échange des ratifications de la présente convention, la capitulation aura son plein et entier effet. Cependant les garnisons, soit françaises, soit italiennes, retourneront sans autre condition à leur armée.

Art. 14. — Les troupes de ces quatre forteresses traverseront par journées ordinaires d'étapes les pays occupés par l'armée autrichienne et il leur sera fourni les vivres, fourrages, transports et logements nécessaires.

Art. 15. — Il sera conclu entre les commandants de ces forteresses et ceux des troupes autrichiennes du blocus des conventions relatives à l'évacuation ainsi que pour les malades et blessés à laisser aux hôpitaux et aux moyens de transport à leur accorder.

Art. 16. — Les officiers d'état-major, qui auront l'ordre d'accompagner ces colonnes, veilleront à ce que les moyens de transport, que le pays doit fournir, soient remplacés à chaque étape. Les commandants des colonnes seront responsables de l'exécution de cet article et devront fournir main forte aux commissaires autrichiens, toutes les fois qu'ils le demanderont.

Art. 17. — Des officiers d'état-major français et italiens seront de suite envoyés dans les places ci-dessus dénommées pour faire connaître à leurs commandants la suspension d'armes et leur porter l'ordre d'exécuter la présente convention.

Art. 18. — Si la présente convention est ratifiée, les ratifications seront échangées dans le plus bref délai possible, en foi de quoi, les soussignés y ont apposé leur signature et leur cachet.

Fait au château de Schiarino Rizzino, près Mantoue, le 16 avril 1814.

GÉNÉRAL BARON DODE DE LA BRUNERIE,
Commandant en chef du Génie de l'armée.

GÉNÉRAL DE DIVISION BARON ZUCCHI,
Gouverneur de Mantoue.

COMTE DE NEIPPERG,
Feld-maréchal-lieutenant, commandant l'avant-garde
de l'armée autrichienne.

La présente convention a été ratifiée le 17 avril 1814, par Son Altesse Impériale le prince vice-roi et par le maréchal de Bellegarde.

Le vice-roi au duc de Lodi.

Mantoue, 15 avril 1814.

« MONSIEUR LE DUC DE LODI,

« Je m'empresse de vous prévenir que j'ai eu aujourd'hui une seconde entrevue avec le général Neipperg. Demain une suspension d'armes suivie d'une convention militaire sera probablement signée sur les bases ci-après :

« La partie du royaume d'Italie, non encore occupée par les armées autrichiennes reste intacte et continue d'être occupée par l'armée italienne commandée par le vice-roi.

« Deux députés seront envoyés par le gouvernement italien près des souverains alliés pour assurer l'indépendance du royaume et défendre les intérêts des peuples qui le composent.

« L'armée française évacuera dans un certain espace de jours fixé tout le pays en deçà des Alpes.

« L'armée autrichienne pourra traverser la partie du royaume non encore occupée un certain nombre de jours après le départ des troupes françaises et sans s'arrêter dans le territoire.

« La suspension d'armes avec les troupes italiennes durera jusqu'après le retour des députés italiens; mais les hostilités ne pourront jamais recommencer que quinze jours après le même retour.

« Le chevalier Hennis, qui part ce soir de Mantoue, est chargé de vous donner quelques détails de plus sur cette entrevue. Les deux députés peuvent donc être choisis sur-le-champ et ostensiblement. La mission est fort importante, puisque les droits et les intérêts du royaume doivent être discutés et défendus par eux. Je pense que des hommes comme Prina[1], Fontanelli, Testi pourraient convenir à une mission aussi importante. Je tiens beaucoup à ce qu'on choisisse un individu de la rive gauche du Pô et un de la rive droite. Vous les dirigerez sur mon quartier-général et je pourrai leur remettre une lettre pour l'empereur François.

« Sur ce, etc...

EUGÈNE NAPOLÉON. »

Le vice-roi au duc de Lodi

Mantoue, 16 avril 1814.

MONSIEUR LE DUC DE LODI,

« Je m'empresse de vous prévenir qu'une suspension d'armes vient d'être signée à l'instant même et sera ratifiée demain à midi. Je vous en communiquerai aussitôt les conditions.

« Je désire que vous voyiez dans mon empressement le désir que j'ai et que j'aurai toute ma vie d'assurer en ce qui dépendra de moi le bonheur et la tranquillité de ce peuple bon et généreux auquel il m'est permis dès à présent d'attacher toutes mes destinées.

« Je vous renouvelle en cette occasion l'assurance de toute mon amitié et sur ce, je prie, etc.

EUGÈNE NAPOLÉON. »

(*Archives particulières de la duchesse Melzi d'Eril* et Melzi d'Eril, duca di Lodi, *Memorie*, etc.)

ANNEXE LXX

(P. 535).

Extraits du Journal *du baron von Hügel* (15-16 *avril* 1814)

Il nous a paru à la fois indispensable et curieux de mettre sous les yeux du lecteur les appréciations que le baron von Hügel a consignées dans son *Journal*, à la date des 15 et 16 avril.

« *Le* 15. — Nous sommes arrivés à Bologne à une heure après midi. J'ai lu la *Gazette* du 14 avant de donner la déclaration de l'empereur Alexandre. On y lit dans un article qu'il avait transpiré que le roi de Naples avait conclu une alliance avec l'empereur de Russie et qu'elle

---

1. Dans sa réponse en date de Milan 17 avril, Melzi fait connaître au vice-roi que le choix de Prina serait malencontreux parce que « l'opinion générale est trop forte contre lui » et que « son intervention aurait jeté de l'odieux sur la mission même ».

avait été signée à Bologne. J'ai parlé avec M. Schinina, secrétaire du duc de Gallo, qui se rend en toute hâte au grand quartier-général des puissances alliées pour leur porter la nouvelle que Sa Majesté Napolitaine avait effectivement passé le Taro et se proposait d'attaquer le vice-roi.

« On attend le prince Rospigliosi. On lui remettra la Toscane. Lord Bentinck est la seule cause de tous les mésentendus (*sic*); mais il a été bien grondé par Castlereagh et ne prêchera plus contre le Saint Esprit, en ayant une mémoire qui se rappelle ce qui s'est fait il y a quelques ans... »

Le 16. — Nous sommes partis de Bologne à quatre heures du matin, et, à deux heures de l'après-midi, nous, avons été à Parme. J'ai profité d'un courrier qui allait partir pour écrire quelques lignes à Ficquelmont. Rospigliosi a parlé avec Mier sans être édifié. Il est vrai que Gallo lui enseigne trop bien sa leçon. Lui et le maréchal se font la guerre ; moi je dis que l'un a raison ; mais l'autre n'a pas tort.

Le roi paraît très disposé de céder la Toscane au grand-duc ; il fait valoir maintenant son amitié particulière pour le prince.

« Les affaires en France excitent toute mon attention ; c'est Alexandre qui y paraît, mais, au lieu de dénouer le nœud gordien, il le noue. Dieu sait ce qui en sera. Il ne peut plus même être question d'un commun accord.

On dit que c'est Talleyrand qui conduit les pas de l'empereur Alexandre. Le maréchal Bellegarde était à Vérone, il négociait avec le vice-roi. Neipperg avait été chargé de cette négociation. *Dieu sait ce qui sera de tout cela. Pour ma partie, je me tue pour voir autre chose dans tout cela que le germe d'un temps bien malheureux. Napoléon a cessé d'exister, mais il aura laissé un testament politique à l'Europe qui sera difficile à démêler. Bientôt on verra comme on nous a bernés.*

« Le prince Rospigliosi a été chez le roi qui lui a exprimé les sentiments les plus favorables pour le grand-duc et lui a promis la remise de la Toscane. Mais il lui a parlé en même temps de l'impossibilité de nourrir 30.000 hommes, qu'il avait hors de ses Etats sans le secours de l'étranger [1].

Rospigliosi a parlé encore à Gallo. Il brouillera tout s'il ne laisse cette malheureuse idée que c'est du maréchal qu'il doit recevoir le grand-duché. On dit que le maréchal a signé un armistice avec le vice-roi. Cela éclairerait tout : le roi s'en irait à Naples et nous aurions des troupes à notre disposition.

« Dans les Etats du Pape, il existe une quantité d'émeutes toutes produites par l'or des Anglais, comme disent Gallo et Mier.

Tout le pays est dans un état révolutionnaire. Le roi a fait offrir au Pape de lui restituer le pays qu'il avait avant la dernière invasion des Français. Le Pape a déclaré ne pouvoir accepter ou tout ou rien. Le

---

1. *Note en marge :* Le comte de Mier se plaît à dire qu'il était vrai que l'armée napolitaine prenait beaucoup d'argent, mais que c'étaient des rieuses (*sic*) comparaisons de notre manière de faire la guerre et que c'était d'autant plus étonnant que les pays où nous faisions la guerre devaient nous appartenir, tandis que ceux où l'armée napolitaine se trouvait, seraient bientôt évacués.

comte de Mier a dit qu'il paraissait que le bon vieillard croyait que c'était pour ses beaux yeux qu'on va le réintégrer et que c'est pour cela qu'il fait des façons, au lieu de se rendre aux décisions des alliés dont il était l'interprète.

« Il est vraiment insoutenable de voir la manière dont nos affaires vont ici et les gens qui les conduisent. Le prince de Metternich veut soutenir *le roi qui de son côté fait tout pour s'arracher la couronne*. Le comte de Mier[1] rampe devant le duc de Gallo ; il plaint le roi d'être mal environné et de ce que quelques fripons lui font faire les pas qui le rendent odieux. Il prétend qu'il a toujours été dans les meilleures intentions. Mais il accuse le maréchal et plus encore le général Nugent qui, les derniers jours où le roi voulait agir, n'a pas consenti à attaquer Plaisance. Tout cela est bien pitoyable ; aussi je voudrais que nous puissions lire les rapports de Balachoff sur cette chose. Nous sommes bien misérables dans notre grandeur : voilà mon refrain.

« Menz est l'homme le plus nul que je connaisse : il est toléré chez Mier comme une bête domestique. Il paraît pourtant connaître le matériel des affaires ; mais il est impossible de lui faire voir les choses dans le vrai jour politique.

« Mier voit encore le roi comme s'il n'avait nullement trempé dans l'idée de la monarchie italienne. Il ne peut nier que *le roi fait à tout moment des choses qui méritent qu'on le chasse ;* mais enfin M. de Metternich veut un roi tout à fait de sa façon. Il joue là un rôle au-dessus de ses forces ; et qu'il prenne garde aux suites...

« Je crois que Mier n'adresse plus de notes au duc de Gallo : il lui suffit de parler au roi et à son ami Gallo... »

ANNEXE LXXI

(p. 536)

La mission du marquis de Montronc auprès du Pape

Grâce aux recherches et aux précieuses découvertes de P. Ilario Rinieri, on peut désormais suivre, pas à pas et pièces en main, toute

----

1. Mier n'était évidemment pas des amis de Hügel, qui enregistre à son sujet à la date du 14 avril la note suivante :

« Plusieurs personnes à Bologne, et entre autres le marquis Malvezzi, propriétaire de la maison où logea Balachoff, tiennent de singuliers propos sur le comte de Mier. Ils disent tout clairement qu'il est plus Napolitain qu'Autrichien et le disent à la solde du roi. Sous ce rapport, ils ont matériellement tort, mais moralement raison... »

Notons en passant qu'il ajoute ce qui suit dans cette même note :

« Balachoff a dit que le pape devait rentrer dans tous les États qui avaient formé le patrimoine de Saint-Pierre.

« Bentinck s'est déclaré le défenseur du pape. On trouve cela extraordinairement ridicule et on lui en conteste le droit d'après sa religion.

« La ville de Bologne et les pays qui formaient les Légations fournissent au roi par mois au delà d'un million de lires. »

la marche des négociations que Murat essaya d'entamer avec Pie VII.
Ce fut, comme nous l'avons dit, à Imola, le 14 avril, que le marquis de
Montrone remit au Saint-Père la lettre en date du 4 avril, par laquelle
le roi de Naples offrait de restituer au Saint Siège les deux départements de Rome et du Trasimène.

« Sa Sainteté, écrit à ce propos de Cesena, le 4 mai, Mgr Bertazzoli à Mgr Testaferrata, nonce du Pape à Lucerne, a reçu
quelques jours après son arrivée à Imola une lettre du prince qui
détient le pouvoir à Naples (*principe occupatore che governa in Napoli*),
qui offrait de lui rendre deux départements... Le Saint-Père a cru de
sa dignité de ne pas accepter, et sage et politique de ne pas donner de
réponse à celui qui lui faisait une proposition aussi humiliante. »

Et en effet, dans le cas où Pie VII aurait consenti à cet arran-
gement, Murat aurait gardé pour lui les départements du Métaure, du
Musone, du Reno et du Rubicon, c'est-à-dire les provinces de Pesaro,
Sinigaglia, Urbano, Gubbio, Loreto, Tolentino, Fabriano, Camerino,
Cento, Imola, Porretta ; Ravenne, Rimini, Cesena, Faenza, en un mot
la Romagne et les Marches.

« Le silence de Sa Sainteté, écrit un peu plus loin Mgr Bertazzoli,
la fermeté dont le Saint-Père fit preuve dans une de ses conversations avec le Chambellan (Montrone) qui était resté près de lui,
apparemment pour lui faire sa cour, mais en réalité pour le surveiller
et rendre compte de ses faits et gestes, décidèrent l'usurpateur (*occupatore*) à lui faire offrir par le général de La Vauguyon les Marches à
partir de Pesaro.
« Il est vrai que, deux jours plus tard, il se repentit de cette générosité et ne parla plus que de rendre au Saint Siège la partie la plus
stérile et la plus insignifiante de ces territoires, et déclara vouloir
conserver le Métaure et le Musone sous le prétexte que tel était l'accord convenu avec les puissances alliées et plus particulièrement avec
le premier ministre de la Cour Impériale de Vienne, et il affirma que,
conformément à la volonté exprimée par ces puissances, il devait garder
ces pays jusqu'à nouvel ordre ».

Une lettre écrite à ce moment par un des intimes de Pie VII, le comte
Troni [1] à Mgr Rivarola permet, d'ailleurs, de se rendre compte de tout
ce qui se passa du 12 au 19 avril entre le Pape et Murat. Voici cette
lettre :

Tiberio Troni à Mgr Rivarola

Imola, 19 avril 1814.

« Le marquis de Montrone est arrivé le 17 au soir à Bologne où il est
resté jusqu'à hier au soir à cause d'un accident arrivé à sa voiture.

---

1. Ancien auditeur qui avait accompagné Monseigneur della Genga dans
ses Nonciatures en Russie et en Allemagne et qui l'accompagna en mai 1814
lors de sa mission à Paris.

Ignorant le motif pour lequel il s'arrêtait dans cette ville, je me suis rendu hier à Bologne pour m'en enquérir et je suis revenu ici avec lui.

« Voici tout ce que j'ai pu apprendre en ce qui touche la situation des affaires relatives à la ville de Rome :

« Montrone s'est rendu jusque sous les murs de Plaisance où il rejoignit le roi de Naples sur le champ de bataille. Celui-ci lui a dit de retourner à Parme où il le rejoindrait.

« Dès son arrivée dans cette ville, le roi fit appeler Montrone. Ce dernier lui exposa que : « le Saint-Père avait paru mécontent de la lettre du roi parce qu'on refusait de lui rendre les trois départements. » (Reno, Rubicon, Musone.)

« A la demande de Montrone, le roi consentit à examiner la question dans une conférence avec le duc de Gallo et le ministre autrichien, comte de Mier. Les deux ministres déclarèrent qu'en raison des accords intervenus entre le roi et la coalition, il était pour le moment impossible au roi de céder plus que les deux départements (Rome et Trasimène). Le comte de Mier, ministre d'Autriche a écrit dans ce sens une lettre au Chambellan qui est près de Sa Sainteté, afin de bien démontrer au Saint-Père qu'il n'y avait pas là mauvaise volonté de sa part, mais qu'il y était forcé par les circonstances.

« Je suis heureux de pouvoir ajouter que la cour de Naples se propose de restituer sous peu au Saint-Père non seulement les trois départements, mais encore les trois Légations cédées par le traité de Tolentino, pour peu que les alliées l'indemnisent en lui accordant les îles Ioniennes.

« Je dois cependant faire observer à Votre Eminence que le roi de Naples a été très froissé de n'avoir reçu aucune réponse du Saint-Père. On pourrait tout arranger en envoyant quelqu'un pour le complimenter.

« Le roi sera dans quatre jours à Bologne. On pense qu'il partira pour Naples dans les premiers jours du mois prochain.

« Le marquis de Montrone suivra de près cette lettre. Il est toujours chargé d'accompagner le Saint-Père jusqu'à Rome, de payer toutes les dépenses et de négocier la cession du gouvernement de Rome et des départements, points sur lesquels avec un peu de douceur et d'habileté je pense qu'on arrivera à un accord sur les bases que nous désirons... »

P. I. Rinieri, *Pio VII e Gioacchino Murat.*

***

ANNEXE LXXII

(P. 541)

Archives de la Guerre. Proclamation de Son Altesse Impériale le prince vice-roi d'Italie à son armée, Mantoue, 17 avril 1814.

« Soldats français !

« De longs malheurs ont pesé sur notre patrie. La France cherchant un remède à ses maux s'est replacée sous son antique égide. Le sentiment de toutes ses souffrances s'efface déjà pour elle dans l'espoir du repos si nécessaire après tant d'agitations.

« En apprenant la nouvelle de ces grands changements, votre premier regard s'est porté sur cette mère chérie, qui vous rappelle dans son sein. Soldats français, vous allez reprendre le chemin de vos foyers. Il m'eût été bien doux de pouvoir vous y ramener. Dans d'autres circonstances, je n'eusse cédé à personne le soin de conduire au terme du repos les braves qui ont suivi avec un dévouement si noble et si constant les sentiers de la gloire et de l'honneur.

« Mais, en me séparant de vous, d'autres devoirs me restent à remplir.

« Un peuple bon, généreux et fidèle réclame le reste d'une existence qui lui est consacrée depuis près de dix ans. Je ne prétends plus disposer de moi-même, tant que je pourrai m'occuper de son bonheur qui a été et sera l'ouvrage de toute ma vie.

« Soldats Français, en restant au milieu de ce peuple, soyez certains que je n'oublierai jamais la confiance que vous m'avez témoignée au milieu des dangers ainsi que dans les circonstances politiques les plus épineuses.

« Mon attachement et ma reconnaissance vous suivront partout comme l'estime et l'affection du peuple italien.

Eugène NAPOLÉON. »

Toujours soucieux des intérêts de l'armée dont il allait se séparer, le vice-roi avait tenu avant de se démettre de ses pouvoirs, à donner à tous un dernier témoignage de sa reconnaissance et de son attachement. Par décret rendu à Mantoue le 17 avril, il accordait à titre de gratification un mois de solde aux généraux, officiers, sous-officiers et soldats de l'armée d'Italie et chargeait le Ministre du Trésor d'en verser le montant au payeur général de l'armée (*Regio Archivio di Stato, Milan*).

Il me semble, de plus, intéressant de reproduire ici un ordre du même jour, ordre inédit que le vice-roi adressa au général Lechi, ordre et dont je dois la communication à la bienveillance du docteur Luigi Ratti.

« Dans le cas où les troupes ennemies, qui sont au-delà du Pô, auraient déjà connaissance de l'armistice et y auraient consenti, le général Lechi pourra faire rentrer à Mantoue : 1° les grenadiers et vélites de la garde royale et 2° quarante-huit heures plus tard les chasseurs de la garde. Les dragons Napoléon pourraient être placés à Sabbionetta et Casal Maggiore, établissant deux ou trois postes d'observation sur le Pô.

« L'artillerie de la garde resterait à Catelluccio, où elle était primitivement. »

(*Collection particulière du docteur Luigi Ratti de Milan.*)

ANNEXE LXXIII

(p. 543)

Bien que nous ayons cité un passage de la dépêche de lord William Bentinck à lord Castlereagh, nous croyons cependant qu'il sera utile et intéressant de la reproduire *in extenso* et de la faire suivre des deux lettres de Minutolo et du roi de Naples, que Bentinck avait jointes à son envoi.

Lord William Bentinck à lord Castlereagh

Gênes, 19 avril 1814.

« MYLORD,

« J'ai reçu les dépêches et les lettres particulières de Votre Seigneurie des 3 et 5 avril, qui m'ont été remises par M. Werry et par le major Saint-Laurent. Je suis très peiné de voir que Votre Seigneurie n'approuve pas mon attitude à l'égard de Murat. Mais si je pouvais lui exposer toute la question, la mettre au courant de toutes les observations que j'ai eu tant d'occasions de faire et de recueillir, j'ai la conviction que Votre Seigneurie se ferait une tout autre idée de son caractère. Il ressemble plus que personne au monde à la vieille reine de Naples. Tous deux ils ont un besoin insatiable d'une activité stérile, pernicieuse pour tous ceux auxquels elle s'adresse, mais surtout pour eux-mêmes.

« Votre Seigneurie croit peut-être qu'il a été blessé par le langage que je lui ai tenu. Je prends la liberté d'annexer à ma dépêche une lettre qui m'a été écrite par le maréchal (de camp) Minutolo, avec lequel j'ai eu une longue conversation qui a roulé toute entière sur Murat et auquel j'ai exprimé tous les regrets que j'avais éprouvés à le voir suivre une ligne de conduite aussi contraire à son honneur qu'à ses intérêts. J'avais connu le maréchal lorsqu'il était au service du roi de Sicile et notre conversation a eu le caractère d'un entretien particulier. Il en a immédiatement fait part au roi et m'a envoyé la réponse qui lui a été donnée.

« Le roi est absolument intraitable. Il est trop faible pour se diriger lui-même et trop méfiant pour se laisser guider. Je suis cependant convaincu que, si j'avais été soutenu par le maréchal de Bellegarde et par le comte de Mier, qui est sa créature, nous aurions pu ou l'obliger à agir, ou faire éclater au grand jour sa duplicité.

« Je suis heureux de pouvoir annoncer à Votre Seigneurie, que Gênes est depuis ce matin en mon pouvoir et sera évacué après demain par la garnison qui, forte de 3.000 hommes, rentrera en France. J'aurais sans cela donné l'assaut demain.

« Le bruit court que Bellegarde a conclu un armistice avec le vice-roi. Jusqu'à cette heure je n'en ai pas reçu officiellement avis. La paix paraît certaine; s'il n'en était pas ainsi, je me porterai sur le Pô à la demande du maréchal Bellegarde. S'il ne demande pas ma coopération, je me propose de me porter sur la France par terre et par mer. J'ai invité le maréchal Bellegarde à me communiquer ses idées sur les opérations que j'aurais à entreprendre [1]. »

PIÈCES ANNEXÉES A CETTE DÉPÊCHE

Le maréchal de camp Minutolo à lord W. Bentinck

Levanto, ce 13 avril 1814, à neuf heures du soir.

« EXCELLENCE,

« Je suis parti en poste de Livourne et j'ai couru nuit et jour pour vous joindre dans l'intention de vous communiquer ce que Sa Majesté m'écrit sur votre particulier. On m'avait assuré à Livourne que vous aviez votre quartier-général à Spezia. Ayant (*sic*) arrivé à Lerici, l'on m'a supposé que vous étiez à Sestri et dans cette assurance j'avais nolisé un bateau pour aller vous présenter mes respects en cet endroit. Chemin faisant, me trouvant près de Levanto, j'ai parlementé avec une barque qui venait de Chiavari. Le patron m'assure que votre quartier-général se trouve à Nervi, près de Gênes.

« Je suis bien fâché, mon Général, de ne pouvoir aller si loin, car il faut que, dans la nuit du 14, je me trouve à Livourne. Ne pouvant avoir l'honneur de vous présenter personnellement mes hommages et étant dans le devoir de vous partager les sentiments de mon souverain, j'ai l'honneur de vous expédier un courrier avec l'extrait de la lettre que le roi m'a écrite à votre égard et en réponse de ce que je lui ai écrit de l'entretien que j'ai eu l'honneur d'avoir avec vous le jour de votre dernier départ de Livourne.

« Veuillez, Mylord, m'honorer de votre réponse et de vos idées sur ce particulier, que je vous prie de me faire parvenir à Livourne par un courrier que j'attends avec impatience.

« Je vous félicite bien sincèrement de vos heureux progrès, aussi rapides que l'éclair. Je compte et je souhaite recevoir votre réponse de Gênes où vous allez porter la joie et le bonheur.

« Croyez, mon Général, qu'il n'y a personne qui prenne tant d'intérêt que moi à vos succès. Veuillez me mettre souvent dans le cas de vous prouver la haute considération et la parfaite estime dans laquelle j'ai l'honneur de vous saluer.

Le maréchal de camp, MINUTOLO. »

Extrait d'une lettre de sa Majesté le roi de Naples (au général Minutolo)

« ..... Vous ferez connaître à lord Bentinck que j'avais été au moins aussi fâché que lui de n'avoir pu faire entièrement tout ce qu'il m'avait

---

1. Castlereagh, *Correspondence, Despatches and Other Papers*, IX, 476-478. Cette dépêche est écrite comme toutes les dépêches de Bentinck à Castlereagh en anglais. Les deux lettres annexées sont au contraire en français dans l'original.

demandé, mais que j'espère bientôt le convaincre qu'il a été dans l'erreur en me croyant décidé à ne pas agir contre la France et que je veux lui prouver, à lui Bentinck, qu'il n'a pas de meilleur ami que moi.

« La campagne va s'ouvrir et j'espère que toute l'Italie sera bientôt délivrée de la présence de l'ennemi. Je me flatte toutefois que l'armée italienne ne voudra pas se battre contre l'armée napolitaine qui est aussi composée d'Italiens.

« Je voudrais qu'il me mît dans le cas de lui prouver ma loyauté et mon sincère attachement. Souhaite-t-il avoir un de mes meilleurs généraux sous ses ordres ? Veut-il avoir à sa disposition une partie de mes troupes ? Qu'il parle, qu'il me fasse connaître ce qui peut lui être agréable ou utile à ses vues et je lui prouverai plus par les faits que par les expressions le sincère dévouement qui m'attache aux progrès et à la bonne cause de nos alliés (qui est aussi la nôtre) de même que l'amitié que j'ai pour un brave homme tel que lui, que j'estime et aime au-delà de toute expression... »

ANNEXE LXXIV

(p. 549)

Capitulation de Gênes

Convention entre le chevalier Dubignon, colonel commandant la gendarmerie de la 29ᵉ division militaire, au nom de M. le général de division baron Fresia, commandant supérieur de la place de Gênes d'une part ; le lieutenant général Mac-Farlane au nom de lord William Cavendish Bentinck, général en chef de l'armée cantonnée dans la rivière de Gênes et le chevalier Borsley, chef d'escadre sous les ordres du vice-amiral chevalier Pellew, commandant en chef la flotte anglaise dans la Méditerranée.

ARTICLE PREMIER. — La place de Gênes sera remise aux troupes combinées anglo-siciliennes ; en conséquence, toutes les hostilités cesseront dès ce moment entre ces troupes et la garnison de Gênes.

ART. 2. — Lesdites troupes prendront possession de la ville de Gênes demain matin à cinq heures, c'est-à-dire elles occuperont à cette heure les portes Pilo et Arco, le quartier de la Pace en dedans de ces portes, de même pour le fort Quezzi[1] et dans le restant de la journée tous les autres forts et postes intérieurs.

ART. 3. — A la même heure trois vaisseaux de guerre entreront dans le port de Gênes.

ART. 4. — Les troupes françaises resteront en possession des autres parties de la ville jusqu'au 21, à 8 heures du matin. Elles se mettront alors en marche pour rentrer en France par le plus court chemin. Si elles prennent celui de Nice, le gouvernement anglais s'oblige à fournir trois vaisseaux pour le transport de ses bagages.

---

1. A un peu plus de 2 kilomètres à l'ouest du fort Richelieu.

Art. 5. — Elles suivront la route d'étapes fixée par les règlements et ne seront aucunement inquiétées dans leur marche par les troupes de Sa Majesté britannique ou de ses alliés.

Art. 6. — Les troupes françaises sortiront avec armes et bagages, tambour battant et mèches allumées et tous les honneurs de la guerre. Elles conduiront avec elles 6 pièces d'artillerie et les caissons nécessaires pour le transport de cette artillerie et de 120 cartouches par soldat.

Art. 7. — Toutes les personnes appartenant aux troupes françaises emporteront tous les effets et bagages qui leur appartiennent. Bien entendu que dans cette disposition ne sont compris que les effets des corps et non les magasins du gouvernement.

Art. 8. — Demain matin il sera nommé de part et d'autre deux commissaires pour recevoir les magasins et effets du gouvernement français, qui seront mis sous le scellé du gouvernement anglais. Tout ce qui est nécessaire à l'entretien des troupes françaises jusqu'au 21 restera à leur disposition ; en outre, quatre rations de biscuit par homme, à raison de la force actuelle de la garnison.

Art. 9. — Tout ce qui appartient à la marine française sera remis à la marine anglaise.

Art. 10. — Les malades et blessés de l'armée française resteront dans les hôpitaux de la place de Gênes jusqu'à leur guérison : ils y seront, comme par le passé, traités aux frais du gouvernement français. Un commissaire français et un officier de santé resteront à Gênes pour veiller à l'exécution du présent article et pour diriger successivement les militaires guéris vers leurs cantonnements en France.

Art. 11. — S'il se présentait d'autres objets qui puissent avoir besoin d'une décision particulière, il sera nommé de part et d'autre des commissaires pour les régler.

Ainsi fait à San Francisco d'Albaro, le 18 avril 1814.

ANNEXE LXXV

(p. 554)

Tout en renvoyant le lecteur qui désirerait connaître le détail exact des tristes événements qui ensanglantèrent Milan au beau travail que vient de publier un savant historien, aussi consciencieux que modeste, M. Francesco Lemmi (*La Restaurazione Austriaca a Milano nel* 1814), nous avons cependant cru devoir reproduire ici certaines pièces officielles de nature à faire une fois de plus apprécier l'extrême correction qui, jusqu'au dernier moment, guida la conduite et inspira tous les actes du vice-roi.

Informé le 21 avril au matin, par le colonel Cavazza, qui venait de lui apporter un rapport de Zanoli, secrétaire général du Ministère de la Guerre, des principales péripéties du mouvement révolutionnaire de la veille, le vice-roi, qui avait envoyé la veille au général Pino un projet de décret dans lequel il déposait les pouvoirs qui lui avaient été confiés, lui adressa aussitôt la lettre qu'on va lire et dans laquelle on voit apparaître toute sa grandeur d'âme et toute la noblesse de ses sentiments.

Le vice-roi au général Pino [1]

Mantoue, 21 avril 1814.

« J'apprends en ce moment la déplorable agitation dont Milan est le théâtre. Il est inutile de vous dire combien mon cœur s'en afflige. Je vous suis reconnaissant des efforts que vous faites pour calmer l'effervescence des esprits et je désire que vous preniez le commandement en chef à Milan. Je me repose sur vous pour prendre les dispositions de nature à prévenir de nouveaux désordres.

« Faites savoir au peuple que, s'il n'attendait pas avec calme les décisions des puissances alliées, il s'exposerait à compromettre son existence politique et son indépendance dans l'avenir. Faites-lui bien comprendre que, malgré la rupture de ses liens politiques avec la France, il est de son intérêt de ne pas s'aliéner la bienveillance du monarque qui la gouverne et qui est remonté sur son trône de par la volonté de la nation et les succès des armées des hautes puissances alliées.

« Je suis d'avis que les paroles de la sagesse et du patriotisme doivent être préférées aux moyens violents, à l'emploi de la force. Vous êtes Milanais, connu et aimé du peuple, comme vous méritez de l'être. J'espère, en conséquence, que votre intervention suffira pour assurer la tranquillité à Milan, tranquillité dont, dans les circonstances présentes, la capitale a le plus grand besoin.

« J'ai donné l'ordre à quelques régiments italiens de s'y rendre et de s'y placer sous vos ordres. Je vous recommande tout particulièrement d'éviter tout ce qui pourrait provoquer des désordres pendant le séjour des troupes françaises à Milan.

« En vous renouvelant mes sentiments, je prie Dieu, etc.

Eugène NAPOLÉON.

Mais avant même d'avoir eu connaissance des troubles de Milan, avant d'avoir reçu les deux lettres du 20 avril par lesquelles Melzi lui rendait compte d'abord de la fermentation des esprits à Milan, puis de l'envahissement du Sénat par la populace, le vice-roi avait tenu à faire connaître au duc de Lodi, les résolutions bien dignes de son grand caractère qu'il avait prises, hélas inutilement, pendant le cours de la journée du 20.

Mantoue, 20 avril 1814.

« MONSIEUR LE DUC DE LODI,

« J'ai reçu votre dépêche en date d'hier 19, et les deux lettres qui y étaient jointes. Je ne puis que vous remercier et des instructions que

---

1. Cf. Cusani, *Storia di Milano*, VII, 166.

Vous avez données aux députés et de votre lettre à Metternich. Vous savez si mes remerciements partent du cœur.

« J'ai reçu hier par une personne venue exprès de France *le Moniteur de France* jusqu'au 12.

« Dans ce dernier se trouve un acte d'abdication de l'empereur.

« Dans l'intérêt du royaume d'Italie, il n'y avait pas un moment à perdre. J'ai vite écrit aux trois souverains alliés pour leur faire connaître la situation du royaume et solliciter pour le pays leur intérêt et leur direction. J'ai saisi cette occasion pour leur faire connaître tous les droits que les Italiens ont à leur bienveillance.

« Il est probable que mes lettres ne seront point mal accueillies. Je sais de très bonne part que les souverains et particulièrement l'empereur de Russie ont déjà exprimé les sentiments les plus obligeants non seulement pour l'État, mais pour ma personne.

« Ma mère a été en particulier traitée par eux avec des égards dont je suis profondément touché.

« Les députés du Sénat sont arrivés aujourd'hui : ils partiront demain et je les chargerai de nouvelles dépêches pour les souverains alliés.

« Passons à un objet bien important : ce que vous me dites de l'état actuel de l'esprit public et de quelques-unes des causes de son agitation m'a profondément affligé.

« Le premier remède qui s'est offert à mon esprit a été de faire connaître au public l'abdication de l'empereur et de saisir cette occasion pour exprimer aussi mes propres sentiments.

« J'ai donc rédigé une proclamation que j'adresse aujourd'hui même au secrétaire d'État avec ordre de la publier sur-le-champ. Vous y verrez que rien de ce que vous m'avez dit n'a été perdu. Je me plais à espérer qu'elle produira un bon effet.

« Demain je m'occuperai d'une réponse au Sénat et je la ferai publier le jour d'après à la suite de la délibération du Sénat. J'espère aussi que cette publicité détruisant toutes les incertitudes concourra également à calmer les agitations.

« ... En attendant, je m'en rapporte à vous du soin de faire tout ce qui sera en votre pouvoir pour calmer l'esprit public et le rendre ce qu'il est si important qu'il soit. Dites et faites répandre ce que je viens de vous dire et que vous jugez propre à satisfaire l'opinion.

« Je vous renouvelle l'assurance de mes sentiments ; et sur ce, je prie Dieu, etc.

Eugène NAPOLÉON. »

Enfin, le lendemain, lorsqu'il sait ce qui vient de se passer à Milan voici quelques passages de la lettre que, dans sa profonde et légitime tristesse, il écrit à Melzi.

Mantoue, le 21 avril 1814.

« MONSIEUR LE DUC DE LODI,

« J'ai reçu votre dépêche en date d'hier et j'essaye de vous dire à quel point j'ai été affligé des nouvelles déplorables que j'ai reçues par vous et par d'autres. En vérité, je ne m'attendais pas à recevoir du peuple de Milan une telle récompense de mes longs services, des véritables sentiments d'affection que je lui ai portés et, je le puis dire aussi, des sacrifices que j'ai faits pour lui.

« Je suis si profondément blessé que, si la princesse eût été dans un meilleur état de santé, j'aurais déjà quitté le royaume avec toute ma famille...

« ... Monsieur le duc de Lodi, j'ai envoyé hier au général Pino un projet de décret dans lequel j'ai déposé les pouvoirs qui m'avaient été confiés. Que vous l'ayez approuvé ou qu'on ait déjà pourvu d'une manière quelconque à l'organisation d'un gouvernement provisoire, tous mes devoirs ont cessé. *Je n'ai plus d'ordres à donner. Puisse le gouvernement qui me succédera porter aux Italiens tous les sentiments que je leur ai portés pendant neuf ans!*

« En quelque lieu que ce soit et malgré le chagrin que j'éprouve en ce moment, j'apprendrai toujours avec joie le bonheur du royaume d'Italie.

« Je vous renouvelle, etc.

Eugène NAPOLÉON [1]. »

ANNEXE LXXVI

(P. 563)

Convention de Mantoue du 23 avril 1814, ratifiée le 24

« Les soussignés, après avoir échangé les pleins pouvoirs reçus de leurs généraux en chefs respectifs, considérant l'article premier du traité conclu le 11 avril entre l'empereur Napoléon et les puissances alliées, par lequel il a renoncé pour lui, ses héritiers et successeurs et tous les membres de sa famille à tout droit de souveraineté et de propriété sur le royaume d'Italie, sont convenus, sauf la ratification des susdits généraux en chef des articles suivants :

ARTICLE PREMIER. — Toutes les places de guerre, forteresses et forts du royaume d'Italie qui ne sont pas encore occupés par les troupes alliées seront remises aux troupes autrichiennes, le jour fixé par les plénipotentiaires et sous les formes fixées par la convention du 16 avril.

ART. 2. — Son Excellence le maréchal de Bellegarde enverra un plénipotentiaire à Milan pour prendre possession au nom des hautes puissances alliées du territoire non occupé du royaume d'Italie. Toutes ces autorités resteront en place et continueront leurs fonctions.

ART. 3. — Les troupes autrichiennes passeront le Mincio au moment où le maréchal de Bellegarde l'ordonnera; elles continueront leur marche sur Milan, en laissant un intervalle d'une journée de marche entre elles et les colonnes de l'armée française rentrant en France.

ART. 4. — Les troupes italiennes resteront dans leur organisation actuelle jusqu'au moment où les hautes puissances alliées auront décidé de leur sort futur. En attendant, elles seront sous les ordres du

____

1. *Archives particulières de la duchesse Melzi d'Eril* et Francesco Melzi d'Eril, duca di Lodi, *Memorie*, etc.

feld-maréchal comte de Bellegarde qui prend possession au nom des hautes puissances alliées de la partie non envahie du royaume d'Italie.

Art. 5. — Jusqu'à ce que le sort des pays, dont l'armée autrichienne prend possession, soit décidé, les traitements, pensions et soldes des troupes italiennes, des autorités et des employés civils et militaires, seront payés sur le même pied et par les mêmes caisses qu'elles l'ont été jusqu'au jour de la présente convention.

Art. 6. — Il est permis à chaque officier de quitter le service; mais il devra s'adresser aux autorités compétentes pour obtenir un congé définitif.

Art. 7. — Un officier général de l'armée royale italienne sera envoyé au quartier-général du maréchal de Bellegarde pour conférer de tout ce qui est relatif au détail du service de ces troupes.

Art. 8. — En cas que la présente convention soit ratifiée, les ratifications seront échangées dans le plus bref délai possible.

En foi de quoi les soussignés l'ont revêtus de leur signature.

Mantoue, le 23 avril 1814.

GÉNÉRAL-MAJOR COMTE DE FICQUELMONT,

GÉNÉRAL DE DIVISION BARON ZUCCHI.

Ratifié le 24 avril par le prince vice-roi et par le maréchal de Bellegarde.

Articles secrets additionnels à la Convention stipulée aujourd'hui par les soussignés, lesquels recevront leur ratification séparée en même temps que ladite Convention.

ARTICLE PREMIER. — La place de Peschiera sera rendue vingt-quatre heures après la ratification de la présente convention; les autres places et châteaux-forts seront rendus aux premières troupes autrichiennes qui se présenteront pour en prendre possession.

Art. 2. — La place de Mantoue sera remise aux troupes autrichiennes le 1er du mois de mai et si Son Altesse Impériale le prince Eugène la quitte avant cette époque, cette place sera remise vingt-quatre heures après son départ et celui de sa famille.

Art. 3. — Son Altesse Impériale le prince Eugène pourra emporter et disposer de tous ses biens particuliers, meubles et immeubles dans quelque part du royaume qu'ils se trouvent.

Fait à Mantoue, le 23 avril 1814.

FICQUELMONT.

ZUCCHI.

Approuvé et ratifié par nous,

BELLEGARDE.

Approuvé et ratifié par nous.

Eugène NAPOLÉON,

Acte d'échange

Les ratifications de la présente Convention ont été échangées par les soussignés, le 24 avril 1814, à Mantoue.

FICQUELMONT.

ZUCCHI.

Haus, Hof und Staats-Archiv, daté par F. Lemmi, *La Restaurazione Austriaca a Milano nel 1814.*

ANNEXE LXXVII

(p. 572)

Murat et l'unité italienne

Il nous a paru curieux de citer à ce propos une note de la même date (23 avril 1814) retrouvée par M. *Francesco Lemmi* aux *Archives du Ministère de l'Intérieur à Vienne*, n° 467 (*en français dans l'original*).

« ... Une chose bien plus intéressante m'a confié le même Médicis (Il s'agit évidemment ici du chevalier Médici). Et c'est que Murat travaille encore et plus que jamais à échauffer les têtes en Italie *sur la résurrection d'un royaume d'Italie et d'une nation italienne.* Il a pour collaborateurs avec lui et pour cela en différentes parties de la botte des Anglais faux et jusqu'à des Russes. Un de ces Anglais est à présent à Florence. Médicis ne m'en a pas dit le nom et, comme il a été ministre de police et est très adroit, je n'ai pas voulu le lui demander.

« Cet Anglais est très lié avec Médicis qui, comme moi, désirerait que l'Italie fût un seul royaume. Mais, comme cela n'est pas possible, et cette idée nous empêche d'être heureux et contents dans l'état où la Providence veut que nous soyons, nous n'y pensons plus. Il vient de lui écrire de Florence pour lui faire des reproches de ce qu'il ne favorise pas la grande œuvre de la résurrection de l'Italie. Il l'appelle *Italien apostat* et finit par lui dire :

« *Sachez que, en dépit de tous, nous y réussirons. L'Italie n'aura qu'un maître et ne sera qu'un pays, qu'une nation. Nous y parviendrons.*

« Médicis m'assure que ce fou d'Anglais est en correspondance serrée avec Murat et qu'il est le chef et l'âme de Polonais italiens.

« Le fait est que, si ce Murat ne s'en va pas bientôt et tout à fait, il nous donnera du fil à retordre là-bas et ce sera nous qui l'aurons voulu. Cette remarque me tranquillise car je sais combien je puis compter pour ma tranquillité politique sur celui qui mène nos affaires à présent... »

Cité par F. Lemmi, *Gioacchino Murat e le aspirazioni unitarie nel 1815 (Archivio Storico per le Provincie Napoletane.)*

ANNEXE LXXVIII

(p. 572)

« Le roi de Naples aux Toscans

Bologne, 25 avril 1814.

« Les décrets de la Providence appellent à régner sur vous un prince qui fit longtemps votre bonheur et dont vous n'avez cessé de conserver le souvenir dans vos cœurs reconnaissants.

« Possesseur de la Toscane par le droit des armes, je me félicite de pouvoir annoncer à une nation distinguée par la douceur de son caractère et de ses mœurs ainsi que par son attachement à ses souverains, un événement qui doit la remplir de joie.

« Il est le résultat des victoires éclatantes accordées par la volonté divine aux armes des princes coalisés. Il présente une partie du grand système politique adopté par la coalition européenne pour asseoir enfin sur des bases solides le repos du monde.

« Conduit plus d'une fois au milieu de vous par le sort de la guerre, j'ai toujours aspiré à vous retracer les douces et nobles vertus du prince qui va vous être rendu. Mon administration a été bienfaisante et paternelle comme la sienne. Elle s'en est rapprochée autant que les circonstances pouvaient le permettre. J'aime à espérer que le souvenir de mon nom et des sentiments particuliers d'affection que je vous ai montrés dans tous les temps se mêlera quelquefois aux bénédictions dont vous accompagnerez le nom de Ferdinand. Ami de ce prince, allié de l'auguste maison d'Autriche, à laquelle il appartient, mes vœux demandent au ciel en même temps le bonheur d'un si vertueux souverain et le bonheur des vertueux Toscans. »

(Regio Archivio di Stato, Bologne.)

ANNEXE LXXIX

(p. 577)

Proclamation de lord William Bentinck aux Génois

Gênes, 26 avril 1814.

« L'armée de Sa Majesté britannique sous mon commandement ayant chassé les Français du territoire de Gênes, il est devenu nécessaire de pourvoir au maintien du bon ordre et au gouvernement de cet État.

« Considérant que le vœu général de la nation génoise paraît être de retourner à cet ancien gouvernement sous lequel ils ont joui de la liberté, de la prospérité et de l'indépendance; considérant pareillement que ce désir paraît conforme aux principes reconnus par les Hautes Puissances Alliées, de rendre à chacun ses droits et privilèges;

« Je déclare :

« 1° Que la constitution des Etats de Gênes, telle qu'elle existait en 1797 est rétablie avec les modifications que le vœu général, le bien public et l'esprit originaire de la constitution de 1576 paraissent exiger ;

« 2° Que les modifications organiques avec la manière de former les listes des citoyens éligibles et le grand et le petit conseil seront publiées aussitôt que possible ;

« 3° Qu'un gouvernement provisoire consistant en treize individus et partagé en deux collèges, comme anciennement, sera incessamment nommé et continuera ses fonctions jusqu'en janvier 1815, époque à laquelle les deux collèges seront portés au nombre prescrit par la constitution ;

« 4° Que ce gouvernement provisoire exercera les pouvoirs législatif et exécutif et établira un système temporaire, soit en continuant et modifiant les lois existantes, soit en rétablissant et renouvelant les anciennes, de la manière qui paraîtra convenable au bien de l'Etat et à la sûreté des citoyens quant à leurs personnes et leurs propriétés ;

« 5° Que deux tiers du petit et du grand conseil seront nommés sur-le-champ ; les autres seront élus conformément à la constitution, lorsque les listes des citoyens éligibles auront été formées ;

« 6° Que les deux collèges proposeront, conformément à la constitution, aux deux conseils sus-mentionnés, toutes les mesures qu'ils jugeront nécessaires pour l'entier rétablissement de l'ancien gouvernement.

« Et pour compléter la présente, je déclare Girolamo Serra, *président* et Andrea de Ferrari, Agostino Parreto, Ippolito Durazzo, Gio-Carlo Brignole, Ger-Paolo Pallavicino, Agostino Fiesco, Domenico de Albertis, Giovanni Quartera, Marcello Massone, Giuseppe Fravega, Luca Solari, Giuseppe Gandolfo, *sénateurs élus* pour former le gouvernement provisoire de l'Etat de Gênes.

« J'invite et requiers tous les habitants de toutes les classes et conditions de leurs prêter assistance et obéissance.

« Donné à mon quartier-général de Gênes, le 26 avril 1814.

WILLIAM C. BENTINCK,

Commandant en chef[1]. »

La mesure prise par Bentinck n'avait donné satisfaction ni à son gouvernement qui allait l'en blâmer quelques jours plus tard, ni aux Génois. La noblesse génoise se plaignait hautement d'avoir été systématiquement écartée par le général anglais qui n'avait fait entrer aucun de ses membres dans la composition du gouvernement provisoire. Malgré cela, il est cependant indispensable de constater que les Génois étaient tous d'accord pour protester contre leur réunion au Piémont.

Dès le 6 mai, lord Castlereagh adressait de Paris à Bentinck une dépêche dans laquelle il critiquait sévèrement et la proclamation du commandant en chef de l'armée anglo-sicilienne et l'envoi du général Mac Farlane à Milan.

____

1. *Regio Archivio di Stato, Gênes.*

« Quant à l'arrangement que Votre Seigneurie a fait pour le gouvernement provisoire de Gênes, il est bon d'observer qu'il *ne pourra pas être considéré comme préjugeant le système futur qu'il sera convenable d'appliquer à cette partie de l'Europe.*

« *Votre Seigneurie adoptera telles mesures qui puissent concilier l'affection du peuple, mais vous éviterez de parler de l'ancienne forme de gouvernement en termes qui puissent faire naître des illusions ; car il se pourrait que des considérations dictées par l'intérêt général engageassent à adopter un autre système.*

« Quant aux mesures à prendre dans le Milanais, je ne désire pas que Votre Seigneurie y laisse le général Mac Farlane, maintenant que les Autrichiens se sont avancés. L'intervention de Votre Seigneurie placée à une si grande distance du siège des conseils des alliés compliquerait d'une manière dangereuse les intérêts de l'Italie et je désire que Votre Seigneurie ne fasse rien pour encourager la fermentation qui règne en Italie sur des questions politiques[1]. »

Bien que lord Bentinck eût comme toujours persisté en dépit de tout dans sa manière de voir, bien qu'il eût, par une proclamation du 31 juillet 1814 complété l'organisation du grand et du petit conseil du gouvernement provisoire, les Anglais, s'il faut en croire une note adressée de Venise, le 14 janvier 1815, par von Raab au directeur général de la police autrichienne, Hager, les Anglais laissèrent d'assez tristes souvenirs à Gênes.

« ... Les Gênois qui sont ici affirment que le séjour des Anglais à Gênes a coûté plus de 50 millions de lires. Ils ont entièrement vidé l'arsenal. La population est tellement montée contre eux qu'elle insulte les soldats anglais dans les rues[2]. »

———

<h2 style="text-align:center">ANNEXE LXXX</h2>

(p. 577)

Le feld-maréchal comte de Bellegarde au prince de Metternich

Vérone, 26 avril 1814.

Mon Prince,

« Par mon rapport à Sa Majesté et la dépêche officielle que j'ai l'honneur de vous adresser, vous verrez que, quoiqu'en somme les affaires aillent assez bien ici, il y a cependant des complications et des incidents sans nombre qui ne laissent pas de donner quelque embarras. Les têtes en Italie sont volcaniques et très montées surtout dans l'armée italienne. Toutes les familles du pays sont plus ou moins intéressées au sort des individus qui la composent ; leur avenir, après avoir sacrifié leur temps et leurs vies au service de leur patrie, serait cruel, si on ne déterminait rien pour leur assurer une existence quelconque. Des gens

---

1. Castlereagh (*Correspondence, Despatches and other Papers*), lord Castlereagh à lord William Bentinck, Paris, 6 mai 1814.

2. Cf. *Journal du baron von Hügel.*

réduits au désespoir et qui n'auraient à perdre qu'une vie qu'ils sont accoutumés à sacrifier et qui, sans moyens de la soutenir, ne leur serait plus qu'à charge, pourraient être portés à des extrémités qui seraient toujours très fâcheuses et que la justice et la clémence de Sa Majesté l'empereur, notre maître, et de ses hauts alliés ne dédaignera pas de prévenir et d'éviter, j'ose m'en flatter. De plus, les troupes qu'on disait nulles sont belles, bien tenues et se sont dans les différentes affaires qui ont eu lieu, et dernièrement encore contre le général Nugent, parfaitement bien battues. Elles sont commandées par des généraux et officiers expérimentés qui ont fait toutes les guerres de Napoléon depuis qu'il disposait de l'Italie, en un mot ce sont des hommes qu'on peut utiliser pour nous si on les emploie, et qui peuvent devenir très nuisibles si on les néglige, les maltraite, les repousse et les laisse sans occupation et sans pain. J'ose donc vous prier, mon prince, de prendre cet objet en considération et d'engager Sa Majesté à lui accorder l'attention qu'il mérite, car je ne réponds pas des suites qu'un abandon total d'un rassemblement armé aussi considérable pourrait avoir.

« On m'assure de bonne part que cette armée mécontente de la flexibilité du vice-roi a envoyé, à la suite d'un conseil de guerre tenu, une députation au nouveau gouvernement provisoire qui vient de se constituer, pour lui recommander avec chaleur ses intérêts, l'engageant à ne pas reconnaître la seconde convention conclue avec le vice-roi pour la reddition de Peschiera, Mantoue, etc., jusqu'à ce que le sort de l'armée ne soit connu et arrêté par les puissances. J'aurais soin que cette démarche hasardée, quelle que soit la conduite du gouvernement provisoire dans cette circonstance, n'ait point d'effet. J'espère même que dans la journée je recevrai encore la nouvelle de l'occupation de Peschiera.

« D'un autre côté, le prince Borghese refuse aussi de remettre à nos troupes les places du Piémont, prétendant n'avoir pas reçu d'ordres à cet égard du nouveau gouvernement de la France qu'il s'est décidé à reconnaître d'abord après ma sommation, arborant en même temps la cocarde blanche. Sans doute, tandis que j'ai l'honneur de vous en parler, cette difficulté aura été levée par des instructions qui, à votre réquisition, lui seront parvenues du lieutenant-général du royaume ou du gouvernement même.

« L'arrivée imprévue et anticipée du prince Eugène avec la princesse, son épouse, qui, quoique accouchée il y a à peine quinze jours, n'a pas voulu retenir plus longtemps le prince dans la position pénible où il se trouvait à Mantoue, me force de couper court pour aller les trouver. Après quelques jours de repos il se propose de continuer sa route sur Munich. Aujourd'hui je ne veux pas arrêter le départ du courrier plus longtemps, différents incidents l'ayant déjà retardé plus que je ne l'aurais voulu. Par l'occasion du premier qui suivra celui-ci, je ne manquerai pas de revenir sur le sujet lorsque j'aurai eu quelques conversations avec le prince Eugène.

« Agréez, mon prince, l'hommage de tous les sentiments que je vous ai voués et que chaque jour ne peut qu'accroître. »

BELLEGARDE.

(En français dans l'original).

(*Haus, Hof und Staats-Archiv*).

Comme il l'avait annoncé au prince de Metternich, Bellegarde complétait le même jour cette première dépêche par une deuxième que, quoiqu'un peu longue, on ne saurait hésiter à reproduire textuellement, tant elle contient d'indications précieuses intéressantes et peu connues sur les conventions conclues avec le vice-roi, sur la portée, la nature et les conséquences des troubles de Milan, sur les inconvénients que présenterait le licenciement de l'armée italienne, sur l'arrangement relatif à la Toscane, sur les plaintes formulées par le Pape contre Murat, sur la conduite qu'il devait tenir tant à l'égard de Pie VII que du roi Victor-Emmanuel, enfin sur les difficultés qui pouvaient éventuellement se produire avec le prince Camille Borghese relativement à l'évacuation et à la remise des places du Piémont.

Le feld-maréchal comte de Bellegarde au prince de Metternich

Vérone, 26 avril 1814.

« MON PRINCE,

« Ma dépêche du 17 courant vous aura appris la convocation passée le 16 avec le vice-roi, par laquelle l'armée française devait se détacher de l'italienne et rentrer en France et qui nous donnait la possession d'Osoppo, de Palmanova, Venise et Legnago. Cette convention a été mise en exécution (*sic*).

Aussitôt après avoir reçu votre dépêche du 12 avril par laquelle vous m'avez communiqué, mon Prince, le traité conclu avec l'empereur Napoléon, j'en donnai connaissance au vice-roi et j'exigeai la remise de toutes les places qu'il avait encore en son pouvoir et la possession de tout le pays. Cette demande amena la convention dont la copie est annexée[1].

« C'est d'après le désir qu'il a témoigné que les articles qui regardent sa sortie de Mantoue ont été traités comme articles secrets. En vertu de cette convention, la remise de Peschiera s'est déjà faite.

« Mais à peine fut-elle connue à Mantoue qu'elle excitait une violente fermentation parmi les généraux et officiers italiens. Le vice-roi réussit avec difficulté à les calmer. Ils l'accusaient de les sacrifier et de n'avoir rien stipulé en leur faveur et déclaraient qu'ils ne rendraient Mantoue qu'en obtenant des sûretés pour leur avenir. Cependant des opinions plus modérées succédèrent à ces premiers moments d'exaltation. La ratification de la convention qui avait été retenue vingt-quatre heures me fut enfin envoyée et il paraît que rien ne s'opposera à la reddition de la place.

« Un mouvement populaire qui éclata à Milan paraît aussi avoir contribué à faire naître celui de l'armée. La relation que j'ai reçue de Milan vous donnera, mon Prince, connaissance de ce mouvement. Il est difficile à la distance où je me trouve d'en approfondir la cause et de connaître l'intention des meneurs. Elle a été, je crois, l'ouvrage de plusieurs partis et les nouvelles de Paris en ont favorisé l'explosion.

----

1. Il s'agit ici de la Convention de Mantoue du 24 avril.

Le parti qui a triomphé est entièrement opposé au vice-roi et peut se regarder comme autrichien.

Le général Pino, qui est le chef du gouvernement provisoire avait des raisons de mécontentement contre le vice-roi ; il a cherché à se venger. Du reste, il paraît que le vice-roi de son côté a été un des meneurs. Il voulait exciter un mouvement en sa faveur. Il désirait que le Sénat italien le demandât aux puissances alliées comme souverain. Il a échoué complètement. Au milieu du tumulte quelques voix prononcèrent le nom du roi de Naples. Le général de Livron se trouvait alors à Milan. Il paraît donc naturel de croire qu'il n'était pas entièrement étranger à ce qui se passait.

« Le parti autrichien qui est le plus nombreux, demande un archiduc d'Autriche et de préférence l'archiduc François, né à Milan ; mais il le demande comme souverain ; *car tous les partis se réunissent pour demander la conservation de l'indépendance et du rôle de capitale. Ce désir d'indépendance est aussi le sentiment qui domine l'armée italienne.* Cependant elle voit que son sort dépend de la volonté des puissances alliées, et, en s'y soumettant, elle n'est plus occupée que de ses intérêts particuliers. Elle adressa en conséquence une demande au gouvernement à Milan en réclamant son appui auprès des alliés.

« Le premier ordre de Sa Majesté l'empereur était de licencier cette armée. Je vous exposai, mon Prince, dans ma dernière dépêche *les graves inconvénients qu'il y avait à annoncer cette mesure avant d'être en possession des places et du pays.* Qu'il me soit permis à présent d'ajouter quelques réflexions sur le sort de cette armée. Formée depuis quinze ans environ à l'école de Bonaparte et de ses généraux, elle a acquis une forte consistance. Elle s'est aguerrie dans les guerres d'Espagne, d'Allemagne et de Russie ; elle a un grand nombre de bons officiers. La manière, dont nous les traiterons, ne doit pas être indifférente à notre politique qui paraît, dans la situation actuelle, devoir tendre à nous assurer la prépondérance en Italie. Le partage des différents États qui composaient le royaume d'Italie amenant la nécessité du licenciement de cette armée, il serait peut-être utile d'adoucir l'odieux de cette mesure qui retombe particulièrement sur nous comme étant la seule puissance qui ait fait la guerre en Italie. Le moyen d'y parvenir serait de faire obtenir à l'armée italienne les demandes qu'elles a exprimées. Les charges qui en résulteraient ne tomberaient pas sur des États qui nous appartiendraient et en ménageant ainsi l'existence de tous ces officiers licenciés et soldats invalides, nous les attacherions à notre cause.

« Ceux qui appartiennent aux provinces italiennes destinées à devenir partie intégrante de la monarchie autrichienne ne seraient point une charge inutile, et on pourrait les employer. Il entrera certainement dans les intentions de Sa Majesté l'empereur de former dans ces provinces des régiments italiens. Je crois dans ce cas qu'il serait utile de prendre sur le champ à notre service et de conserver un nombre de ces régiments proportionné à l'étendue des provinces dont nous ferons l'acquisition. Si leur organisation ne nous convient pas, nous pouvons les fondre de suite ; mais nous gagnons par cette mesure des suffrages en Italie, et cela me paraît essentiel.

« Le comte de Mier m'a communiqué, mon Prince, l'arrangement qu'il a fait pour la Toscane. J'y envoie 2.000 hommes, des troupes aux ordres du comte de Starhemberg et cette affaire est arrangée.

« Le comte de Mier doit faire au roi la déclaration du désir des alliés de le voir rentrer dans ses États. Il sentira à présent qu'il ne peut pas y opposer des difficultés.

Il s'est élevé quelques mésintelligences entre lui et le Saint-Père. Ce dernier semble ne vouloir rentrer à Rome que quand on le remettra en possession du patrimoine tout entier de saint Pierre. Il s'est plaint des obstacles qu'il y a trouvés à son arrivée à Bologne. Je lui écrivis pour lui (sic) complimenter en mon nom et en celui de mon armée pour son heureuse délivrance ; je lui dis que Sa Majesté l'empereur y prenait la plus vive part et qu'à la première nouvelle qu'il en avait reçue, il avait sur-le-champ pris la résolution de lui envoyer un ministre. Le pape me répondit la lettre dont la copie est ci-jointe. Vous y verrez, mon Prince, qu'il y articule des plaintes.

« Je n'ai pas pu m'avancer vis-à-vis de lui, ne sachant pas, mon Prince, jusqu'à quel point l'intégrité de ses États entre dans nos calculs. M. de Lebzeltern [1] a quitté ce matin cette ville pour se rendre à son poste.

« Lord William Bentinck a pris Gênes qui n'était défendue que par 4.000 hommes. Il a envoyé sur-le-champ au roi de Sardaigne une invitation de se rendre sur le continent et mis un vaisseau de ligne à sa disposition pour le transporter.

« Vous m'avez donné, mon Prince, l'instruction de prendre possession de tous les pays depuis le Mincio jusqu'aux Alpes au nom des puissances alliées ; j'oserai vous prier de vouloir bien déterminer ma ligne de conduite vis-à-vis du roi de Sardaigne ; il m'est intéressant de la connaître puisque mes troupes vont entrer en Piémont et que le roi ne tardera pas d'y arriver.

« Le prince de Borghese, qui commande dans les départements réunis au-delà des Alpes, n'a pas accédé d'abord à la première sommation que je lui ai fait faire. Il a déclaré que ses troupes suivraient le mouvement de celles que le général Grenier reconduit du Mincio et de la Lombardie dans l'ancienne France et qu'il se joindrait à elles quand elles arriveraient ; que, quant aux places, il les remettrait quand il aurait reçu du Sénat les ordres de le faire, ayant reconnu son autorité. La marche de mes troupes sur les deux rives du Pô le forcerait bientôt à la retraite dans le cas même où il n'aurait pas reçu du gouvernement provisoire de la France l'ordre d'évacuation.

Veuillez agréer, mon Prince, l'assurance réitérée de ma haute considération.

BELLEGARDE. »

Haus, Hof und Staats-Archiv et cité par F. Lemmi, *La Restaurazione Austriaca a Milano nel* 1814.

1. Lebzeltern se rendait à Rome en qualité de ministre plénipotentiaire d'Autriche.

ANNEXE LXXXI

(p. 583)

Le Pape et Murat

Pie VII, mal conseillé et « ne voulant, comme l'écrit le baron von Hügel dans son *Journal*, rentrer dans ses Etats que quand ils lui seront remis dans leur entier », avait résolu d'attendre à Cesena la décision des souverains alliés. Comme nous l'avons dit, bien que le Saint-Père n'eût pas répondu aux premières offres qu'il lui avait fait faire par le marquis de Montrone, Murat lui avait renvoyé le général de La Vauguyon qui se présenta chez Pie VII le 27 avril. Ainsi qu'on pourra s'en convaincre par les pièces suivantes que nous empruntons à l'un des derniers travaux du P. I. Rinieri, cette nouvelle démarche, qui aurait d'ailleurs échoué en tout état de cause, eut d'autant moins de succès que quarante-huit heures plus tard, Lebzeltern, chargé d'affaires d'Autriche, accrédité auprès du Saint-Siège, arrivait à Cesena et que sa présence et ses conseils ne pouvaient être de nature à faciliter la tâche des envoyés de Murat. Grâce au P. I. Rinieri et aux documents qu'il a publiés dans un des derniers numéros de la *Civilta Cattolica*, on peut maintenant à l'aide de la correspondance échangée entre l'abbé Mauri et Lebzeltern et à l'aide de la relation qu'il nous donne de la visite que Murat fit à Pie VII à Cesena, le 30 avril, connaître en détail tout ce qui s'est passé pendant les derniers jours du séjour du Saint-Père à Cesena. Voici ces documents :

L'abbé Mauri au chevalier Lebzeltern

Cesena, 30 avril 1814.

« Le prince, qui occupe provisoirement Rome et presque toutes les anciennes possessions de l'Eglise, a fait tenir à la date du 12 courant au Saint-Père une lettre du 4 dans laquelle Il déclare que, connaissant les dispositions des puissances alliées, mais n'ayant reçu aucun ordre positif des souverains, il prenait sur Lui de Lui offrir, en témoignage de Sa profonde vénération, les deux départements de Rome et du Trasimène.

« Sa Sainteté, qui attendait tout de la grandeur d'âme des puissances alliées, accueillit cette proposition avec le plus profond étonnement et la plus grande tristesse. S'il Lui était à la rigueur possible de comprendre qu'on mît quelque retard à Lui restituer les provinces que la violence et la force avaient arrachées au Saint Siège, Il ne pouvait admettre qu'on Lui contestât la restitution intégrale de Son patrimoine.

« Le Saint Père a cru qu'il était indigne de Lui d'accepter cette proposition. Au lieu de répondre à ce prince, Il se retourna vers les hautes puissances alliées en réclamant d'elles le même traitement qu'elles avaient cru devoir appliquer aux autres souverains dépossédés.

« Le 27 au soir, le général de La Vauguyon, accompagné par le marquis Montrone, se présenta à Sa Béatitude et lui annonça de la part de

Son maître que le Saint-Père pourrait rentrer en possession des Marches à partir de Pesaro à condition que le Saint-Père Lui promit Son appui et Son concours auprès des souverains alliés.

« Sa Sainteté voulait néanmoins rester inébranlable dans Sa résolution d'attendre à Cesena les réponses définitives des souverains, lorsque, hier (29 avril), Votre Excellence, envoyée auprès du Saint-Père, arriva ici. Cédant à vos exhortations, Sa Béatitude a résolu de presser Son retour à Rome et de partir dans quelques jours.

« Hier matin, le prince susnommé (Murat), traversant cette ville est venu rendre visite au Saint-Père, auquel Il fit entendre que Ses troupes continueraient à tenir la ligne entre le Musone et le Métaure jusqu'au moment où Il connaîtrait les dispositions des alliés.

« Sa Sainteté a cru que cette occupation était uniquement motivée par des considérations militaires, mais à Sa grande surprise Il apprit que cette mesure avait un caractère politique et cette nouvelle lui causa une profonde tristesse.

« Comme le prince sus-nommé fit connaître ultérieurement dans une conversation avec Monseigneur Morozzo que cette mesure avait été prise d'accord avec les puissances alliées, et que, s'étant tourné vers Votre Excellence il avait ajouté : « *Et vous, vous le savez?* » le Saint-Père a ordonné à l'abbé Mauri, son secrétaire particulier, de s'adresser à Votre Excellence et de lui demander par écrit, si tels sont bien les termes précis de cet entretien, afin de pouvoir prendre les résolutions qu'en raison des difficultés de Sa position Il jugera indispensables.

« Le soussigné attend de Votre bienveillance les renseignements qu'il doit mettre aux pieds de Sa Béatitude. »

Là relation détaillée que le P. I. Rinieri a reproduite dans son travail, relation que Lebzeltern, désireux de se disculper, réclama à Monseigneur Morezzo et qu'il envoya à l'abbé Mauri, fixe définitivement ce point intéressant.

« *Relation de la visite rendue par Murat à Pie VII à Cesena, rédigée le 30 avril 1814.*

« En sortant de l'antichambre de Sa Sainteté, le roi Joachim fut accompagné par Mᵍʳ Doria, maître des cérémonies, et par Mᵍʳ Bertazzoli. Voyant qu'il n'y avait là ni Mᵍʳ Morozzo, ni le chevalier Lebzeltern, chargé d'affaires d'Autriche, il les fit appeler tous deux.

« Le premier qui arriva fut Mᵍʳ Morozzo qui trouva le roi au moment où il allait monter en voiture et lui dit qu'il ne voulait pas partir avant de l'avoir salué. Morozzo lui répondit qu'il avait accompagné Sa Sainteté dans ses appartements. Le roi le conduisit alors dans la cour, et commença sa conversation en lui disant : « *qu'il me faisait savoir qu'il était d'accord avec Sa Sainteté pour évacuer Pesaro et Fano, et pour laisser une voie libre de toutes troupes, afin que le Saint-Père pût aller à Rome en passant toujours sur son propre territoire et y rentrer en souverain.* »

« Il venait à peine de commencer à parler lorsque Lebzeltern nous rejoignit. Il lui dit alors : « qu'il avait grand plaisir à le voir, qu'il avait regretté d'apprendre qu'il avait passé de nuit à Bologne, etc. Il recommença alors son discours, discours auquel Morozzo ne répondit qu'en secouant la tête. Il se contenta seulement de faire remarquer à propos de l'intelligence supposée avec Sa Sainteté qu'il avait du être extrêmement pénible pour le Saint-Père de ne pouvoir passer par la meilleure partie de ses États, et surtout par Loreto où l'appelait le culte qu'il avait voué à la Vierge, mais que, si Sa Sainteté avait adhéré à cette proposition, il n'avait plus rien à dire.

« Eh bien, si le Pape veut passer par là, il en sera le maître ; mais, comme d'après les conventions intervenues entre moi et les alliés, *je dois jusqu'à nouvel ordre occuper les pays compris entre le Musone et le Métaure, Sa Sainteté passera au milieu de la ligne que j'occupe et qui est tenue par mes troupes. Et vous le savez*, ajouta le roi en s'adressant à Lebzeltern. »

« Les troupes autrichiennes doivent entrer par Ancône, répondit celui-ci, et le comte Bellegarde a déjà donné ses ordres. »

« *C'est ce que nous verrons*, répliqua le roi. Pour ce qui est de Rome, continua Sa Majesté, j'ai dit au Pape que, s'il ne veut pas de mes troupes, je les renverrai ; mais je lui ai conseillé de les y maintenir pendant quelque temps parce que le pays en a grand besoin. »

« Morozzo lui répondit que Sa Sainteté ne trouvera aucune difficulté à tenir à Rome des troupes à lui. »

Lebzeltern ajouta qu'il y avait aussi quelques escadrons autrichiens qui auraient pu y tenir garnison et qu'il les avait offerts à Sa Sainteté.

« Entré dans les appartements du Saint-Père avec le chevalier Lebzeltern, Morozzo y retrouva le Pape qui n'avait pas bien compris le discours du roi et qui n'avait jamais pensé que le gouvernement civil napolitain devait continuer à subsister. Le chevalier Lebzeltern abonda dans le sens du roi et lui expliqua quelle route il aurait à suivre pour aller à Rome par la voie du Furlo. Le chevalier semblait vouloir décider Sa Sainteté à prendre cette route ; mais Morozzo pria le Saint-Père de vouloir bien réfléchir sur cette proposition et de la faire examiner à fond avant de prendre la moindre détermination. »

Cette note du secrétaire particulier du Pape eut le don de déplaire profondément au chevalier Lebzeltern, qui commença par riposter par une lettre officielle, dans laquelle on trouve entre autres les passages suivants :

« Ni lui, Lebzeltern, ni M. le comte de Coudenhoven également présent, n'ont entendu l'interpellation directe que, d'après Mgr Morozzo, le roi de Naples a adressée à l'envoyé de l'empereur. Le roi ne pouvait la lui faire, sachant que le soussigné n'avait point connaissance de la ligne militaire que ce prince désire continuer à occuper en attendant les dispositions des souverains. Si Sa Majesté la lui avait faite, le soussigné n'eût pas hésité à lui répondre qu'il ne connaissait ni une ligne militaire tracée, ni des concerts y relatifs... »

« Si le soussigné avait besoin de preuves, il les trouverait dans le rapport[1] même que Mgr Morozzo a rédigé sur sa conversation avec le roi. »

____

1. Le rapport auquel Lebzeltern se réfère est celui que, d'après le P. Rinieri, nous avons cité ci-dessus. Il en résulte que Lebzeltern a bien été interpellé par le roi.

Enfin, pour compléter cette espèce d'enquête, nous reproduisons encore, toujours d'après le P. Rinieri, la lettre particulière que Lebzeltern adressa au secrétaire du Pape.

<hr>

Lebzeltern à Mauri

Cesena, 30 avril 1814.

« Voici, Monsieur l'abbé Mauri, la réponse à votre office de cette après-midi. Je regrette que Mᵍʳ Morozzo et vous m'ayez obligé à relever l'expression que je vous avais prié de supprimer et qui se trouvait détruite dans le rapport même de ce prélat, puisque, si j'avais su les concerts dont le roi parlait, je ne me serais pas trouvé en contradiction directe avec ce prince relativement à l'occupation d'Ancône. Très scrupuleux et exact dans les affaires, très ouvert dans la manière de les traiter, je n'aime pas qu'il paraisse la moindre ombre dans mon langage.

« La marche que les circonstances tracent au Saint-Père me paraît seule digne de Lui et la plus avantageuse à Ses intérêts, j'en ai la conviction sous tous les rapports. Si j'étais admis à Ses conseils, je ne lui en indiquerais pas d'autre et je Le supplierais de se rendre à Rome *au plus tôt et par la route la plus courte*. Les voies les plus simples et les plus droites sont toujours les plus avantageuses et l'essentiel en toute chose est de bien placer les questions et de se mettre dans une bonne attitude. Il doit cette marche à Lui-même, à Ses peuples, aux alliés. Il doit s'adresser à eux avec confiance et surtout à l'Autriche, que les intérêts de l'Italie regardent directement et qui, d'ailleurs, est le véritable appui du Pape en Europe.

« J'attends la décision de Sa Sainteté sur le jour de Son départ et sur l'époque au moins approximative de Son arrivée à Rome pour faire mon expédition. Toute perte de temps est à déplorer et nuisible. Le Saint-Père doit envoyer au plus tôt, ainsi qu'Il en a manifesté le projet, une personne de Sa confiance à la réunion des empereurs et ne point s'arrêter à des complications secondaires. »

« Veuillez agréer[1]... »

Le Pape suivit le conseil de Lebzeltern et se décida à retourner à Rome et à envoyer à Paris Mᵍʳ Della Genga.

<hr>

ANNEXE LXXXII

(p. 584)

Le Feld-maréchal comte Bellegarde au prince de Metternich

Vérone, 1ᵉʳ mai 1814.

« MON PRINCE,

« J'ai l'honneur de vous envoyer la convention conclue à Turin le 27 avril qui détermine l'évacuation entière du territoire de l'Italie et la remise des places qu'y possédaient encore les Français.

1. Archives du Vatican (en français dans l'original), d'après Rinieri, *Pio VII e Gioacchino Murat.*

« Au même moment où le lieutenant-colonel Neumann me rapportait cette convention de Turin, je reçus une lettre du général Grenier, commandant les troupes françaises qui ont quitté le royaume d'Italie pour retourner en France en vertu de la première convention du 17, par laquelle ce général me dit avoir reçu un ordre du commissaire du Gouvernement provisoire français près du département de la Guerre, de conclure un armistice avec les armées alliées, de déterminer une ligne de démarcation et d'attendre dans des cantonnements en Italie la paix qui sera prochaine. Le général Grenier me déclare, en conséquence, qu'il arrêtera ses troupes sur le Tessin, parce que la ligne qu'il me propose est le Tessin sur la rive gauche du Pô, et la Scrivia sur la rive droite et il m'engage à passer un arrangement avec lui sur cette base.

« Je lui ai répondu que je n'avais plus aucun arrangement à faire avec lui pour l'Italie, qu'il avait pris l'engagement d'en évacuer en entier le territoire et que des ordres de son gouvernement ne pouvaient pas l'en délier, qu'en conséquence mes troupes continueraient leur marche d'après nos premières stipulations, et que je me verrai dans la nécessité d'occuper de force les pays qu'il ne voudrait pas évacuer.

« Je crois que ce n'est qu'un essai du général Grenier pour gagner du temps; car, s'il avait reçu de tels ordres de son gouvernement, le prince Borghese n'aurait pas conclu le 27 avril à Turin un arrangement dans un sens tout différent.

« J'ai donné au prince Borghese les passeports qu'il m'a demandés pour se rendre à Rome.

« Veuillez agréer, etc. »

F. Lemmi, *Diario del Barone von Hügel.*

ANNEXE LXXXIII

(P. 584)

SITUATION ORDRE DE BATAILLE ET EFFECTIFS DE L'ARMÉE D'ITALIE (4 *mai* 1814)

COMMANDANT EN CHEF : Lieutenant-Général GRENIER

Généraux disponibles : Général de division MAUCUNE, généraux de brigades VAN DEDEM et SOULIER (*Alexandrie*).

1re LIEUTENANCE DÉPENDANT DIRECTEMENT DU GÉNÉRAL EN CHEF

2e *Division :* Général ROUYER

<pre>
                    / 9ᵉ de ligne........ 5 bᵒⁿˢ \
B⁴ᵉ Schmitz....   ) 28ᵉ 1/2) 52ᵉ de l. 1 —   ) 15 bᵒⁿˢ, 2 cⁱᵉˢ d'artⁱᵉ, 2 cⁱᵉˢ du train
                   (brigade prov./ 67ᵉ de l. 1 — (1 cⁱᵉ de sapeurs, 12 canons,
                    / 3ᵉ léger........... 2 —   (5.387 hommes présents, 4.297
B⁴ᵉ d'Arnaud....   ) 86ᵉ léger.........   2 —   ) aux hôpitaux.
                   (35ᵉ de ligne......   4 —   /
</pre>

4° Division : Général Marcognet

B^{de} Jeannin.... { 29° 1/2 brigade prov^{re} { 6° de l. 1 b^{on} / 36° de l. 2 — / 101° de l. 1 — / 102° de ligne.... 2 —

B^{de} La Roque... { 30° 1/2 brigade prov^{re} { 131° de l. 1 — / 132° de l. 1 — / 1er étr. 1 — / 106° de ligne..... 3 —

12 b^{ons}, 2 c^{ies} d'art^{ie}, 2 c^{ies} du train, 1 c^{ie} de sapeurs, 12 canons, 4.853 hommes présents, 3.961 aux hôpitaux.

2° LIEUTENANCE : Général Verdier

1re *Division* : Général Quesnel

B^{de} Campi...... { 31° 1/2 brigade prov^{re} { 92° de ligne...... 4 b^{ons} / 1er léger 3 — / 14° léger 1 — / 10° de l. 2 —

B^{de} Forestier.... { 35° léger........ 2 — / 84° léger........ 4 —

16 b^{ons}, 2 c^{ies} d'art^{ie}, 2 c^{ies} du train 1 c^{ie} de sapeurs, 12 canons, 5.367 hommes présents, 3.324 aux hôpitaux.

3° *Division* : Genéral Fressinet

B^{de} Montfalcon.. { 7° de ligne...... 1 b^{on} / 53° de ligne...... 4 —

B^{de} Grosbon .... { 25° 1/2 brigade prov^{re} { 1er de l. 1 — / 16° de l. 1 — / 62° de l. 1 — / 42° de ligne...... 3 —

11 b^{ons}, 1 c^{ie} d'art^{ie}, 1 c^{ie} du train, 1 c^{ie} de sapeurs, 8 canons, 4.730 hommes présents, 2.669 aux hôpitaux.

Division de cavalerie : Général Mermet

B^{des} Bonnemains et Gentil St-Alphonse { 19° chasseurs .. 3 esc^{ons} / 31° — .. 4 — / 1er hussards ... 4 —

11 esc^{ons}, 1 c^{ie} d'art^{ie}, 1 c^{ie} du train 1 c^{ie} de sapeurs, 6 canons, 1.950 hommes présents, 436 aux hôpitaux.

Grand parc et réserve d'artillerie : 27 canons, 1.852 hommes présents, 290 aux hôpitaux.

Total : 54 bataillons, 11 escadrons, 77 canons, 24.079 hommes présents et 14.987 aux hôpitaux.

L'armée rentre en France par divisions en 4 colonnes, passant les Alpes sur 4 points : Col de Tende et comté de Nice, val de Stura et col de la Madeleine, route de Fénestrelle et le Mont-Genièvre, Mont-Cenis et Chambéry.

Elle sera cantonnée en juin dans les Bouches-du-Rhône, les Hautes-Alpes, les Basses-Alpes, Vaucluse et Drôme et sera dissoute le 20 juin.

INDEX ALPHABÉTIQUE

INDEX ALPHABÉTIQUE

A

Abbeville, V, 20.

Abele (général-major autrichien). IV, 29, 35. 55, 348, 377, 500. — V, 49, 31, 56.

Abensberg, IV, 162.

Aberdeen (lord). IV, 399. — V, 24, 63, 65, 103.

Aboukir (vaisseau de guerre français), IV, 499, 537.

Abruzzes, IV, 454.

Accurti (capitaine autrichien), IV, 386.

Acquanegra nel Chiese, IV, 31.

Acqui, IV, 431.

Adda, IV, 431.

Adige (fleuve), IV, 6, 7, 11, 15, 25, 32, 33, 40, 42, 93, 94, 99, 102, 116, 121, 126, 161, 167, 187, 188, 203, 212, 219, 260, 261, 312. 313, 315, 349, 354, 368, 386, 398, 429, 459, 497. — V, 5, 14, 15, 18, 22, 67, 68, 70, 88, 118, 120.

Adige (Haut), IV, 33.

Adriatique (mer), IV, 260, 557, 595. — V, 37, 38.

Affi, IV, 7, 15, 28, 363.

Agosta, V, 37.

Aiguebelle, V, 25.

Aix-la-Chapelle, IV, 606, 607.

Ajaccio, IV, 540.

Ala, IV, 7, 15, 161, 296, 362, 363.

Alassio, IV, 510.

Albanie-Albanais, IV, 399, 590.

Albano, V, 60.

Albertis (Domenico de, membre du Gouvernement provisoire de Gênes), V, 152.

Albinea, IV, 320.

Alexandre Ier (empereur de Russie), IV, 357, 410, 422, 519, 520, 521, 522, 546, 605. — V, 84, 98, 122, 136, 148.

Alexandrie, IV, 19, 94, 116, 141, 167, 168, 172, 173, 179, 187, 202, 215, 228, 229, 237, 247, 262, 274, 385, 413, 440, 471, 472, 494, 524, 530, 531, 535, 540, 544, 551, 581, 584, 587. — V, 14, 70, 74, 162.

Allemagne, IV, 46, 159, 268. — V, 13, 98, 156.

Alpes (les), (et départements au-delà des Alpes), IV, 44, 105, 120, 141, 183, 192, 199, 214, 221, 244, 313, 385, 387, 404, 427, 459, 532, 544, 550, 559, 566, 576, 587, 602. — V, 19, 28, 33, 54, 87, 112, 118, 133, 135, 157, 163.

Alpes (département des Basses), V, 163.

Alpes (département des Hautes), V, 163.

Alsace, V, 40.

Alseno, IV, 251, 254, 505, 507. — V, 101.

Alvinzy (général autrichien), IV, 7.

Ambrosio (d', lieutenant-général napolitain), 194, 200, 207, 258, 291, 293, 298, 319, 324, 432, 454, 473, 486, 488, 495, 498, 503, 514, 515, 524, 534, 551. — V, 71, 100.

America (vaisseau de guerre, anglais) 435, 440, 486, 537.

Amour (batterie de la tour d'Amour), IV, 511.

Ancône, IV, 10, 11, 130, 131, 132, 134, 138, 140, 144, 147, 208, 209, 226, 282, 290, 433, 582, 583, 586. — V, 18, 21, 39, 55, 67, 71, 103, 104, 118, 160, 161.

Anfo, V, 31.

Angiari, IV, 6.

Angleterre-Anglais, IV, 18, 19, 110, 153, 158, 159, 162, 163, 168, 170, 174, 176, 178, 180, 183, 184, 189, 191, 220, 226, 261, 268, 290, 316, 320. 358, 376, 389, 390, 391, 392, 394, 396, 397, 398, 399, 404, 409, 411, 412, 445, 446, 453, 457, 458, 466, 467, 479, 547, 552, 555, 556, 569, 570, 571, 574, 587. 595, 598, 599, 600. — V, 19, 25, 35, 37, 38, 54, 60, 62, 63, 65, 66, 69, 78, 84, 85, 86, 90, 91, 92, 93, 98, 99, 102, 103, 104, 110, 112, 115, 117, 118, 119, 120, 123, 137, 144, 150, 153.

Corps de troupes
Armée anglo-sicilienne

ANGLAIS
INFANTERIE

ARTILLERIE

SICILIENS

INFANTERIE

CAVALERIE

Armée autrichienne

GRENADIERS

INFANTERIE

113, 115, 117, 118, 119, 120, 121, 123,
124, 131, 136, 137, 139, 140, 142, 156,
159, 160.

Napoléon (empereur), 3, 10, 91, 92, 104,
105, 106, 133, 134, 137, 138, 141, 142,
152, 153, 154, 158, 159, 164, 171, 183,
184, 191, 192, 198, 199, 204, 213, 214,
215, 216, 217, 218, 220, 222, 231, 232,
235, 236, 244, 248, 249, 250, 260, 261,
262, 275, 276, 277, 278, 284, 301, 305,
313, 314, 315, 317, 318, 329, 341, 358,
375, 379, 380, 381, 387, 388, 402, 403,
404, 417, 418, 421, 422, 427, 428, 444,
453, 490, 500, 501, 536, 545, 556, 579,
580, 581, 585, 586, 597, 600, 601, 602,
604, 606. — V, 12, 18, 19, 20, 22, 25,
26, 27, 28, 29, 30, 31, 32, 36, 55, 61, 68,
93, 94, 119, 121, 122, 124, 125, 132, 137,
147, 148, 154, 155.

Narboni (colonel italien), V, 53.

Navarre, V, 133.

Naviglio (canal), IV, 30, 383.

Neipperg (feld-maréchal-lieut. comte),
17, 18, 126, 132, 146, 151, 163, 165,
166, 168, 169, 176, 177, 178, 180, 181,
186, 189, 195, 207, 208, 230, 253, 312,
344, 345, 346, 347, 348, 363, 364, 372,
377, 378, 381, 382, 389, 392, 405, 414,
415, 417, 423, 433, 439, 499, 504, 518,
526, 527, 528, 530, 532, 546, 557, 558,
565, 581, 583, 585, 586, 596. — V, 11,
12, 19, 31, 57, 65, 66, 93, 94, 95, 98,
103, 104, 105, 109, 115, 117, 135, 137.

Nelson, V, 37, 38.

Neptune (vaisseau de guerre anglais),
V, 37.

Neri (colonel italien), IV, 238, 250, 498.

Nervi, IV, 491, 510, 511, 525, 538. — V,
143.

Nesselrode (comte de), V, 24.

Neuhaus, V, 13, 60.

Neumann (lieutenant-colonel autrichien), IV, 531, 550, 551, 559, 566, 567,
568, 576. — V, 162.

Ney (maréchal), V, 21, 132.

Nice (et comté de), IV, 587. — V, 33, 144.

Nicola (auteur du Diario Napoletano),
V, 18, 58.

Nina (corvette autrichienne), IV, 350,
464, 590, 593.

Nitkitz (colonel monténégrin), IV, 400.

Noboli, IV, 128.

Noceto, IV, 285, 506, 508. — V, 114.

Nogara, IV, 128, 283, 349, 472. — V, 57.

Nogarole, IV, 382.

Nogent-sur-Seine, IV, 104, 133.

Nonantola, IV, 320.

Nordmann (général autrichien), IV, 161.

Novare, IV, 583, 585, 586.

Novellara, IV, 258, 282, 359, 486.

Novi, IV, 511, 540, 576. — V, 129.

Novi di Modena, 117, 125, 240, 257, 258,
282, 293, 298, 306, 319, 324, 454, 473.
— V, 71, 72.

Nozza, IV, 124.

Nugent (général-major, comte), IV, 3,
4, 8, 9, 17, 19, 36, 37, 38, 39, 45, 98,
99, 100, 101, 102, 103, 104, 110, 111,
116, 117, 118, 120, 122, 125, 129, 130,
136, 137, 138, 147, 148, 151, 153, 162,
164, 165, 168, 174, 178, 179, 180, 185,
188, 192, 193, 194, 198, 200, 201, 202,
206, 207, 208, 209, 210, 211, 219, 222,
225, 227, 228, 229, 230, 231, 232, 237,
238, 240, 241, 242, 245, 246, 251, 252,
254, 255, 256, 257, 258, 263, 264, 265,
266, 269, 270, 271, 272, 275, 276, 280,
281, 282, 283, 285, 286, 288, 289, 290,
291, 292, 293, 294, 295, 298, 300, 301,
303, 306, 307, 308, 309, 310, 311, 312,
313, 320, 321, 322, 323, 324, 325, 326,
327, 331, 332, 333, 334, 336, 337, 338,
340, 342, 344, 350, 352, 353, 354, 355,
360, 368, 369, 373, 374, 375, 382, 383,
384, 387, 412, 413, 414, 415, 420, 433,
436, 441, 444, 447, 449, 469, 471, 474,
475, 480, 483, 484, 485, 486, 487, 488,
489, 491, 492, 493, 494, 495, 496, 497,
498, 503, 505, 506, 508, 509, 516,
517, 523, 524, 528, 531, 533, 535, 540,
543, 544, 549, 551, 558, 559, 560, 565,
575, 576, 578, 581, 583, 596. — V, 4, 5,
6, 11, 20, 27, 32, 39, 54, 57, 58, 64, 67, 68,
71, 72, 73, 74, 76, 77, 78, 79, 81, 83, 84,
87, 89, 90, 94, 98, 99, 100, 123, 124, 129,
154.

Nure (rivière), IV, 136, 200, 201, 229, 237,
245, 251, 259, 294, 508, 516, 517. — V,
72, 74, 76, 87.

O

Odelka (colonel autrichien), IV, 532.

Oglio (rivière), IV, 2, 20, 31, 33, 34, 55,
95, 224, 273, 275, 324, 353, 354, 368,
374, 384, 412, 431, 433, 471, 483.

Ogumann (capitaine autrichien), IV,
320, 350.

Olfino, IV, 48, 51, 78, 80, 84, 96, 107.

Oliosi, IV, 28, 35, 74, 87, 89, 109, 348,
372.

Ongina, IV, 193, 252, 259.

Ono Degno, IV, 124.

Orange (Guillaume d'), IV, 606.

Orléans, IV, 501. — V, 26.

Q

R

S

BIBLIOGRAPHIE

BIBLIOGRAPHIE

—

RÉPERTOIRE ALPHABÉTIQUE DES DOCUMENTS, MANUSCRITS OUVRAGES ET PÉRIODIQUES CONSULTÉS

—

ALLISON, *History of Europe from the commencement of the French Revolution to the Restauration of the Bourbons* (Histoire de l'Europe depuis le commencement de la Révolution française jusqu'à la Restauration des Bourbons).

A. N. (Angelo Namivo). *Storia di Modena e dei paesi circostanti dalle origini sino al 1860* (Histoire de Modène et des pays voisins depuis les origines jusqu'en 1860).

ANNUAL REGISTER (The), *Or a View of the History, Politics and Litteratur for the Year 1813* (Le Registre de l'année, ou aperçu de l'histoire de la politique et de la littérature pour l'année 1813 ; Idem pour 1814.

APE (L'), MURAT (Gioacchino), *O Storia del Reames di Napoli dal 1800 al 1815*.

(L'ABEILLE, *Joachim Murat ou Histoire du Royaume de Naples de 1800 à 1815*).

ARCHIV DES K. U. K. MINISTERIUMS DES INNERN (Vienne) (Archives du Ministère de l'Intérieur).

HAUS, HOF UND STAATS-ARCHIV (Vienne) (Archives de la Maison impériale, de la Cour et de l'Etat).

K. UND K. KRIEGS-ARCHIV (VIENNE) (Archives Impériales et Royales de la Guerre).

ARCHIVES DE LA GUERRE (Cartons, *Italie et Etats de situation*), etc., etc.

ARCHIVES DES AFFAIRES ÉTRANGÈRES (Volumes *Milan*, *Naples*, *Toscane*, etc.).

ARCHIVES NATIONALES, Dossiers AF,IV, etc.

ARCHIVES DU GOUVERNEMENT (*Trieste*).

ARCHIVES PARTICULIÈRES DE Mme LA DUCHESSE MELZI D'ERIL (*Milan*). MANUSCRITS.

ARCHIVIO DEL MUNICIPIO (*Venise*) (Archives municipales).

ARCHIVIO STORICO DELLA SOCIETA NAPOLETANA DI STORIA PATRIA (Archives historiques de la Société Napolitaine d'Histoire nationale).

R. ARCHIVIO DI STATO (*Bologna*) (Archives royales de l'Etat, Bologne).

R. Archivio di Stato (*Genova*) (Archives royales de l'Etat, Gênes).

R. Archivio di Stato (*Milano*) (Archives de l'Etat, Milan).

R. Archivio di Stato (*Modena*) (Archives royales de l'Etat, Modène).

R. Archivio di Stato (*Napoli San Severino*) (Archives royales de la Guerre, Naples, San Severino).

R. Archivio di Stato. Sezione Guerra et Marina (*Pizzo Falcone, Naples*) Archives royales de l'Etat. Section Guerre et Marine, Naples, Pizzo Falcone).

R. Archivio di Stato (*Parma*) (Archives royales de l'Etat, Parme).

R. Archivio di Stato (*Reggio-Emilia*) (Archives royales de l'Etat, Reggio-Emilie).

R. Archivio di Stato. Sezione Guerra (*Torino*) (Archives royales de l'Etat. Section Guerre, Turin).

R. Archivio di Stato Sezione Camerale (*Torino*) (Archives royales de l'Etat. Section de la Chambre, Turin).

R. Archivio di Stato (*Venezia*) (Archives royales de l'Etat, Venise).

Archivio del Municipio (*Verona*) (Archives municipales, Vérone).

Armandi, *Vie politique, civile et militaire d'Eugène de Beauharnais.*

Artaud de Montor (A.-E.), *Histoire de la vie et du pontifical du pape Pie VII.*

Aubriet, *Vie civile, politique et militaire d'Eugène de Beauharnais.*

Ayala (d'), *Memorie storico-militari dal 1714 al 1815 (Mémoires historiques et militaires de 1764 à 1815).*

Bade, *Feldzug des Prinzen Eugen gegen die Oesterreicher in Illyrien und Italien* (Altona, 1847 ; Hamburg 1853) (*Campagne du prince Eugène contre les Autrichiens en Illyrie et Italie*).

Balbo di Vinadio (Conte Cesare), *Storia d'Italia dalle origini fino all' anno 1814 (Histoire d'Italie depuis les origines jusqu'à l'année 1814).*

Baratelli (Flaminio), *Memorie sulla condotta politica e Militare tenuta da Gioacchino Murat* (Italia, 1815) (*Mémoires sur la conduite politique et militaire de Joachim Murat*).

Barral (Marquis de), *Histoire diplomatique de l'Europe de 1648 à 1815.*

Beamish, *Geschichte der Königlichen Deutschen Legion (Histoire de la légion royale allemande).*

Beer, *Die Finanzen Oesterreich's im XIX. Jarhundert (Les Finances de l'Autriche au XIX* siècle).*

Beer, *Zehn Jahre Oesterreischischer Politik (Dix ans de politique autrichienne).*

Bellaire, *Précis de l'invasion des Etats Romains par l'armée napolitaine en 1813-1814.*

Belmont, *Prinz Eugen und sein Hof (Le Prince Eugène et sa Cour).*

BERNHARDI (Th. von), *Deinkwürdigkeiten aus dem Leben des Kaiserlich. russischen Generals der Infanterie Carl Friedrich Grafen von Toll* (*Faits mémorables de la vie du général d'Infanterie Charles Frédéric comte de Toll*).

BIAGI, *Politica e bel Mondo* (*Politique et beau monde*).

BIANCHI (Uicomede), *Storia della Politica Austriaca rispetto ai Sovrani ed ai governi Italiani dall' anno 1791 al Maggio del 1857* (*Histoire de la politique autrichienne et de ses rapports avec les Souverains et les peuples italiens depuis 1791 jusqu'au mois de mai 1857*).

BIANCHI (Nicomede), *Storia Documentata della Diplomazia Europea in Italia dall' Anno 1814 all' anno 1861* (*Histoire documentée de ta diplomatie européenne en Italie de 1814 à 1861*).

BIANCHI-GIOVINI (A.). *L'Austria in Italia e le Sue Confische. Il conte di Ficquelmont e le sue Confessioni* (*L'Autriche en Italie et ses confiscations. — Le comte de Ficquelmont et ses confessions*).

BIANCO (Nicolantonio), *Gli ultimi avenimenti del Regno di Gioacchino Murat* (*Les derniers événements du règne de Joachim Murat*).

BIBLIOTHÈQUE AMBROSIENNE (*Milan*), MANUSCRITS.

BIBLIOTHÈQUE DE SA MAJESTÉ LE ROI D'ITALIE (*Turin*).

BIBLIOTHÈQUE DE SON ALTESSE ROYALE MONSEIGNEUR LE DUC DE GÊNES (*Turin*).

BIBLIOTHÈQUE MUNICIPALE (*Plaisance*).

BIBLIOTHÈQUE DE TRIESTE. MANUSCRITS.

BIBLIOTHÈQUE DU MUSEO CIVICO (*Venise*).

BIBLIOTHÈQUE NATIONALE. MANUSCRITS.

BLADINIÈRES (Antoine-Henri), officier de la Légion d'Honneur et commandant du 52ᵉ, *Chacun ses actions, surtout à la guerre ou Examen critique du précis historique des campagnes de 1813 et 1814 en Italie de M. le lieutenant-général comte de Vignolles*.

BOLLETTINO DELLE LEGGI (*Bulletin des lois*).

BONFADINI, *La fine del regno Italiano* (*La fin du royaume d'Italie*).

BOTTA (Carlo), *Storia d'Italia dall'anno 1789 al 1814* (*Histoire d'Italie de 1789 à 1814*).

BULLO (Carlo), *Il Governo Napoleonico a Venezia* (*Le Gouvernement napoléonien à Venise*).

CABOGA (Conte Biagio Bernardo, comandante in capo l'insorgenza e fine allora vice-console del Re di Napoli Gioacchino I), *Memorie riguardenti l'insurrezione seguita a Ragusa nel 1813 a 1814 sotto la direzione del* (manuscrit).

CABOGA, comte Blaise Bernard, commandant en chef l'insurrection et précédemment vice-consul du roi de Naples Joachim Iᵉʳ, *Mémoires relatifs à l'insurrection de Raguse en 1813-1814 sous la direction du comte Caboga*).

CACCIATORE (Andrea). *Confutazione all' opera di Colletta* (*Réfutation de l'œuvre de Colletta*).

CACCIATORE (Andrea), *Esame della Storia del Reame di Napoli* (*Examen de l'histoire du royaume de Naples de Pietro Colletta*).

Campagne du prince Eugène en Italie, *pendant les années* 1813-1814, avec une carte (Paris, 1817).

Campagne du prince Eugène en Italie *pendant les années* 1813-1814, avec une carte (Paris, 1837).

Cantu (Cesare), *Cronistoria dell' independenza italiana (Chronique historique de l'indépendance italienne)*.

Cantu (Cesare), *Corrispondenze di Diplomatici della Republica e del Regno d'Italia* 1796-1814 *(Correspondance des diplomates de la République et du royaume d'Italie de* 1796 *à* 1814).

Cantu (Cesare), *Il Principe Eugenio, Memorie del Regno d'Italia. Collana di Storie. Memorie contemporance, diretta da Cesare Cantu (Le Prince Eugène. Mémoires du Royaume d'Italie. Recueil d'Histoire et de Mémoires du temps)*, etc.

Cantu (Cesare), *Storia di cento anni* (1750-1850), *(Histoire de Cent Ans,* 1760 *à* 1850).

Cappello (G.), Tenente di Fauteria, *L'Aziene di Gioacchico Murat sulla campagne del* 1814 *in Italia (Le rôle de Joachim Murat pendant la campagne de* 1813 *en Italie)*.

Castlereagh (Viscount), *Correspondence, Despatches and Other Papers (Correspondance, Dépêches et autres papiers)*.

Castro (G. de), *La caduta del regno italico (La chute du royaume d'Italie)*.

Castro (di), *Storia Politica d'Italia dal* 1799 *al* 1814 *(Histoire politique d'Italie de* 1799 *à* 1814).

Catinelli (colonel de), *Studi Sulla Questione Italiana (La question italienne)*.

Caulaincourt (duc de Vicence), *Souvenirs* recueillis et publiés par Charlotte de Sor.

Chélard (R.), *Les armées françaises jugées par les habitants de l'Autriche*.

Cicogna, *Diario di Venezia (Journal de Venise)*.

Collection particulière de Mᵣ Enrico Osnago (*Milan*). Manuscrits.

Collection particulière de Mᵣ Prior (*Milan*).

Collection particulière du Dᵣ Luigi Ratti (*Milan*). Manuscrits.

Colletta (Pietro), *Opere Inedite o rare (Œuvres inédites ou rares)*.

Colletta (Pietro), *Storia del Reame di Napoli dal* 1734 *al* 1825) *Histoire du royaume de Naples de* 1734 *à* 1825).

Comandini (A.), *L'Italia nei cento Anni del Secolo XIX giorno per giorno illustrata (L'Italie pendant les* 100 *années du XIXᵉ siècle)*.

Confalonieri, *Memorie e lettere* (per cura di g. Carati) *(Mémoires et lettres,* publiés par G. Casali.

Coquelle, *Histoire du Monteneyro et de la Bosnie depuis les origines*.

Coraccini (F.), *Histoire de l'administration du Royaume d'Italie pendant la domination française*.

Courcelles (Chevalier de), *Dictionnaire historique et Biographique des généraux français depuis le XI° siècle jusqu'en 1820.*

Coureil (de), *Memorie* (dans Pera, *Curiosita Livornese*) (*Mémoires*. Voir Pera, *Curiosités Livornaises*).

Criste, *Beitrill Oesterreich's zur Coalition im Jahre* 1813 (*L'accession de l'Autriche à la coalition en* 1813).

Cusani (Francesco), *Storia di Milanò dall' origine al nostro giorni, tratta da documenti officiali e de cronache inedite* (*Histoire de Milan depuis les origines jusqu'à nos jours, d'après des documents officiels et des chroniques inédites*).

Cyrille, *La France au Montenegro.*

Darnay (baron), *Notices historiques sur le prince Eugène de Beauharnais.*

Darstellung des Feldzuges der Verbündeten, *Feldzug der Oesterreicher in Italien bis zum Friedenschlusse von Paris.* Erlangen, 1814 (*Exposé de la campagne des alliés. Campagne des Autrichiens en Italie jusqu'à la paix de Paris*).

Dedem de Gelder (général baron de), *Mémoires. — Un général hollandais sous le premier Empire.*

Demelitsch, *Metternich und seine Auswärtige Politik* (*Metternich et sa politique extérieure*).

Dernière campagne de l'armée française en Italie (attribuée au général Julien de Tolosa).

Du Casse (baron A.), *Mémoires du prince Eugène.*

Faber, *Herr von Hormayer und die Lebensbilder aus dem Befreiungs Kriege* (*M. de Hormayer et les tableaux de la guerre de l'indépendance*).

Fain (baron), *Portefeuille de* 1813.

Fain (baron), *Portefeuille de* 1814.

Farini (D.-A.), *La Romagna dal* 1796 *al* 1828 (*La Romagne de* 1796 *à* 1828).

Farini, *Storia d'Italia* (*Histoire d'Italie*).

Fasti e Vicende dei popoli Italiani dal 1801 al 1815 (*Fastes et Viccissitudes des peuples italiens de* 1801 *à* 1815).

Fieffé, *Histoire des troupes étrangères au service de la France.*

Frobenius (Oberst-lieutenant), *Das Landes Vertheidigungs System Tyrols* (*Le système de défense du Tyrol*).

G... *Histoire du prince Eugène de Beauharnais.*

G. D. F., *Mémoires d'un ancien capitaine italien par le comte* G. D. F. (Traduit en français) (Paris, 1845).

Gallo (Duca di), *Memorie* (*Archivio Storico per le Provinzie Napoletane*, anno XIII, 1888 (*Mémoires. Archives historiques pour les Provinces Napolitaines* 13° année, 1888).

Gallois, *Histoire du prince Eugène* (1821).

Gallois (L.), *Histoire de Joachim Murat.*

GALVANI (Cesare), *Memorie Storiche intorno la Vita dell' Arciduca Francisco IV d'Austria-Este, Duca di Modena, Reggio, Mirandola , Massa e Carrara, etc., etc. (Mémoires historiques relatifs à la vie de l'Archiduc François IV d'Autriche-Este, duc de Modène, etc.).*

GAZZETTA DI FIRENZE (1813-1814) (*Gazette de Florence*).

GAZZETTA DI GENOVA (1813-1814) (*Gazette de Gênes*).

GAZZETTA DI PARMA (1813-1814) (*Gazette de Parme*).

GAZZETTA DI TRENTO (1813-1814) *Gazette de Trente*).

GAZZETTA TOSCANA E UNIVERSALE (*Firenze*) (1813-1814) (*Gazette Toscane et Universelle,* Florence).

GEIST DER ZEIT (Années 1814-1815-1816) (*Journal für Geschichte, Politik, Geographie. Staaten und Kriegs Kunst), L'esprit du Temps. Revue d'histoire de politique, de géographie, etc.*).

GELCICH (J.), *Ein Gedenkbuch der Erhebung Ragusa's in den Jahren 1813-1814 (Mémoire sur le soulèvement de Raguse en 1313-1814).*

GESCHICHTE DER KRIEGE IN EUROPA SEIT 1792 (*Histoire des guerres en Europe depuis 1792*).

G. G., *Lettera sulla seduta del Senato del Regno d'Italia tenuta a Milano il 27 aprile 1814 coi rispettivi documenti (Lettre relative à la séance du 27 avril 1814 du Sénat du royaume d'Italie).*

GIORNALE DIPARTEMENTALE DELL' ADRIATICO (1813-1814) (*Journal départemental de l'Adriatique*).

GIORNALE DEL DIPARTEMENTO DELL'ARNO (1813-1814) (*Journal du département de l'Arno*).

GIORNALE POLITICO DI FIRENZE (1813-1814) (*Journal politique de Florence*).

GAZZETTA DI FIRENZE (1813-1814) (*Gazette de Florence*).

GIORNALE POLITICO DEL DIPARTEMENTO DI ROMA (1813-1814) (*Journal du département de Rome*).

GIORNALE DEL TARO (1813-1814) (*Journal du Taro*).

GIORNALE DI VENEZIA (1813-1814) (*Journal de Venise*).

GIORNALE ITALIANO (1813-1814) (*Journal italien*).

GÖMÖRY (capitaine), *Besitzergreifung des Gebietes von Cattaro durch General-Major Milutinovich (La conquête du territoire de Cattaro par le général-major Milutinovich).*

GUARDIONE, *Gioacchino Murat in Italia (Joachim Murat en Italie).*

GUCCIARDI (traduction Saint-Elme), *Relation historique de la révolution du royaume d'Italie en 1814.*

HALBERT, *Vie politique et civile d'Eugène de Beauharnais.*

HAUSSONVILLE (d'), *L'Eglise Romaine et le premier Empire.*

HELFERT (Freiherr von), *Ausgang der Französischen Herrschaft in Ober-Italien und Brescia-Mailänder Militär Verschwörung (La fin de la domination française en Italie et la conspiration militaire de Brescia et de Milan).*

HELFERT (Freiherr von), *Joachim Murat, seine letzten Kämpfe und sein Ende.* (*Joachim Murat. — Ses derniers combats et sa fin*).

HELFERT (Freiherr von), *Königin Karolina von Neapel und Sicilien im Kampfe gegen die Französische Welt-Herrschaft* (*La reine Marie-Caroline de Naples et de Sicile dans sa lutte contre l'omnipotence française*).

HELLER, *Die Schlacht am Mincio, 8 Februar 1814* (*Oesterreichische Militärische Zeitschrift*, 1861 (*La bataille du Mincio, 8 février 1814*) (*Revue Militaire autrichienne*, 1861).

HIETZINGER (Carl von), *Statistik der Militär Grenze des Oesterreichischen Kaiserthums* (*Statistique des confins militaires de l'empire d'Autriche*).

HIRTENFELD, *Der Militär Maria-Theresien Orden und seine Mitglieder* (*L'ordre militaire de Marie-Thérèse et ses membres*).

HORMAYR, *Lebensbilder aus den Befreiungskriegen. Graf Münster* (*Tableau des guerres de l'indépendance. Le comte Münster*).

HORSETZKY (feld-maréchal-lieutenant), *Die wichtigsten Feldzüge der letzten Hundert Jahre* (*Les principales campagnes des cent dernières années*).

JOURNAL HISTORIQUE *sur la campagne du prince Eugène en Italie.*

KOCH, *Mémoires pour servir à l'histoire de la campagne de 1814.*

LAFOLIE (chef de bureau de M. Méjan, secrétaire des Commandements du vice-roi), *Mémoires sur la cour du prince Eugène et sur le royaume d'Italie pendant la domination de Napoléon Bonaparte, par un Français attaché à la cour du vice-roi.*

LAUGIER, *Fasti e Vicende dei popoli italiani dal 1801 al 1815* (*Fastes et Vicissitudes des peuples italiens de 1801 à 1815*).

LAYBACH, REGISTRATUR DES RAT HAUS (*Archives de l'Hôtel de Ville*).

LAYBACH, BIBLIOTHÈQUE RUDOLFINUM (MANUSCRITS).

L. D. (capitaine attaché à l'Etat-major du prince), *Journal historique sur la campagne du prince Eugène en Italie pendant les années 1813 et 1814.*

LECESTRE (L.), *Lettres inédites de Napoléon Ier. An VIII-1815.*

LEFEBVRE (Armand), *Histoire des Cabinets de l'Europe pendant le Consulat et l'Empire écrite avec des documents réunis aux Archives des Affaires étrangères.*

LEGGI, PROCLAMI AVVISI E DISPOSIZIONI *del governo Provisorio degli Stati Estensi*, 1814 (*Lois et proclamations avis et dispositions du gouvernement provisoire des Etats d'Este*).

LEMMI (F.), *Gioacchino Murat e le aspirazioni unitarie nel 1815* (*Archivio Storico per le Provinzie Napoletane, Anno* XXVI, *fascicolo* II, 1901 (*Joachim Murat et les aspirations unitaires en 1815. Archives historiques pour les provinces napolitaines*, 26ᵉ année, fascicule II, 1901).

LEMMI (Francesco), *Un Diario del Barone von Hügel durante la campagna d'Italia del 1814 (4 febbraio-25 maggio)* (*Journal du baron de Hügel pendant la campagne d'Italie de 1814, 4 février-25 mai*).

LEMMI (F.), *La Restaurazione austriaca a Milano nel 1814*) (*La Restauration autrichienne à Milan en 1814*).

Leroux, *Histoire du Montenegro et de la Bosnie.*

Lissoni (A.), *Compendio dell' armi italiane dal 1792 al 1815 (Histoire abrégée des troupes italiennes de 1792 à 1815).*

Lissoni (G.), *Storia delle militari imprese dei soldati italiani (1796-1814) (Histoire des faits d'armes des soldats italiens 1796-1814).*

L. R., *Vie civile, politique et militaire d'Eugène de Beauharnais.*

Lombroso (Giacomo), *Galeria militare 1796-1814. Vita dei Primari Generali ed Ufficiali Italiani (Galerie Militaire de 1796 à 1814. Vie des principaux généraux et officiers italiens).*

Lumbroso (baron A.), *Gioacchino Murat e la Aspirazione Unitarie Italiane del 1815 (Joachim Murat et les aspirations vers l'unité de l'Italie en 1815).*

Lumbroso (baron A.), *Il generale Theodoro Lechi (Le général Théodore Lechi).*

Lumbroso (baron A.), *La campagne de Murat en 1815.*

Lumbroso (baron A.), *Lettres inédites de Murat (1813-1815) (Revue de Paris).*

Lumbroso (baron A.), *Miscellanea Napoleonica.*

Lumbroso (baron A.), *Muratiana (Le roi Joachim et sa cour).*

Lumbroso (Alberto), *Saggio d'una bibliografia raggionata per servire alla storia dell'epoca Napoleonica (Essai d'une bibliographie raisonnée pour servir à l'histoire de l'époque napoléonienne.*

Madelin (L.), *Fouché.*

Magalon, *Annales Militaires. Campagnes d'Italie (Paris, 1827).*

Malameni (Vittorio) *I Francesi a Venezia e le Satire (Les Français à Venise et la Satire).*

Mangiaroti (P.), *Giornale che contiene quanto e accaduto de militare e politico in Venezia e circondiario durante l'assedio (3 octobre 1813-19 avril 1814) (Journal des événements militaires et politiques survenus à Venise et aux environs pendant le siège).*

Mantovani (Luigi), *Diario Politico e Ecclesiastico di Milano del 14 maggio 1799 al 31 gennaio 1824) (Manuscrit. Bibliothèque Ambrosienne. Journal politique et ecclésiastique de Milan du 14 mai 7796 au 31 janvier 1824).*

Marchesi (V.), *Settant'anni della storia di Venezia (1797-1866). (Soixante-dix ans de l'histoire de Venise (1797-1866).*

Marmont (Maréchal, duc de Raguse), *Mémoires.*

Martens, *Recueil des traités et conventions conclus par la Russie (Saint-Pétersbourg, 1876).*

Masson (F.) et Boyer (F.) *Souvenirs militaires d'Hippolyte d'Espinchal (1792-1814).*

Melzi d'Eril (duca di Lodi), *Memorie e Documenti) (Mémoires et Documents).*

Melzi d'Eril (Francesco), *Ricordo di Monaco. Eugenio Beauharnais e Augusta di Baviera. Documenti inediti (Souvenir de Munich. Eugène Beauharnais et Augusta de Bavière. Documents inédits).*

MÉMOIRES DE LA VIE PUBLIQUE DE M. FOUCHÉ DUC D'OSTANTE, contenant sa correspondance avec Napoléon, Murat, le comte d'Artois, le duc de Wellington le prince Blücher, Sa Majesté Louis XVIII, le comte de Blacas, etc., etc.

METTERNICH (Prince de), *Aus Metternich's hinterlassenen Papieren* (Vienne, 1880) *Extraits tirés des papiers laissés par le prince de Metternich* (publiés par le prince de Metternich-Winneburg).

METTERNICH (Prince de), *Mémoires, documents et écrits divers laissés par le prince de Metternich* et publiés par son fils. R. de Metternich.

METTERNICH, *Oesterreich's Theilnahme an den Befreiungskriegen* (Vienne, 1887) (*La participation de l'Autriche aux guerres de l'Indépendance*).

MITTHEILUNGEN DES K. UND K. KRIEGS-ARCHIVS (Vienne) (Communications des Archives impériales et royales des la Guerre).

M.-L., *Vie et Aventures de Murat depuis sa naissance jusqu'à sa mort* (Paris, 1816).

MONITEUR (Le).

MONITORE DELLE DUE SICILIE (1813-1814) (*Moniteur des Deux-Siciles*).

MONTGELAS, *Denkwürdigkirten des Bayerischen Staats Ministers Maximilien Grafen von Montgelas* (*Mémoires du Ministre d'État bavarois comte Maximilian de Montgelas.*

MONTHOLON (Général de), *Mémoires.*

MONTI (V.), *Lettere inedite e sparse* (*Lettres inédites et éparses*).

MONTVERAN (de), *Histoire raisonnée et critique de l'Angleterre au 1er janvier 1816.*

MORNING-CHRONICLE (1813-1814).

MULLIÉ, *Biographie des célébrités militaires de* 1789 *à* 1850.

MUSEO DEL RISORGIMENTO NAZIONALE (Milan) (*Musée de la Renaissance Nationale, Milan*).

NANNI-MOCENIGO (F.), *Del Dominio Napoleonico à Venezia* (1880-1814) (*La domination napoléonienne à Venise*).

NAPOLÉON 1er, *Commentaires.*

NAPOLÉON 1er, *Correspondance.*

NORVINS (de), *Portefeuilles de Mil Huit Cent Treize.*

OESTERREICHISCHE MILITÄR ZEITSCHRIFT (Streffleur) (Années 1818-1861) (*Revue militaire autrichienne*).

OESTERREICHISCHER BEOBACHTER (Années 1813-1815) (*L'observateur autrichien*).

OPERATIONEN DER ENGLISCH SICILIANISCHEN ARMEE IN GENUA, 1814 (*Les opérations de l'armée anglo-sicilienne à Gènes en 1814*).

ORLOFF (G.-M.), *Mémoires historiques, politiques et militaires sur le royaume de Naples.*

OSSERVATORE TRIESTINO (1813-1814) (*L'observateur de Trieste*).

PACCA, *Memorie Storiche* (*Mémoires historiques*).

PASQUIER (Chancelier), *Histoire de mon temps, Mémoires*, publiés par le duc d'Audiffret-Pasquier.

PEPE (Général Guglielmo), *Memorie intorno alla sua vita e ai recenti casi d'Italia* (*Mémoires sur sa vie et sur les derniers événements d'Italie*).

PERA, *Curiosita Livornesi* (*Curiosités livornaises*).

PIGNATELLI STRONGOLI (Francesco Tenente generale), *Memorie intorno alla storia del regno di Napoli, dall'anno 1805 al 1815* (*Mémoires relatifs à l'histoire du royaume de Naples, de l'année 1805 à 1815*).

PISANI (P.), *La Dalmatie de 1797 à 1815*.

PISTOLESI, *Vita di Pio VII* (*Vie de Pie VII*).

PLANAT DE LA FAYE (Vic de), aide de camp des généraux La Riboisière et Drouot, officier d'ordonnance de Napoléon 1er (*Souvenirs, lettres, etc., etc., recueillis et annotés par sa veuve*), *Le Prince Eugène en 1814*.

POZZO DI BORGO (Comte), *Correspondance du comte Pozzo di Borgo et du comte de Nesselrode*.

PULITZER (A.), *Le Roman du Prince Eugène*.

QUOTIDIANO VENETO 1814 (*Journal quotidien Vénitien*).

RECORD-OFFICE (Londres), *Dossiers : Foreign Office. War Office. Admirally, Sicily* (1813-1814).

RELATIONEN *der bei der K. K. Armee von Italien vorgefallenen, Gefechte 1813-1814* (*Relations des combats livrés par l'armée impériale et royale d'Italie*).

REUCHLIN (H.), *Geschichte Neapels während der letzten 70 Jahre* (*Histoire de Naples pendant les 70 dernières années*).

RINIERI (P. H.), *Il Congresso di Vienna e la Santa Sede* (*Civilta Cattolica*, 4 janvier 1902, série XVIII, vol. V, 2, *Quaderno* 1237), *Le Congrès de Vienne et le Saint-Siège*).

RINIERI (P. H.), *La Sovranita del Papa e i Sovrani di Tutta l'Europa nel 1814* (*Civilta Cattolica*, 2 février 1902, série XVIII, vol. V, *Quaderno* 1239) *La Souveraineté du Pape et les Souverains de toute l'Europe en 1814*.

RINIERI (P. H.) *Pio VII e Gioacchino Murat* (*Pie VII et Joachim Murat*).

ROCCA (Conte Gaetano Canonico dell'Insigne Basilica di S. Prospero), *Continuazione della Storia di Reggio* (*Continuation de l'histoire de Reggio*).

ROSSI (L. de, capitaine), *Fasti e Vicende de un regiment de Cavalleria italiana dal 1798 al 1814* (*Fastes et Vicissitudes d'un régimento de cavalerie italienne de 1798 à 1814*).

ROVIGO (duc de), *Mémoire pour servir à l'histoire de Napoléon*.

RUTH (E.). *Geschichte des Italienischen Volkes unter der Napoléonischen Herrschafs all Grundlage einer neuesten Geschichte Italiens* (*Histoire du peuple italien sous la domination de Napoléon, etc.*

SAINT-NEXANT DE GAGEMONT (de), *De la capacité militaire d'Eugène de Beauharnais*.

SAINT-YVES (de), *Notices historiques sur le prince Eugène de Beauharnais.*

SCALPELLINI (Giovanni), *Memoria de Quanto segui lo sbarco degli Inglesi a Livorno* (manuscrit) (*Mémoires sur les faits qui se sont produits après le débarquement des Anglais à Livourne*).

SCHNEIDAWIND (F.-J.-A.), *Prinz Eugen, Herzog von Leuchtenberg, Fürst von Eichstädt und vormaliger Vice König von Italien, ect., in den Kriegen seiner Zeit* (*Le prince Eugène, duc de Lechutenberg, prince d'Eichstädt, ci-devant vice-roi d'Italie dans les guerres de son temps*).

SCHOELL, *Recueil des pièces officielles* destinées à détromper les Français sur les événements qui se sont passés depuis quelques années.

SCHULZ, *Geschichte der Kriege in Europa seit 1792 als Folgen der Staatsveränderung in Frankreich unter König Ludvig, XVI* (*Histoire des guerres en Europe depuis 1792*).

SCHONBERG, *Prinz Eugen und Sein Hof* (Dresde, 1825) (*Le Prince Eugène et sa cour*).

SCHWICKER (Dr J.-H.), *Geschichte der Oesterreichischen Militär Grenze* (*Histoire des confins militaires autrichiens*).

SEEL, *Erinnerungen aus den Zeiten und dem Leben des Prinzen Eugen* (*Souvenirs de l'époque et de la vie du prince Eugène*).

S. J. (Chevalier), *Dernière campagne de l'armée Franco-Italienne sous les ordres d'Eugène de Beauharnais en 1813 et 1814.*

SMOLA (*Freihere* von), *Das Leben des Feld-Marschalls Heinrich von Bellegarde.* (*La vie du feld-maréchal Henri de Bellegarde*).

SPECTATEUR MILITAIRE. Année 1827.

SPINOLA, *La Restaurazione della Republica Ligure* (*La restauration de la République ligure*).

SPORSCHILL, *Der Krieg in Italien* (1813-1814) (*La guerre en Italie, 1813-1814*).

SPRONI, *Cenni Storici sopra il Porto Pisano, il porto città e community di Livorno* (Manuscrit) (*Données historiques sur le port Pisano, le port, la ville, et la commune de Livourne*).

TALLEYRAND, *Lettres contenues dans les mémoires de Metternich.*

TASCHER DE LA PAGERIE (général comte), *Le Prince Eugène.*

TÉLÉGRAPHE ILLYRIEN (Le) (1813).

THIERS (A.), *Histoire du Consulat et de l'Empire.*

TIVARONI, *Storia critica del Risorgimento italiano. L'Italia durante il dominio francese* (*Histoire critique de la Renaissance italienne. L'Italie pendant la domination française*).

TRAPP, *Kriegführung und Diplomatie der Verbündeten vom 7ten Februar bis zum 25ten März 1814* (*L'action militaire et diplomatique des alliés du 1er février au 25 mars 1814*).

TUROTTI (Felice), *Storia delle armi Italiane dal 1794 al 1815* (*Histoire des troupes italiennes de 1794 à 1815*).

ULLOA, *Gli errori di Colletta* (*Les erreurs de Colletta*).

Vaccani, *Bataille du Mincio du 8 février 1814 entre l'armée du prince Eugène et celle du feld-maréchal comte Bellegarde.*

Varese (C.), *Storia della Republica di Genova dalla sua origine sino al 1814.* (*Histoire de la république de Gênes depuis ses origines jusqu'en 1814*).

Vaudoncourt (général Guillaume de), *Campagne d'Italie (1813-1814).*

Vaudoncourt (général Guillaume de), *Histoire politique et militaire du prince Eugène.*

Victoires et conquêtes des français, *Désastres, revers et guerres civiles.*

Vignolle (lieutenant-général, comte), *Précis des opérations de l'armée d'Italie en 1813-1814.*

Vigo (P.), *Lo Sbarco degli Inglesi a Livorno (1813-1813)* (*Le débarquement des Anglais à Livourne*).

Wachsmuth, *Geschichte der Franzosen im Revolutions Zeitalter* (*Histoire des Français à l'époque de la Révolution*).

Walter Frewen Lord, *The Story of Murat and Bentinck* (*Nineteenth Century*, octobre 1898) (*Histoire de Murat et de Bentinck*).

Weikersreuther (Hauptmann Philipp von), *Geschichte des K. oesterreichischen Infanterie Regiments Hoch und Deutschmeister in den Feldzügen 1813-1814.* (*Histoire du regiment d'Infanterie autrichienne, Hoch und Deutschmeister pendant les campagnes 1813-1814*).

Welden (Freiherr von, Feldzeugmeister), *Krieg der Oesterreicher in Italien gegen die Franzosen 1813-1814, mit einer Karte* (*La guerre des Autrichiens contre les Français en Italie 1813-1814, avec une carte*).

Wilson (général Sir Robert), *Private diary of travels, personal service and public events during mission and employment with the European armies in the campaigns of 1812, 1813, 1814* (*Journal privé des voyages, services personnels et événements publics, au cours des missions et des fonctions qu'il a remplies auprès des armées européennes pendant les campagnes de 1812, 1813 et 1814*).

Wurzbach, *Biographisches Lexicon* (*Dictionnaire biographique*).

Zanoli, *Sulla Milizia Cisalpino-Italiana* (*L'armée cisalpino-italienne*).

Zanotti Biano (P.-F. lieutenant-colonel, *Elenco degli Scritti relativi alla Storia delle guerre, etc..., nella Biblioteca di S. A. R. il principe Tomaso di Savoia, duca di Genova* (*Catalogue des livres militaires de la bibliothèque de S. A. le duc de Gènes*).

Zavattari (lieutenant), *Nota sulla campagna del 1813 in Italia* (*Note sur la campagne d'Italie en 1813*).

Zobi (*Storia civile della Toscana del 1737 al 1848* (*Histoire civile de la Toscane de 1737 à 1848*).

Zucchi, *Memorie del generale Carlo Zucchi publicate per cura de Nicomede Bianchi* (*Mémoires du général Charles Zucchi, publiés par Nicomède Bianchi*).

Zwiedineck von Südenhorst (Dr Hans, professeur à l'Université de Graz), *Die Ost-Alpen in den Franzosen-Krieg*) (*Les Alpes Orientales dans les guerres contre les Français.*

TABLE DES MATIÈRES

TABLE DES MATIÈRES

DU TOME V

APPENDICE

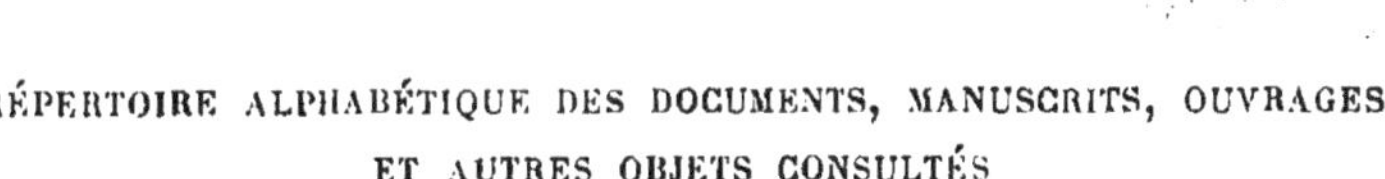

BIBLIOGRAPHIE

RÉPERTOIRE ALPHABÉTIQUE DES DOCUMENTS, MANUSCRITS, OUVRAGES
ET AUTRES OBJETS CONSULTÉS

ERRATA ET ADDENDA

TOME III

Page 462, 5ᵉ ligne, au lieu de « *1819* » lire « **1813** ».

TOME IV

Page 8, 9ᵉ ligne à partir du bas de la page, au lieu de « *trouvaiont* » lire : « **trouvaient** ».

Page 8, 3ᵉ ligne, à partir du bas de la page, après « *terminant* » supprimer « , ».

Page 14, 16ᵉ ligne, après « *Villafranca* » supprimer « , ».

Page 22, 14ᵉ ligne, après « *Naples* », supprimer « , ».

Page 25, 1ʳᵉ ligne, avant « *7 000* » ajouter « **de** ».

Page 46, 10ᵉ ligne, à partir du bas de la page, avant « *moins* » ajouter « **au** ».

Page 50, 13ᵉ ligne, à partir du bas de la page, au lieu de « où *la rivière* » lire « **de la rivière** ».

Page 57, 6ᵉ ligne à partir du bas de la page, au lieu de « *Mantoue* », lire « **Goïto** ».

Page 65, 14ᵉ ligne, au lieu de « *la colonne* » lire « **le colonel** ».

Page 65, note 1, au lieu de « *XIV* », lire « **XV** ».

Page 76, note 2, au lieu de « *XV* » lire « **XVI** ».

Page 82, 8ᵉ ligne, au lieu de « *availr éussi* », lire « **avait réussi** ».

Page 86, 9ᵉ ligne, au lieu de « *sa* », lire « **la** ».

Page 98, 22ᵉ ligne, au lieu de « *correspondants* », lire « **commandants** ».

Page 110, 4ᵉ ligne, avant « *Millet* » ajouter « **de** ».

Page 139, 11ᵉ ligne à partir du bas de la page, au lieu de « *Marriva* » lire « **Maniva** ».

Page 143, note, 9ᵉ ligne à partir du bas de la page, au lieu de « *veut* » lire « **vient** ».

Page 153, 9ᵉ ligne, au lieu de « *choisi* », lire « **allégué** ».

Page 178, 1ʳᵉ ligne, devant « *Lord* » ajouter « « ».

Page 212, 16ᵉ ligne, au lieu de « *napolitaines* » lire « **napolitains** ».

Page, 221, 5ᵉ ligne, au lieu de « *étaient* », lire « **était** ».

Page 221, note 1, au lieu de « *XXIV* », lire « **XXIX** ».

Page 227, 14ᵉ ligne, supprimer « **2** ».

Page 234, 13ᵉ ligne à partir du bas de la page, après « *à* » supprimer « **la** ».

Page 237, 2ᵉ ligne à partir du bas de la page, au lieu de « *8ᵉ* », lire « **3ᵉ** ».

Page 240, 16ᵉ ligne, au lieu de « *relian* », lire « **reliant** ».

Page 241, 7ᵉ ligne à partir du bas de la page, au lieu de « *plus que* », lire « **que plus** ».

Page 248, 10ᵉ ligne, au lieu de « *32* », lire « **23** ».

Page 253, 12ᵉ ligne, au lieu de « *Eès* », lire « **Dès** ».

Page 282, note dernière ligne, au lieu de « *irection* », lire « **direction** ».

Page 284, 6ᵉ ligne, au lieu de « *suspects* », lire « **suspectes** ».

Page 327, 10ᵉ ligne, au lieu de « *Rovere* », lire « **Revere** ».

Page 328, note, 9ᵉ ligne à partir du bas de la page, devant « *rien* » ajouter « **ne** ».

Page 329, 1ʳᵉ ligne, au lieu de « *droile* », lire « **gauche** ».

Page 347, note 2, 3° ligne à partir du bas de la page, au lieu de « *vivre* », lire « **vivres** ».

Page 350, 16° ligne, après « *avaient* » supprimer « , ».

Page 358, 12° ligne à partir du bas de la page, au lieu de « *aprèsl a* », lire « **après la** ».

Page 366, 10° ligne à partir du bas de la page, après « *prendre* » supprimer « , ».

Page 370, 9° ligne à partir du bas de la page, au lieu de « *Mozambano* », lire « **Monzambano** ».

Page 372, 5° ligne, au lieu de « *lionzi* », lire « **lionze** ».

Page 381, 4° ligne, au lieu de « *Soissons* », lire « **Laon** ».

Page 382, 2° ligne, au lieu de « *le* », lire « **les** ».

Page 388, 1° ligne, au lieu de « *Regio* », lire « **Reggio** ».

Page 393, 5° ligne, au lieu de « *q u* », lire « **que** ».

Page 417, 20° ligne au lieu de « *quirepo sent* », lire « **qui reposent** ».

Page 417, 3° ligne à partir du bas de la page, après »*plus*» supprimer « ▬ ».

Page 422, 12° ligne à partir du bas de la page, au lieu de « *de* », lire « **du** ».

Page 425, 8° ligne à partir du bas de la page, après « *dition* » ajouter « » ».

Page 425, dernière ligne, après « *Bellegarde* » supprimer « , ».

Page 426, 10° ligne, après « *lola* » ajouter « ▬ ».

Page 443, 7° ligne à partir du bas de la page, au lieu de « *replie* », lire « **relie** ».

Page 448, 6° ligne, après « *connaitre* » ajouter « , ».

Page 450, 5° ligne à partir du bas de la page, au lieu de « *Villala* » lire « **Villatta** ».

Page 467, note 1, 5° ligne, au lieu de « *a* » lire « **a** ».

Page 468, 6° ligne à partir du bas de la page, après « *pour* » supprimer « **faire** ».

Page 472, 17° ligne, après « *Viareggio* » ajouter « , ».

Page 472, 18° ligne, après « *Napolitains* » supprimer « , ».

Page 476, 8° ligne, après « *Toscolano* » ajouter « **et de** ».

Page 477, 8° ligne, après « *avait* » supprimer « , ».

Page 477, 17° ligne, après « *lignes* » supprimer « , »

Page 477, 18° ligne, après « *française* » supprimer « , ».

Page 478, 6° ligne, après « *Bentinck* », supprimer « , ».

Page 510, 12° ligne, au lieu de « *en se gardant* », lire « **il se gardait.**

Page 510, 12° ligne, après « *vrai* » ajouter « , ».

Page 513, 13° ligne, au lieu de « *affaires* » lire, « **affaire** ».

Page 513, 14° ligne, au lieu de « *Gustalla* », lire « **Guastalla** », et au lieu de « *Reggiollo* » lire « **Reggiolo** ».

Page 516, 3° ligne, après « *Nugent* » ajouter « **et** ».

Page 519, 8° ligne, au lieu de « *ration nel* », lire « **rationnel** ».

Page 522, 2° ligne, après « *Il* » ajouter « **a** ».

Page 527, 20° ligne, au lieu de « *au* », lire « **le** ».

Page 528, 3° ligne à partir du bas de la page, au lieu de « *existenceà* » lire « **existence à** ».

Page 533, Titre courant, au lieu de « *conférence* », lire « **convention** ».

Page 536, dernière ligne, au lieu de « *Pölseis* », lire « **Fölseis** ».

Page 537, 12° ligne, à partir du bas de la page, au lieu de « *Francisco* », lire « **Francesco** ».

Page 538, dernière ligne, devant « *lançait* » ajouter « **et** ».

Page 542, 13° ligne, au lieu de « *seul* » lire, « **seuls** ».

Page 543, 13° ligne à partir du bas de la page, au lieu de « *Il sont* », lire « **Ils ont** ».

Page 548, 13° ligne à partir du bas de la page, au lieu de « *autre* », lire « **d'autre** ».

Page 552, 14° ligne à partir du bas de la page, au lieu de « *prescrire* », lire « **faire tenir** ».

Page 564, note 1, 5ᵉ ligne, au lieu de « *que y* », lire « **qui y** ».

Page 566, 12ᵉ ligne, à partir du bas, au lieu de « *avait-il* », lire « **il avait** ».

Page 576, 4ᵉ ligne, au lieu de « *maréchald* », lire « **maréchal** ».

Page 577, 6ᵉ ligne, à partir du bas de la page, après « *provisoire* » ajouter « , ».

Page 579, note 1, au lieu de « *87* », lire « **27** ».

Page 587, note, 1, 3ᵉ ligne au lieu de « *LXXXIV* », lire « **LXXXIII** ».

Page 592, 1ʳᵉ ligne, après « *Stefano* » ajouter « **à** ».

Page 598, 3ᵉ ligne, à partir du bas de la page, au lieu de « *po ur* », lire « **pour** ».

Page 601, 3ᵉ ligne, au lieu de « *ces* » lire « **ses** ».

Page 604, 9ᵉ ligne, au lieu de « *a* » lire « **sa** ».

Page 613, 11ᵉ ligne à partir du bas de la page, au lieu de « *18* », lire « **28** ».

Page 618, 22ᵉ ligne après « *Voghera* » remplacer le signe « = » par « , ».

Page 619, 14ᵉ ligne, au lieu de « *546* », lire « **547** ».

Page 619, 17ᵉ ligne après « *forts* » ajouter « , ».

TOME V

Page 3, 14ᵉ ligne, au lieu de « *gouvernemen* » lire « **gouvernement** ».

Page 5, 18ᵉ ligne, au lieu de « *16* », lire « **15** ».

Page 9, 9ᵉ et 26ᵉ lignes au lieu de « *pʳᵉ* », lire « **pᵍᵉ** ».

Page 9, 9ᵉ ligne à partir du bas de la page, avant le mot « *y* » ajouter « **et** ».

Page 11, 23ᵉ ligne, au lieu de « *à* », lire « **dès** ».

Page 14, 11ᵉ ligne, au lieu de « *févrie* » lire « **février** ».

Page 14, 14ᵉ ligne, au lieu de « *Hirtenfeld* » lire « **Hirtenfeld** ».

Page 15, 18ᵉ ligne, au lieu de « *lieutenants* », lire « **lieutenants** ».

Page 32, 4ᵉ ligne, au lieu de « *Spiegiel* » lire « **Spiegel** ».

Page 34, 19ᵉ ligne, au lieu de « *rinumerazioni* » lire « **rimunerazioni** ».

Page 52, 4ᵉ ligne, au lieu de « *Ghidizzolo* », lire « **Guidizzolo** ».

Page 56, 21ᵉ ligne, au lieu, de « *e* », lire « **le** ».

Page 57, 4ᵉ ligne, au lieu de « *Mozzecame* », lire « **Mozzecane** ».

Page 59, 10ᵉ ligne, au lieu de « *Tauffiers* », lire « **Tauffers** ».

Page 60, 4ᵉ ligne, à partir du bas de la page, au lieu de « *italienne du corps* », lire « **du corps italienne** ».

Page 64, 8ᵉ ligne, après « *Gallo* », ajouter « **et** ».

Page 72, 1ʳᵉ ligne, 1ʳᵉ colonne, après « *Borgo* », supprimer « , ».

Page 74, 2ᵉ ligne, 1ʳᵉ colonne, au lieu de « *Nura* », lire « **Nuré** ».

Page 88, 11ᵉ ligne à partir du bas de la page, 1ʳᵉ colonne, au lieu de « *ses* », lire « **ces** ».

Page 91, 17ᵉ ligne, à partir du bas de la page, 1ʳᵉ colonne, au lieu de « *1844* », lire « **1814** ».

Page 99, 23ᵉ ligne, au lieu de « *veulen* », lire « **veulent** ».

Page 105, dernière ligne, au lieu de « *imopssible* », lire « **impossible** ».

Page 114, 14ᵉ ligne, au lieu de « *Mozambano* », lire « **Monzambano** ».

Page 119, 10ᵉ ligne, à partir du bas de la page, après « *même* », ajouter « **et** ».

Page 145, 15ᵉ ligne, à partir du bas de la page, au lieu de « *hbhqeri* », lire « **honorer** ».

TOURS, IMPRIMERIE DESLIS FRÈRES, 6, RUE GAMBETTA.

www.ingramcontent.com/pod-product-compliance
Ingram Content Group UK Ltd.
Pitfield, Milton Keynes, MK11 3LW, UK
UKHW021514090726
13657UKWH00001B/243